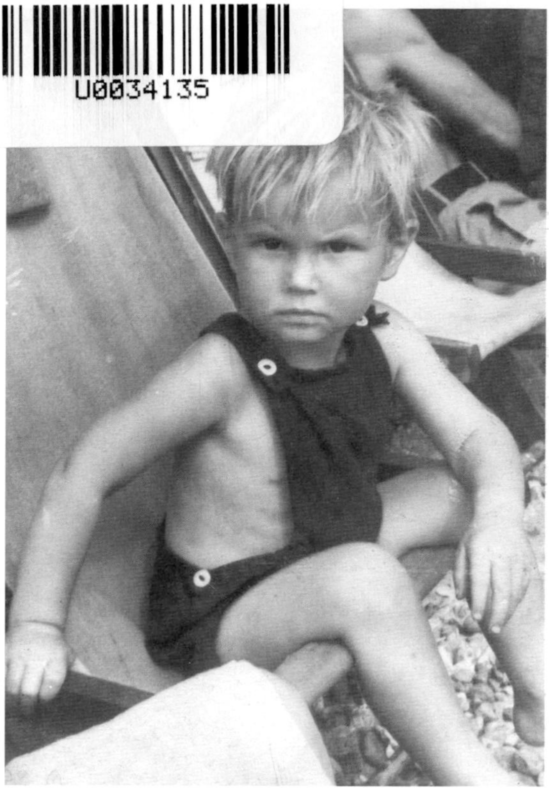

• 四歲的我。

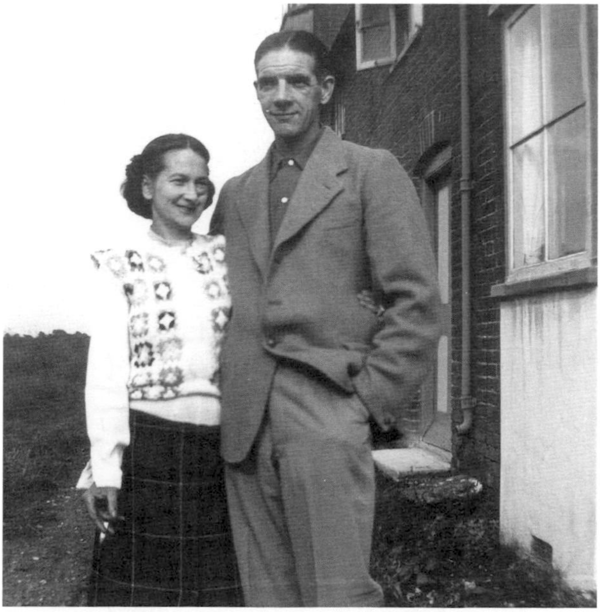

• 我的外祖父母：蘿絲和傑克・克萊普。

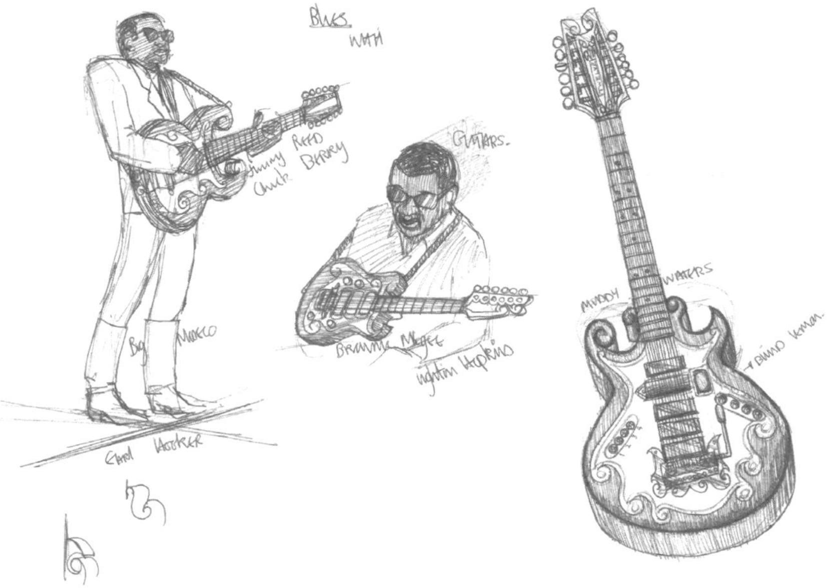

• 我青少年時期就讀瑟比頓的霍利菲路中學時畫的畫（上、下）。

• 十六歲的我

• 跟德萊尼和邦妮在巡演巴士上。

• 愛麗絲・奧姆斯比－戈爾。

• 與伊凡・愛莉曼（Yvonne Elliman）一起巡演。

• 佩蒂和我在婚禮上切蛋糕。

• 直奔蜜月套房。

• 我們在赫特伍德舉行婚宴的請帖。

HELLO

Me and the Mrs, got married the other day, but that was in America, so we've decided to have a bash in my garden on Saturday May 19th about 3.00p.m. for all our mates here at home, if you are free, try and make it, it's bound to be a laugh

.....see you then.....

Eric and Pattie Clapton

R.S.V.P.
Hurtwood Edge,
Pitch Hill, Ewhurst,
Near Cranleigh, Surrey.
Telephone: Ewhurst 888

P.S.
You don't have to
bring any presents
if you don't
want to.

• 在天堂島上的日子。左起克莉絲・伍德（Chrissie Wood）、佩蒂、朗・伍德和我。

• 我媽派翠西亞、我和佩蒂。

• 左起：我、派翠西亞、外婆蘿絲、舅媽希薇亞和舅舅亞德里安。

• 傑克和蘿絲。

• 和穆蒂・華特斯在他的婚禮上合影。

• 左起：派翠西亞、我、康納、蘿絲和蘿莉。

• 教朱莉彈吉他。

・露絲和茱莉。

・梅莉亞與茱莉和艾拉。

• 和梅莉亞在坎貝爾河釣魚。

• 在赫特伍德的自家車道上教茱莉開法拉利。

CLAPTON
The Autobiography
艾力克・克萊普頓自傳

Eric Clapton
艾力克・克萊普頓——著
張靖之——譯

尋　找　藍　調　與　天　堂　的　所　在

獻給我的外婆蘿絲・愛蜜莉雅・克萊普，

我的愛妻梅莉亞，

以及我的女兒露絲、茱莉、艾拉和蘇菲。

艾力克・克萊普頓自傳

作者：艾力克・克萊普頓
翻譯：張靖之
主編：黃正綱
資深編輯：魏靖儀
美術編輯：吳立新
行政編輯：吳怡慧

發行人：熊曉鴿
執行長：李永適
印務經理：蔡佩欣
發行經理：曾雪琪
圖書企畫：陳俞初

出版者：大石國際文化有限公司
地址：221416 新北市汐止區新台五路一段97號14樓之10
電話：(02) 2697-1600
傳真：(02) 8797-1736
印刷：群鋒企業有限公司

2023年（民112）3月初版二刷
定價：新臺幣540元／港幣180元
本書正體中文版由 Penguin Random House LLC
授權大石國際文化有限公司出版

ISBN：978-986-99563-8-3（平裝）
＊ 本書如有破損、缺頁、裝訂錯誤，請寄回本公司更換

總代理：大和書報圖書股份有限公司
地址：新北市新莊區五工五路2 號
電話：（02）8990-2588
傳真：（02）2299-7900

國家圖書館出版品預行編目（CIP）資料

艾力克・克萊普頓自傳
艾力克・克萊普頓 作；張靖之 翻譯. -- 初版. -- 臺北市：大石國際文化, 民109.12面；14.8 x 21.5公分
譯自：Clapton : the autobiography

ISBN 978-986-99563-8-3(平裝)
1.克萊普頓(Clapton, Eric) 2.歌星 3.搖滾樂 4.自傳 5.英國

784.18　　109018721

Original Title: Clapton: The Autobiography
This translation published by arrangement with Crown Archetype,an imprint of Random House, a division of Penguin Random House LLC through Andrew Nurnberg Associates International Limited

目錄

各界讚譽

「艾力克 · 克萊普頓自傳揭露了太多不為人知的事，而且非常動人。」
——**布魯斯 · 史普林斯汀（Bruce Springsteen），《紐約時報》書評專訪**

「這本書做到了許多搖滾樂史學者做不到的事：讓神走下神壇……讓我們看見所謂搖滾巨星的光鮮表象都是無稽之談。」
——**葛雷格 · 柯特（Greg Kot），《芝加哥論壇報》**

「很濃烈的書。這本自傳揭露了作者自我接納、成為成熟男性的歷程。任何一個喜愛這位作者和他的音樂的人，都會想跟他一起踏上這趟人生之旅。」
——**安東尼 · 德科蒂斯（Anthony DeCurtis），《滾石雜誌》**

「克萊普頓寫得很誠實……有時甚至非常尖銳，且往往十分慧詰，帶有大難不死的人才有的幽默感……他不是作家，但他絕對寫得比絕大多數會彈吉他的專業傳記作家好。」
——**史蒂芬 · 金（Stephen King），《紐約時報書評版》**

「史上最佳搖滾人物自傳之一。」
——**《休士頓紀事報》**

「一幅毫不寬容的自畫像。」
——**《今日美國》**

「克萊普頓和所有啟發了他的藍調樂手一樣，也帶了一身傷疤……這本扣人心弦的自傳是他另一場淒美的演出。」
——**《時人》雜誌**

「一部關於藝術、墮落與救贖的故事，令人無法自拔。」
——**《洛杉磯時報》**

「一部輝煌的搖滾史。」
——**《紐約郵報》**

第一章 童年
Growing Up

我在很小的時候，大概六、七歲左右，就開始有一種感覺，好像我跟別人不大一樣。也許是因為別人談論我的方式，總是當我不存在一般。我們家住在薩里郡（Surrey）里普利村（Ripley）綠園路（The Green）一號，小小的一間屋子，正對著村子裡最大一片綠草坪。這間屋子曾經是濟貧院的一部分，總共有四個房間，樓上兩間狹小的臥室，樓下一間小客廳和廚房。廁所在屋外，是在院子角落用浪板搭成的鐵皮屋，裡面沒有浴缸，只有掛在門後面的一只大鋅盆，我印象中從來不曾用過它。

每個星期有兩次，我媽會用一只較小的錫桶裝水，用海綿幫我從頭刷到腳。我每星期天下午會去奧黛麗（Audrey）姑姑那裡洗澡，她住在大馬路上新蓋的公寓裡。我和爸媽還有哥哥亞德里安（Adrian）一起住，爸媽睡在俯瞰綠草坪的主臥室，亞德里安睡後面的房間。我睡行軍床，有時在爸媽的房間，有時在樓下，要看有誰來家裡過夜。屋子裡沒有電，煤氣燈不斷發出嘶嘶嘶的聲音。現在回想起來，那時候這些小小的屋子裡都住滿了一家大小，真是不可思議。

我媽媽有六個姊妹：妮兒（Nell）、艾爾西（Elsie）、芮妮（Renie）、弗洛西（Flossie）、凱思（Cath）和菲莉絲（Phyllis），還有兩個兄弟：喬（Joe）和傑克（Jack）。每到星期天，其中兩三個家庭同時來我們家串門子的情況並不少見，他們會交換八卦，了解我們的近況，也說說他們的近況。在屋內狹小的空間裡，大人總是在我面前交談，姊妹之間常常交頭接耳，彷彿我不存在一樣。小小的屋子裡裝滿了祕密，但一點一滴地，我仔細聆聽那些竊竊私語，漸漸猜到是怎麼一回事，意識到那些祕密通常和我有關。有一天，我聽到一位阿姨這樣問：「你有他媽媽的消息嗎？」我終於明白了，原來每當亞德里安舅舅開玩笑說我是小雜種的時候，他是在講真話。

這個發現對我衝擊很大，令我痛苦萬分。我出生於一九四五年三月，儘管那時候，因為有大量外國軍人和飛行員在英國停留，私生子的情況非常普遍，但這仍然是極大的恥辱。這種恥辱雖然不分階級，但對於像我們家這種住在小村子裡，根本不懂什麼叫做隱私的工人階級，又顯得特別嚴重。因此，我對自己的身分感到異常困惑，對家人深厚的感情也變得複雜起來，開始懷疑在里普利這樣的小地方，我的存在對他們來說是一種必須不斷解釋的難堪。

我最終弄清楚的真相是，媽媽蘿絲（Rose）和爸爸傑克・克萊普（Jack Clapp）實際上是我的外祖父母，亞德里安是我的舅舅，蘿絲和前夫生的女兒派翠西亞（Patricia）才是我真正的母親，我的姓氏克萊普頓是跟她的姓。一九二〇年代中期，本姓米歇爾（Mitchell）的蘿絲與小名雷克斯（Rex）的雷金納德・塞西爾・克萊普頓（Reginald Cecil Clapton）相遇並相戀，英俊瀟灑的雷克斯是牛津畢業的印度軍官之子，他父母認為蘿絲配不上他，但兩人不顧反對，於一九二七年二月結婚。婚禮在蘿絲生下他們的第一個孩子——我舅舅亞德里安——幾週後舉行，婚後兩人在沃金（Woking）安頓下來，可惜這段婚姻很短暫，一九三二年，在他們的第二個孩子派翠西亞出生三年後，雷克斯就死於肺癆。

蘿絲傷心欲絕地回到里普利，過了十年，才在泥水師傅傑克・克萊普鍥而不捨的追求下改嫁。傑克由於小時候腳受過重傷，免服兵役，他和蘿絲在一九四二年結婚，從此成了亞德里安和派翠西亞的繼父。一九四四年，里普利和英國南部的許多城鎮一樣，湧進大批來自美國和加拿大的軍隊，十五歲的派翠西亞因此和駐紮在附近的加拿大飛行員愛德華・弗萊爾（Edward Fryer）短暫交往了一陣子。他們在一個舞會上認識，他是樂團裡的鋼琴手。結果他是有婦之夫，所以派翠西亞發現自己懷孕時，只能自己解決。蘿絲和傑克很保護派翠西亞，一九四五年三月三十日，我在他們家樓上後面的房間祕密出生。等到時機成熟，也就是我出生後的第二年，派翠西亞離開了里普利，由我的外祖父母把我當成親生兒子帶大。我的名字叫做艾力克（Eric），大家都叫我阿力（Ric）。

蘿絲的身材很嬌小，有一頭黑髮和深邃細緻的輪廓，鼻子特別尖，她娘家的人說這是「米歐爾家的鼻子」，遺傳自她父親傑克・米歐爾。她年輕時的照片看起來是個美人胚子，可說是姊妹中長得最漂亮的。然而，差不多在戰爭剛開始的時候，她剛滿三十歲那年，因為上顎出了嚴重的問題，必須動手術，手術過程中不幸發生停電，醫生不得不中途放棄，導致她左臉顴骨下方留下很大的疤痕，看起來就像臉頰被挖空了一塊，讓她從此對自己的長相感到有點不自在。巴布・狄倫（Bob Dylan）在〈天還沒黑〉這首歌中寫道：「每張美麗臉龐背後，都承受著某種痛。」蘿絲的痛苦使她變成非常溫暖的人，能夠深深同情別人的困境。我的童年生活，主要都以她為重心。

蘿絲的第二任丈夫傑克，是她一生的摯愛。傑克比蘿絲小四歲，是個害羞的美男子，身高六呎多，輪廓分明，身材魁梧，長得有點像美國男星李・馬文（Lee Marvin）。他抽自己捲的菸，用一種濃烈深色的菸草，牌子叫「黑美人」。他就像那個年代的父親一樣專制，但心地善良，以他的方式疼愛我，尤其在我年幼的時候。我們之間並沒有肢體接觸那種親密感，我們家的男人似乎都不懂得表達感情或給人溫暖，也許認為這是軟弱的表現。傑克靠當泥水師傅謀生，幫里普利的一家建築承包商工作，他也是木工師傅和砌磚師傅，所以他其實可以自己蓋好一整棟房子。

傑克是個認真盡責、職業道德感很強的人，在我整個成長過程中，他的薪水一直是家裡非常穩定的經濟來源，所以我們雖然算是窮人，卻很少有缺錢的情況。偶爾手頭真的很緊的時候，蘿絲會去幫別人家打掃，或者到村子外圍裝瓶商史坦斯菲的工廠打零工，那是一家生產檸檬汽水、橘子汽水和蘇打水等碳酸飲料的工廠。我年紀稍長之後，暑假也經常去那裡打工，負責貼標籤和幫忙上下貨，賺點零用錢花。那家工廠簡直就像狄更斯小說裡的場景，讓人猶如置身英國舊時的勞動濟貧院，到處有老鼠跑來跑去，還有一隻凶惡的鬥牛犬，因為會攻擊訪客而被關了起來。

現在的里普利比較像郊區，在我出生的那個年代，這裡很鄉下，是個典型的小農村，居民大多數是農場工人，你如果口無遮攔，很快的全村人都會知道你的事，對人有禮貌也就變得很重要。基爾福（Guildford）是這一帶主要的購物市鎮，從里普利可以搭公車去，但里普利也有自己的商店。這裡有康尼斯比（Conisbee）和路斯（Russ）兩家肉鋪、威勒（Weller）和柯林斯（Collins）兩家麵包店、傑克・理查森（Jack Richardson）的雜貨店，還有格林（Green）紙店、諾克斯（Noakes）五金行、一家賣炸魚和薯條的小吃店，以及五家小酒吧。金與奧利艾斯（King and Olliers）是我買下第一件長褲的男裝店，那裡同時也是郵局。我們還有一家打鐵鋪，當地農場的馬都來這裡釘馬蹄鐵。

村子一定都有糖果店，里普利的糖果店是由法爾（Farr）家兩位作風老派的姊妹經營。每次推門進去，鈴鐺就會叮鈴叮鈴響，總是要等好一陣子，其中一人才會從後面走出來，久到我們可以趁簾子有動靜之前把口袋塞得滿滿。我會用家庭配給簿買兩包沾粉棒棒糖，或者幾粒飛碟糖，然後帶著滿口袋的好立克糖錠或阿華田糖錠離開，這些糖錠是我這輩子第一個癮頭。

整體來說，里普利原是可以讓人快樂成長的地方，卻因為我發現了自己的身世，生活從此變調。我開始退縮到自己的世界。感覺上，我的家人對於怎麼處理我的狀況，已經做出某些明確的選擇，至於是什麼選擇，我完全無從得知。我遵守屋子裡的祕密準則──「我們不談論發生了什麼事」——加上家裡大人有絕對權威，讓我什麼問題都不大敢問。現在回頭檢視，我發現全家人其實並不真正知道該怎麼向我解釋我這個人的存在，由此而生的內疚感，讓他們清楚意識到自己的不足，這就是為什麼我的存在幾乎讓每個人都感到憤怒和難堪。於是，我把感情寄托在家裡的狗身上，那是一隻叫做「王子」的黑色拉布拉多；另外也幫自己創造了一個叫做強尼・馬林戈（Johnny Malingo）的角色。強尼是個風度翩翩、無拘無束、閱歷豐富的男子，對於礙著他的人從不假以辭色，每當有事情讓我難以承受，我就會逃進強尼這個角色裡，直到風暴過去為止。我還虛構出一個幻想朋友，是一隻叫做「灌木枝」（Bushbranch）的小馬，不管我去哪裡，牠都會跟在我身邊。有時候，強尼會搖身一變變成牛仔，跨騎到灌木枝上，策馬向夕陽馳去。同時，我也開始迷上畫畫，最愛畫的第一樣東西是餡餅。有一個小販會固定推著推車，到村子那片綠草坪上叫賣，推車裡都是熱騰騰的餡餅。我一直很愛吃餡餅，蘿絲也很會做餡餅，我畫過幾百張餡餅和那個餡餅小販的畫像。後來，我又從畫畫轉向臨摹漫畫。

因為我是私生子，蘿絲和傑克會想要寵我。我的很多玩具是傑克做給我的，我還記得他用純手工打造了一組漂亮的劍和盾給我，每個孩子看了都羨慕不已。只要是我喜歡的漫畫，蘿絲就會買給我，我好像每天都會拿到一本新漫畫，都是我喜歡的《大禮帽》（The Topper）、《丹迪》（The Dandy）、《老鷹》（The Eagle）和《比諾》（The Beano），我尤其愛看《巴什街的孩子》（The Bash Street Kids），每次畫家換人的時候，我就會注意到漫畫中高老爺（Lord Snooty）的禮帽變得不大一樣。我臨摹這些漫畫，幾年下來，數不清畫了多少張，有牛仔、印第安人、羅馬人、格鬥士、盔甲騎士等等。有時候，我在學校裡完全不做課堂作業，翻開我的每一本課本，裡面除了我畫的漫畫什麼也沒有。

我從五歲開始到英格蘭里普利教堂小學上學，學校就在村子的教堂旁邊，是一座燧石建築。學校對面是村子的大禮堂，我在那裡上主日學，第一次聽到許多古老優美的英文讚美詩，我最喜歡的是〈主望我光照〉（Jesus Bids Us Shine）。起初，我還滿高興可以去上學，左鄰右舍的孩子大多數也在那時候入學，但過了幾個月，我發現這種情況將會一直持續下去，就開始恐慌起來。由於我對家庭生活有強烈的不安全感，導致我很討厭上學。我只想隱姓埋名，根本不想要參加任何賽事，我討厭任何把我突顯出來的事情，因為我一點也不想要引起注意。

我也覺得，送我上學只不過是為了把我送出家門，因此內心充滿怨恨。有一位波特（Porter）老師，人很年輕，似乎特別有興趣發掘孩子的天賦或才能，漸漸地和我們班熟絡起來。每當他想要對我來這套的時候，我就會忿恨到極點，我會鼓起內心所有的恨意，向他怒目瞪視，最後他就會受不了，說我這是「無言的侮辱」，用藤條體罰我。我現在不怪他，只要是代表權威的人，都曾經受過我這種氣。繪畫是我唯一真正喜歡的科目，不過我也曾經用直笛演奏〈綠袖子〉（Greensleeves）而得獎，直笛是我學會的第一種樂器。

我們的校長迪克森（Dickson）先生是個滿頭紅髮的蘇格蘭人，我跟他很少接觸，直到我九歲那年，因為對班上某位女同學提出下流的建議，被叫去見他。我在綠草坪上玩耍的時候，無意中看到草叢中掉落一本自製的色情刊物，那是用釘書針粗糙地釘成的一本手工書，頁面上是相當笨拙的生殖器繪圖，配上打字機打成的文字，那裡面有很多文字是我聽都沒有聽過的。我的好奇心被勾起來，因為我沒有接觸過任何跟性有關的教育，更從來沒有見過女性的生殖器，事實上，在我看到這本書以前，我甚至不確定男生和女生有什麼不同。

從看到這些圖畫的驚魂中定下來之後，我決意要弄清楚女生是怎麼回事。我太害羞，不敢問在學校認識的女同學，可是剛好班上新來了個女生，因為她是新來的，對她說什麼比較沒關係。也真湊巧，她被安排坐在我前面的位子，於是，一天早上，我鼓起勇氣問她：「你想不想愛愛？」其實完全不知道這樣說是什麼意思。她用茫然的表情看著我，顯然不懂我在說什麼，但課間休息的時候，她跑去告訴另一個女生，問這話是什麼意思。午休過後，我被叫去校長辦公室，校長盤問我究竟對女同學說了什麼，要我答應會向女同學道歉，然後要我彎下腰，在我屁股上痛打了六大板。我哭著走出校長辦公室，整件事在我心裡留下可怕的陰影，自此之後，我很容易把性跟懲罰、羞恥和難堪聯想在一起，這種感覺一直影響我的性生活多年。

從某方面來說，我是個幸運的小孩。雖然在家常常有令我困惑的處境，大人之間的互動令我難以理解，但外面還有一整個幻想世界和鄉下田園，我和我的玩伴就住在裡面。蓋伊（Guy）、史都華（Stuart）和戈登（Gordon）是我最要好的朋友，我們全都住在綠園路上的同一排房子。我不清楚他們知不知道我的身世，就算知道，我想也沒差，在他們眼中，我就是「艾船長」，有時簡稱「艾」，但通常還是叫我「阿力」。只要一放學，我們就會騎著腳踏車一直在外面玩。

我的第一輛腳踏車是詹姆士牌（James），因為我不斷央求傑克買一輛他騎的那種凱旋棕櫚灘牌（Triumph Palm Beach）腳踏車給我，那種銅紅配奶油色的腳踏車，才是我心目中的頂級腳踏車。可是凱旋棕櫚灘牌只有成人款，沒有生產兒童騎的腳踏車，所以傑克買了詹姆士牌給我。儘管配色基本上相同，畢竟是不一樣的東西，不管我多麼努力想要感謝傑克，心底其實失望透頂，我相信傑克大概也看得出來。不過，我並沒有沮喪很久，因為我拆下其中一個煞車閘、拿掉擋泥板，讓車身盡量簡化，再換上適合在泥巴中騎乘的輪胎，詹姆士就變成了所謂的「場地車」。

放學後，我們會在綠草坪集合，商量要去哪裡。如果是夏天，通常會去村子外的威河。不只小孩，大人也愛去那裡，有一個點特別吸引我們，因為那裡有攔河堰。堰的一邊水非常深，大人不准我們去那裡游泳，多年下來，那裡淹死過幾個小孩；但水從堰頂流下來後就是淺水處，而且看上去就像瀑布一樣，兩邊河岸都有小岩礁和小水潭，可以放心游泳和在泥濘中嬉戲。再過去，河面就變得開闊，河水也再變深，變成釣魚的好地方，我就是在這裡學會釣魚的。

蘿絲從型錄上挑了一根釣竿買給我，雖然是很便宜的基本款竹竿，漆成綠色，一端有軟木手把和毫不含糊的固定捲線器，但我從第一眼就很喜歡它。這是我成為工具迷的起點，我經常拿釣竿出來純欣賞，把玩的時間大概跟用來釣魚的時間差不多。我們大多用麵包當餌，由於垂釣的地方離職業釣客很近，所以得非常小心，以免礙著他們。通常，我們能釣到一尾鮈就已經很棒了，而在一個難忘的下午，我竟然釣到一尾相當大的擬鯉，看來有好幾公斤重。正好有一位職業釣客從下游走過來，他見狀停下腳步對我說：「你釣到的這條魚不簡單啊。」我簡直開心得飛上了天。

我們如果沒有去河邊，通常就會去「毛毛」（the Fuzzies），這是我們給綠草坪後面那片樹林取的名字。我們在裡面玩牛仔大戰印第安人，或德國人大戰英國人的遊戲，很認真地創造了我們自己版本的索母河戰役，挖出深得夠我們站在裡面向外射擊的壕溝。樹林裡有一區長滿了濃密的刺金雀花，很容易迷路，我們把這個區域叫做「紫禁城」或「失落的世界」。我小時候都是跟著比我大的男生或一夥人進去失落的世界，因為我真的相信如果一個人進去，會再也走不出來。我第一次遇到蛇，就是在那裡面。當時我正和大夥玩遊戲，突然聽到嘶嘶嘶的聲音，低頭一看，在我微微分開的兩腳中間，一條將近一公尺長的大蝰蛇正緩緩爬過，我整個人僵住。在這之前，我從來沒有見過蛇，但蘿絲很怕蛇，這種懼怕傳給了我，我當下嚇得屁滾尿流，之後很多年都會做這樣的噩夢。

到我十、十一歲左右，我們偶爾會在「毛毛」裡面玩「捉到親親」的遊戲，這是唯一會有女生加入我們遊戲的時候。玩法是先給女生時間藏起來，我們再去找她們，找到的獎品是女生親我們一下。有時候，我們會玩代價更高的版本，被找到的女生必須拉下內褲。不過，整體來說，我們都有點怕村子裡的女生，她們總是顯得冷漠又強悍，反正對我們沒什麼興趣，只會注意那種酷酷的類型，例如艾力克·畢斯利（Eric Beesley），他永遠帥氣十足，是里普利第一個理平頭的男生。我的色情刊物慘痛經歷無疑使我覺得，只要向女生示好，就會有什麼樣的報應，我可不想三天兩頭被捉去打屁股。

每到週末上午，村子裡很多人會去基爾福的「ABC少年俱樂部」看電影，這是生活中一大樂事。我們看《蝙蝠俠》（Batman）、《飛俠哥頓》（Flash Gordon）和《霍帕隆·卡西迪》（Hopalong Cassidy）這些高潮迭起的影集，還有三個臭皮匠（The Three Stooges）、查理·卓別林等諧星的影片。臺上總是會有司儀主持比賽，鼓勵我們上臺唱歌或模仿角色，我覺得很恐怖，總是避之唯恐不及。不過，我們也不是省油的燈，每當燈光暗下來，我們就會掏出自製彈弓，拿馬栗往銀幕上射。

在一九五〇年代初，里普利孩子典型的晚間餘興活動，就是坐在公車亭看路過的汽車，明知機率不大仍殷切盼望會有跑車經過，每半年也許會看到一輛奧斯頓馬丁或法拉利，我們就會興奮得不得了。我們不斷想要尋找刺激，而再沒有什麼比犯法——在合理範圍內——更刺激的了。我們會去丹斯波羅（Dunsborough）莊園偷摘蘋果，這非常刺激，因為是電影明星佛羅倫斯・戴斯蒙（Florence Desmond）的莊園，我們有時還會看到她的名人朋友經過綠園路，我有一次就是在綠園路碰到泰隆・鮑華（Tyrone Power），要到他的簽名。此外，之所以刺激也是因為被逮到的機率很高，莊園的看守人隨時都在巡邏。

除了偷摘蘋果，我們也會去科布罕（Cobham）或沃金的商店偷東西，大多是偷一些沒用的東西，如領帶、手帕之類，偶爾還會放縱地恣意破壞一番。例如，我們會登上從基爾福出發、停靠所有小站的區間車，當時區間車的車廂之間並不連通，我們會選一個沒有人的車廂，在火車到達下一站前，把整個車廂破壞得面目全非。我們砸碎每一面鏡子，撕掉牆上的地圖，用小摺刀割破行李網架，把坐椅面料全割成一條條，然後在下一站狂笑著下車。我們明知這是不應該做的事，但我們不但做了，而且還沒有被捉到，這種感覺讓腎上腺素狂飆。當然，假如真的被捉到，我們大概會被送去少年感化院，神奇的是，我們每次都逃過一劫。

在那個年代，抽菸是代表長大成人的重要儀式，而我們偶爾會有辦法弄到一些香菸。記得十二歲那年，我弄到一包杜茉莉葉（Du Maurier）香菸，它的包裝特別吸引我，暗紅色的翻蓋式盒子，配上銀色的十字交叉圖案，看起來又高雅又成熟。不知道是我抽菸的時候被蘿絲撞見，還是她在我口袋裡發現了菸盒，她把我叫到一邊，對我說：「好吧，你如果想抽菸，我們就一起抽。我們來看看你是不是真的會抽。」她幫我點燃一根杜茉莉葉，我抽了一口吐出滿口的煙。她說：「不對，不對！吸進去，吸進去！你這樣根本不是在抽菸。」一開始我不懂她的意思，她又說：「你要深深吸進去，吸進去才算。」我照她的話試了一下，結果當然嗆得很厲害，直到二十一歲我都沒有再抽過菸。

我最不喜歡的一件事就是打架，疼痛和暴力讓我害怕，但這是很多孩子之間常有的消遣。在里普利，不想打架就得避開馬斯特斯（Masters）和希爾（Hill）這兩家的小孩，他們都很不好相處。馬斯特斯家的小孩是我表兄弟，他們的媽媽就是妮兒阿姨，妮兒阿姨是一位令人難忘的女士，因為她患有妥瑞氏症，不過在那個年代，大家只是覺得她有一點古怪。她講話的時候，句子中會不斷夾雜「幹」和「艾迪」，所以她來我們家看到我會說：「你好，阿力，幹艾迪。你媽媽在嗎，幹艾迪？」我愛死她了。她的丈夫查理（Charlie）體型是她的兩倍，全身刺滿紋身，兩人生了十四個兒子，也就是馬斯特斯兄弟，他們全都很凶狠，又老是惹麻煩。希爾家也全都是男生，總共有十兄弟，是村裡的流氓，至少表面看來是這樣。他們是我的敵人，我總是怕被他們打，所以每當他們找我麻煩，我就會去跟表兄弟告狀，希望挑起希爾兄弟和馬斯特斯兄弟之間的仇恨。不過大多數時候，我是兩邊都能離多遠就離多遠。

從很小的時候開始，音樂就對我有很大的影響，因為在電視還沒誕生的年代，音樂是社區生活很重要的一部分。每到週末晚上，大人多半會聚集到英國退伍軍人俱樂部，喝酒、抽菸、聽席德・佩林（Sid Perrin）等當地藝人的演唱。佩林是很好的酒吧歌手，聲音渾厚有力，以類似馬利歐・蘭沙（Mario Lanza）的風格演唱。歌聲流洩到外面的大街，我們就坐在那裡聆聽，配上一瓶檸檬汽水和一包薯片。村裡還有一位名叫布勒・柯利爾（Buller Collier）的樂手，他住在跟我們同一排房子的最後一間，常常站在他家門外演奏鍵盤式手風琴。我很愛看他演奏，不只因為喜歡手風琴的聲音，還因為手風琴的外觀，有紅色、有黑色，還會閃閃發亮。

我比較常聽到的是鋼琴，因為蘿絲喜歡彈。我最早的記憶是她在客廳彈簧風琴，後來她才買了小鋼琴。她會邊彈邊唱，多半是幾首標準曲目，例如葛蕾西・費爾茲（Gracie Fields）的熱門歌曲〈此時此刻〉（Now Is the Hour），約瑟夫・洛克（Joseph Locke）的〈伴你同行〉（I Walk Beside You）和〈主佑吾家〉（Bless This House），洛克在我們家很受歡迎，也是第一位嗓音打動我的歌手。我自己最初學著唱歌，是在屋裡通往二樓臥室的樓梯上，我發現有一個區域會有回音，常常坐在那裡唱當時的流行歌曲，多半是抒情曲，我覺得聽起來就像我是從唱片裡唱出來的一樣。

假如說我有那麼一點音樂天分，主要是來自蘿絲娘家米歐爾家族的遺傳。蘿絲的父親——米歐爾外公，是個身材魁梧的大男人，有點算是酒鬼加色鬼，他不但能彈手風琴，還會拉小提琴，經常和村裡著名的街頭藝人傑克・湯森（Jack Townshend）混在一起，湯森會彈吉他、拉小提琴和用湯匙當打擊樂器，兩人常一起演奏傳統音樂。外公住在離我們不遠的紐瓦克巷，是村裡的重要人物，尤其到了收割季節，因為他有一臺牽引車。他個性有點古怪，為人不大親切，我每次和亞德里安舅舅一起過去看望他的時候，他幾乎都是坐在扶手椅中喝得醉醺醺，清醒的時候很少。

外公的一切就像史坦斯菲的工廠一樣，有狄更斯小說的味道。我們經常去探望他，因為看到他演奏小提琴，看起來是那麼輕鬆自在，我也興起拉小提琴的念頭。我爸媽不知從哪弄來一把舊小提琴交給我，我猜我只能靠自己多看和多聽來學了，但當時的我才不過十歲，根本沒有耐心，不管我怎麼弄，都只能拉出殺雞般的刺耳聲音。我那時候就只玩過直笛，完全沒辦法弄懂小提琴這種樂器的物理特性，於是很快就放棄了。

我母親的哥哥——亞德里安叔叔，在我小時候跟我們同住，他是個很妙的人，對我的影響非常大。由於我從小就以為他是我哥哥，即使後來發現他其實是我舅舅，我一直仍把他當作哥哥看待。他很喜歡時尚和開快車，擁有過各代的福特Cortina，幾乎都是兩種色調：粉橘紅配奶油色或之類的，車內坐椅面料通常是毛皮和假豹皮，還有各種吉祥物裝飾。他平常不是在瞎弄自己的車子——一下把外觀整理得好看些，一下把性能改裝得更強些——就是開出去奔馳，偶爾還會把車子撞爛。他也是無神論者，對科幻小說十分著迷，有一整書櫃的以撒

・艾西莫夫（Isaac Asimov）、馮內果（Kurt Vonnegut）等厲害作家的平裝本小說。

亞德里安還是發明家，但發明的多半是家庭用途為主的東西，例如他發明了一款獨特的「擠醋器」。他超級喜歡醋，不管吃什麼都要加一點醋，連吃蛋奶凍也不例外。蘿絲看了很受不了，終於下了禁令。於是，亞德里安設計出一款祕密擠醋器，基本上就是把擠醬瓶藏在腋下，瓶嘴接上軟管，再穿過他的袖子通到袖口。這樣，他只要手伸到食物上面，手臂悄悄壓一下瓶子，就能神不知鬼不覺地把醋淋在盤子上。

他也很有音樂天分，會吹半音口琴，還擅長跳舞。他喜歡跳吉特巴舞，而且跳得極好，跳起來時是一大奇觀，因為他頭髮很長，平常抹上大量百利髮乳梳理整齊，一旦跳起吉特巴舞，頭髮就會散開覆蓋在他臉上，看上去很像一頭海底生物。他房裡有一臺電唱機，他會放他喜歡的爵士唱片給我聽，有史坦・肯頓（Stan Kenton）、多爾西兄弟（Dorsey Brothers）和班尼・固德曼（Benny Goodman）。這些音樂在當年聽來很像地下音樂，我能感受到其中所傳達的訊息。

我從小接觸的音樂大部分是從收音機聽來的，在我們家，收音機永遠都開著。我覺得自己很幸運，出生在那個年代，音樂上是這麼的豐富多元。那時候人人必聽的電臺節目是《家庭連線最愛秀》（Two-Way Family Favourites），那是讓在德國服役的英國軍人和他們的家人連線的直播節目，每星期天中午十二點播出，剛好是我們準備坐下來吃午餐的時間。

星期天的午餐蘿絲總是煮得特別豐盛，有烤牛肉、肉汁、約克夏布丁配馬鈴薯、豌豆和胡蘿蔔，餐後還有類似葡萄乾布丁的甜點，配上收音機播放的醉人音樂，簡直是一場感官的盛宴。我們會聽到各種類型的音樂，從歌劇、古典、搖滾、爵士到流行樂，通常會有蓋伊・米歇爾（Guy Mitchell）的〈戴紅羽毛的她〉（She Wears Red Feathers）這類歌曲，然後是史坦・肯頓的大樂隊、維克多・席維斯特（Victor Sylvester）的舞曲，也許還有大衛・惠特菲（David Whitfield）的流行歌曲、普契尼（Puccini）歌劇的詠嘆調，如〈波希米亞人〉（La Bohème），如果夠幸運的話，還會有我最愛的韓德爾（Handel）《水上音樂》（Water Music）。只要是強烈表達情感的音樂，我都非常喜歡。

每星期六早上，我會收聽神奇的麥克叔叔（Uncle Mac）主持的《小朋友最愛時間》（Children's Favourites），九點不到，我已經坐在收音機旁等整點報時訊號，報時後是開場預告：「星期六上午九點，就是小朋友的最愛時間。」接著是主題音樂，那是一首歌名叫〈噗氣比利〉（Puffing Billy）的高亢管弦樂曲，然後麥克叔叔上場了：「各位小朋友，你們好。我是麥克叔叔，大家早上好。」接下來，他會播放很棒的音樂，有〈泰迪熊的野餐〉（Teddy Bear's Picnic）或〈大象娜麗〉（Nellie the Elephant）這類兒童歌曲，也有〈火車逃跑了〉（The Runaway Train）這類詼諧曲，和〈巨石糖果山〉（The Big Rock Candy Mountain）這樣的民謠，偶爾還會跳得很遠，放一些風格迥異的東西，例如查克・貝瑞（Chuck Berry）的〈田納西州孟斐斯〉（Memphis Tennessee），我第一次聽到的時候，感覺就像被雷打到一樣。

某個星期六，他放了桑尼・泰瑞（Sonny Terry）和布朗尼・麥吉（Brownie McGhee）的歌，歌名是〈Whooping and Hollering〉，由桑尼・泰瑞演奏口琴，中間交替以假聲唱出的呼喊，節奏又快又準，而布朗尼・麥吉則以快節奏的吉他伴奏。我猜麥克叔叔會放這首歌，是因為其中新穎的元素，而這首歌就像刀一樣深深刺進我心坎裡，此後我再也沒有錯過任何一集《小朋友最愛時間》，心想他很有可能會再播放一次，結果他真的放了，而且像輪播一樣，每隔一陣會再放一次。

音樂成了我的治療師，我學會全身心投入地聆聽，發現它可以撫平家庭問題帶給我的所有恐懼和困擾。這些問題在一九五四年，我九歲那年變得更加嚴重，因為母親突然出現在我的生活中。此時，她已經嫁給一位加拿大軍人法蘭克・麥克唐納（Frank MacDonald），帶著兩個孩子——我同母異父的弟弟妹妹：六歲的布萊恩（Brian）和一歲的雪若（Cheryl）。我們去南安普敦的碼頭接我母親，只見梯板上走下來一位美麗迷人的女子，紅褐色的頭髮高高盤起，就像當時流行的樣式。她長得非常漂亮，只是看起來冷冷的，有一種刻薄的感覺。她帶著大包小包昂貴的禮物下船，都是她那從韓戰時期就駐紮在韓國的丈夫法蘭克從當地寄來的。我們每個人都收到了繡有龍圖案的絲夾克，還有漆盒之類的東西。

即使那時我已經知道她的真實身分，蘿絲和傑克也早察覺到這一點，但我們到家之後，大家還是什麼都沒說。直到一天晚上，當全部人都坐在小屋的客廳，我對著派翠西亞脫口而出：「我可以叫你媽咪了嗎？」氣氛瞬間變成可怕的難堪，屋子裡空氣凝重得令人快透不過氣，從未明言的真相終於說了出來。然後，她用一種很和善的語氣對我說：「他們為你做了這麼多，我認為最好的安排，就是你繼續叫外公外婆爸爸媽媽。」那一刻，我覺得自己完全被拒於千里之外。

儘管我努力想要接受和理解，卻還是不懂她為什麼有辦法說出這些話。我原以為她會擁我入懷，帶我跟她回去她現在住的地方，心中難以忍受的失望，當下化為怨恨和憤怒，很快地，誰都沒有好日子過。我變得脾氣很壞，孤僻不理人，誰對我好我都不領情，因為我覺得被拒絕了。只有奧黛麗姑姑拿我有辦法，她很喜歡我，每星期都固定帶玩具和糖果來看我，每次來她都溫柔地逗我說話，我卻常常對她態度很差，公然對她不敬，然而內心深處，我其實很感謝她對我的愛和關懷。

讓事情變得更難處理的是，派翠西亞在我們家住了大半年之久，她在公開場合變成了我的「姊姊」，以省去尷尬又費唇舌的解釋。由於他們來自國外，兩個孩子又有加拿大口音，村子裡當他們是明星一樣，去哪裡都受到特殊待遇，我感覺自己被晾在一邊。我甚至憎惡我的同母異父弟弟布萊恩，他很崇拜我，老是想跟我那群玩伴一起玩。有一天，我大發脾氣之下衝出家門，跑到綠草坪上。派翠西亞跟在我後面，我回過頭對她大喊：「我希望你從來沒來過這裡！我要你走開！」就在那一刻，我意識到直到那一天以前，我的生活真是過得快樂無憂，一切是這麼簡單，就只有我和爸媽，即使我知道他們其實是我外公外婆，我還是得到所有的關愛，至少家裡充滿了愛與和諧。如今情況變得這麼複雜，我根本不知道滿腔的情緒要在哪裡找到出口。

家裡這些事情對我的課業造成很大影響。那時候，學童到了十一歲就要參加一項「十一加」考試，以決定接下來的去向，成績好的人去重點中學，沒那麼好的人則去現代中學。考場在另一所學校，也就是說，我們全部人得擠上學校安排的巴士，開到一個陌生的地方，在那裡一場接一場地考上一整天。我的考卷幾乎全空白一片，周圍的環境令我害怕，在深深的恐懼和不安全感之下，我完全反應不過來，考得一塌糊塗。我並不是很在意，因為不管是去基爾福還是沃金的重點中學，都表示要跟我那些玩伴分離，他們都不是好學的類型，全都很擅長體能運動，對上學多少帶著一點鄙視的眼光。至於傑克和蘿絲，他們就算真有那麼一點失望，也沒有真正表現出來。

我最終去了鄰村森德的聖比德（St. Bede's）現代中學，那裡是我真正開始發掘新事物的地方。那是一九五六年的夏天，貓王正紅透半邊天，我在學校認識了一個男生約翰・康斯坦汀（John Constantine），他剛搬來里普利沒多久，家裡是富裕的中產階級，住在村子外的郊區。我們會變成朋友，是因為我們倆跟其他人太不一樣了，在學校裡完全無法融入，其他同學都喜歡板球和足球，我們則喜歡打扮和買七十八轉的唱片，也因此被同學鄙視和恥笑，說我們是「怪咖」。我很常去他家，他父母親有一臺收音留聲機，就是收音機和留聲機的結合，那是我第一次見到這種東西。約翰有一張貓王的冠軍單曲〈獵狗〉（Hound Dog），我們一遍又一遍地放來聽，歌曲中有某種東西讓我們完全無法抗拒，加上它是由年齡比我們大不了多少的人唱出來的，感覺他雖然跟我們差不多，卻似乎可以掌控自己的人生，這是我們想都不敢想的。

隔年，我有了人生中第一臺電唱機，是一臺 Dansette，我買的第一張唱片是卡林雙胞胎（Kalin Twins）的排行榜冠軍單曲《何時》（When），這首歌我是從電臺聽來的。接著，我買了生平第一張專輯：巴迪・霍利（Buddy Holly）與蟋蟀合唱團（The Crickets）的《蟋蟀唧唧叫》（The "Chirping" Crickets），然後是電影《上流社會》（High Society）的原聲專輯。康斯坦汀家也是我在里普利認識的人裡面唯一有電視的，我經常去他們家看《倫敦帕拉丁劇院星期日之夜》（Sunday Night at the London Palladium），這是英國第一部有美國藝人參與的電視節目，他們在各方面的水準都好太多。我那時剛好贏了個獎（贏的竟然是整潔比賽），獎品是一本關於美國的書，所以對美國的東西特別著迷。有一晚，節目嘉賓是巴迪・霍利，我高興得快升天了，那集也是我生平第一次看到一把芬達（Fender）電吉他，傑瑞・李・路易斯（Jerry Lee Lewis）在演唱〈大火球〉（Great Balls of Fire），旁邊貝斯手彈的正是芬達的Precision Bass。那感覺好像看到來自外太空的器具，我對自己說：「這就是未來，這就是我要的。」突然間，我意識到自己正身在一個永遠不會變的農村，而眼前電視上播出的則是未來的世界，那是我想去的地方。

聖比德有一位老師——教美術的斯沃恩老師——似乎覺得我是可造之材，認為我有藝術天分，盡了很大努力想要幫我。他也教書法，他一開始教我的東西之一，就是用斜體字鋼筆寫字。我有點怕他，他是出了名的嚴師，平常不苟言笑，但他對我非常好，多少讓我願意聽他的話。因此，當我要參加專為考不過「十一加」的人而設的「十三加」考試，我決定全力以赴，以報答斯沃恩老師對我的好。結果，在十三歲這年，我通過了考試，心中帶著些許疑慮，進了瑟比頓（Surbiton）的霍利菲路（Hollyfield Road）中學，因為我知道這代表我將從此和聖比德中學的朋友分離。

霍利菲對我的生活改變很大。我拿到一張公車通行證，每天得自己搭綠線長途公車，花半小時車程從里普利到瑟比頓，和一群我不認識的人一起上學。最初的幾天特別難熬，也不知道該怎麼處理跟老朋友的交情，我知道有些朋友一定會漸漸疏遠。但同時，一切都令我感到興奮無比，因為我終於來到外面廣闊的世界。雖然霍利菲是普通中學，但它有個很不一樣的地方：這裡有京斯頓藝術學院（Kingston Art School）的初級藝術課程。我們除了上歷史、英文、數學這些一般科目之外，一星期有兩三天會上一整天的藝術課：畫人像畫、靜物畫，學會用顏料、黏土等媒材。生平頭一遭，我竟然開始能有不錯的表現，感覺自己在各個方面都漸入佳境。

在老朋友的眼中，我的社會地位已經提升，儘管他們心中多少知道這並不是什麼問題，卻還是忍不住會奚落我。我知道自己確實在提升，霍利菲改變了我對人生的看法，這裡環境更狂野、人更有趣，就在倫敦邊緣，所以我們經常蹺課去泡酒吧，去京斯頓的 Bentalls 百貨公司買唱片。我同時聽到好多新東西，從民謠、紐奧良爵士樂到搖滾樂，都是同時開始接觸的，這些都讓我深深著迷。

很多人說他們清楚記得甘迺迪總統被暗殺那天自己人在哪裡，我不記得這個，但我清楚記得巴迪・霍利去世那天，我走到學校的操場，也清楚記得當下周圍的感覺。當下操場感覺就像墳場，所有人都震驚得說不出話來。在那個年代的音樂偶像當中，他是最平易近人、感覺最真實的，不是那種充滿明星魅力的人，也沒有想要施展魅力的表現，他就是真真正正的吉他手，最重要的是，他還戴眼鏡，他是我們的一分子。他的死對我們有不可思議的影響，在那之後，有人說音樂也死了。對我來說，音樂卻在我心中炸開了。

霍利菲路中學附設的藝術教學大樓離校園不遠，就在瑟比頓丘路的另一端，上藝術課的時候，我們會走路過去，到那座大樓裡上靜物、雕塑或繪畫課。在路上，我們會經過貝爾氏（Bell's）樂器行，這家樂器行在鍵盤式手風琴風靡一時的時候，以賣這種樂器打響名號。然後，在一九五〇年代中期，朗尼・多尼根（Lonnie Donegan）唱紅〈Rock Island Line〉和〈The Grand Coulee Dam〉，帶動噪音爵士樂（skiffle）的興起，貝爾氏也轉換跑道，搖身變成賣吉他的樂器行，我每次經過都要駐足瀏覽櫥窗裡的吉他。由於我喜歡的音樂大多是以吉他彈奏，我決定學吉他，於是不斷纏著蘿絲和傑克買給我。也許他們真的被我煩得受不了，不管出於什麼原因，總之有一天他們和我一起搭公車去到那裡，我選好一把夢寐以求的吉他之後，他們幫我付了訂金。

我選上的吉他是一把Hoyer，德國製造，要價兩英鎊左右。這把吉他相當奇特，看起來像西班牙吉他，卻不是尼龍弦，而是鋼弦。這是很奇怪的組合，新手用它來學彈更是痛苦。可想而知，這等於還沒學會走就想飛，我連給吉他調音都還不會，更不用說彈奏了。身邊沒有人可以教我，我只好自學，而這不是件容易的事。

首先，我沒想到吉他會是這麼大把，幾乎和我的個子一樣大。在我學會握住吉他之後，我的手還是很難繞過琴頸，弦也幾乎按不下去，相對於指板的位置實在太高了。事實擺在眼前，要彈這把吉他簡直不可能，這令我十分挫折。但另一方面，我也興奮得不得了，整把吉他閃閃發亮，像白璧無瑕，宛如來自另一個宇宙的器具，簡直丰姿綽約，每當我撥弄琴弦，感覺就像自己已經跨入成年人的世界。

我學彈的第一首曲子是一首民謠，哈利・貝拉方提（Harry Belafonte）唱紅的〈紅絲帶〉

（Scarlet Ribbons），但我也聽過賈許・懷特（Josh White）唱的藍調版本。我完全是靠聆聽來學，跟著唱片播放的音樂一邊聽一邊彈。我有一臺小小的歌蘭蒂（Grundig）手提盤式錄音機，是蘿絲買給我的生日禮物，它讓我很得意，也從中獲得極大樂趣，我用它錄下自己彈奏的聲音，再一遍又一遍地放來聽，直到我覺得彈對了為止。我後來發現，還有一個問題使整件事變得更加困難：這把吉他的品質並不好。如果是貴一點的吉他，琴弦和指板的距離通常不會這麼高，這樣手指才能快速移動；但如果是廉價或品質不佳的吉他，琴弦在指板的頂端會相當低，愈靠近琴橋卻愈來愈高，變得很難按下去，彈奏起來手指也會很痛。我一開始又出師不利，幾乎馬上就弄斷一根琴弦，又沒有備用的琴弦，只好湊合著用五根弦彈了好一陣子。

進入霍利菲路中學大大提高了我對個人形象的意識，因為我遇到好一些對藝術和時尚有強烈主見的重量級人物。我對個人形象的探索，是從穿牛仔褲開始，當時我大約十二歲，開始在里普利穿起外側有三條綠色縫線的黑色牛仔褲，這在當時是很前衛的東西。接著，我開始走義大利風打扮：外套裁得很短的整套西裝、錐形褲、尖頭皮鞋。我們家和里普利的大多數家庭一樣，什麼都從型錄上買，比如 Littlewoods 的型錄，買來的衣服如果不合身，蘿絲就會幫我修改。我在霍利菲就讀到一半的時候，垮掉的一代風（Beatnik）開始流行起來，我的吉他跟這種風格很搭，我要蘿絲幫我把從 Moffats 買來的牛仔褲改窄，變成緊身牛仔褲，配上黑色圓領套頭衫，再披一件有「核裁軍運動」標誌的 Millets 軍裝夾克，腳上穿一雙自己用套件組裝的莫卡辛軟皮鞋。

有一天，我正一邊放金・文森（Gene Vincent）的唱片，一邊跪在鏡子前模仿他演唱的樣子，正巧我那群玩伴的其中一人從敞開的窗戶路過，他停下來看著我，我永遠也不會忘記當下那種尷尬。因為事實上，我嚮往的不只是音樂，還同樣憧憬成為像在電視上看到的那些藝人，不是像克里夫・李察（Cliff Richard）這樣的英國流行歌手，而是像巴迪・霍利、傑瑞・李・路易斯、小理查（Little Richard）、金・文森這樣的美國藝人。那一刻，我知道有什麼東西在召喚我，我不可能一直待在里普利。

我雖然還不大能掌握彈吉他的技巧，卻想要看起來像知道自己在做什麼，於是努力培養自認為是遊唱歌手的形象。我用一支伯羅牌原子筆在吉他的面板上寫下「艾力克勛爵」（LORD ERIC）幾個大字，因為我覺得遊唱歌手都是這麼做的。我給吉他繫上一條繩子當作背帶，想像自己和同樣作垮掉的一代風打扮的女友，一起到咖啡館演奏民謠。這個想像的女友後來化為真實，是一位名叫黛安・柯爾曼（Diane Coleman）的漂亮女孩，同樣是霍利菲的學生。她住在京斯頓，我們有過一段短暫濃烈的歡樂時光，一進展到開始露出性事的端倪，我就慌了。在這個問題出現以前，我們非常喜歡彼此，會在她媽媽家的客廳一起聽唱片好幾個小時。我的遊唱歌手生涯同樣短暫，我們帶著那把「艾力克勛爵」吉他，一起去了一家咖啡館約三次，結果兩人都難為情死了，我是因為太害羞不敢彈奏，她是因為目睹了我的退縮。

就在我以為撞上一堵難以突破的高牆時，我找到了另一把吉他。

京斯頓以前有個跳蚤市場，某個星期六，我在裡面亂逛的時候，看到有個攤位上掛著一把樣子很奇特的吉他。那是一把木吉他，琴身卻非常狹窄，有點像中世紀的英式吉他，背面貼了一張裸女的畫像。直覺告訴我這是把好吉他，我握在手中，雖然沒有彈奏，因為不想別人聽見，但感覺得出來這就是我夢想中的完美吉他。我當下就決定買下，花了兩英鎊十先令。不要問我錢從哪裡來，有可能是跟蘿絲要的，也可能是向她「借」的，我不記得當時和我爸媽在金錢上是怎麼安排，我每星期應該都會拿到不算少的零用錢，但說來慚愧，以我當時接觸到的各種消費機會來說，這筆錢大概都是被我花光光。

那時候，我已經學會一些抓奏（**clawhammer**）技法，就用新吉他試彈了幾首我學會的民謠。跟 **Hoyer** 比起來，這把吉他好彈太多了，琴身小巧纖細，指板反常地像西班牙吉他一樣又寬又平，琴弦之間離得很開，手指可以輕鬆地按在琴弦上而不會覺得太擠；琴弦和指板的距離則從頭到尾都很低，雖然讓吉他變得比較脆弱，彈奏起來卻是琴弦從上到下都很好按。原來這是一把 **George Washburn**，一款很有價值的經典美國吉他，生產商是一家自一八六四年以來就在製造吉他的芝加哥公司。有人在紅木琴身的背面貼了一張裸女圖，再上了亮光漆，若要把圖刮下來，勢必會破壞木頭表面，我很生氣竟然有人這麼糟蹋這把漂亮的吉他。終於，我有了一把適合彈民謠的好吉他，這下，也許我真的有望成為我心目中的遊唱歌手。

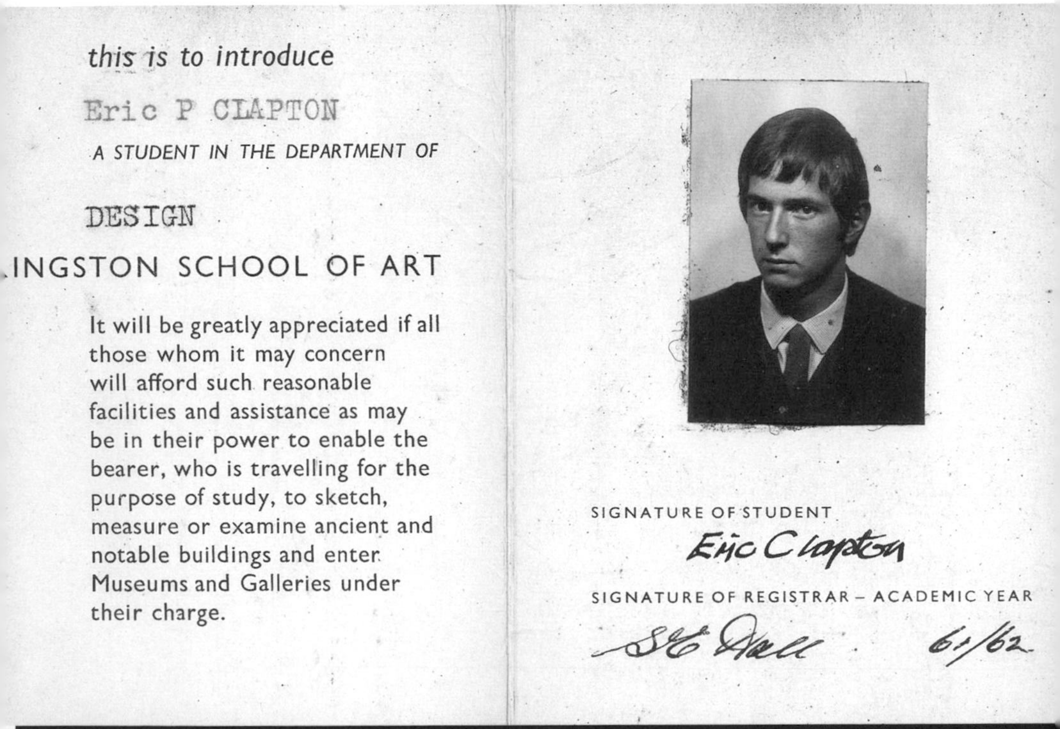

this is to introduce

Eric P CLAPTON

A STUDENT IN THE DEPARTMENT OF

DESIGN

.INGSTON SCHOOL OF ART

It will be greatly appreciated if all those whom it may concern will afford such reasonable facilities and assistance as may be in their power to enable the bearer, who is travelling for the purpose of study, to sketch, measure or examine ancient and notable buildings and enter Museums and Galleries under their charge.

SIGNATURE OF STUDENT

Eric Clapton

SIGNATURE OF REGISTRAR – ACADEMIC YEAR

61/62

第二章 The Yardbirds 雛鳥樂團

到我十六歲那年考過文科班高中會考，升上京斯頓藝術學院試讀一年的時候，我的吉他已經彈得很溜，也不斷學到新技巧。我經常光顧里奇蒙的客棧咖啡館（L'Auberge），就在橋邊的山丘上，河對岸的特威克納姆是一個時髦的老區，叫做鰻魚派島。這裡是河中央的一座小島，上面有一間占地很廣的舞廳，是由一家古老、木頭會嘎吱作響的十九世紀豪華酒館改裝成的，週末晚上會有紐奧良爵士樂團的表演，像肯・寇爾（Ken Colyer）和Temperance Seven樂團這些人，我們都很喜歡。我的週末夜行程通常是這樣：傍晚時分先到客棧喝幾杯咖啡，再漫步過橋到鰻魚派島。我永遠不會忘記，常常在橋上走到一半的時候，突然間意識到自己正走在一大群看上去都差不多的人中間，這時我心中就會湧起一股強烈的歸屬感。在那個嬉皮還沒出現、垮掉的一代引領潮流的時代，一切看來真的就是為了音樂，毒品非常罕見，就連酒也喝得不多。

我曾經和後來成立鷹族雄風樂團（Hawkwind）的戴夫・布羅克（Dave Brock）一起在那裡演奏，漸漸地，也混進經常在那裡出沒的樂手和垮掉的一代圈子當中。有時候，我們會跳上開往倫敦的火車，前往蘇活區一帶的民謠俱樂部和酒吧，例如格蘭比侯爵（Marquess of Granby）、約克公爵（Duke of York），以及位於查寧閣（Charing Cross）的Gyre and Gimble咖啡吧。我第一次被人痛毆，就是在這家被暱稱為「G's」的咖啡吧，一群阿兵哥把我誘到外面，二話不說就是一頓拳打腳踢，除了發洩悶氣，我完全看不出他們有什麼理由要打我。那是一次很不愉快的經驗，但暗地裡，我很變態地覺得自己又通過了一次考驗，完成另一種成長的洗禮。不過，這件事確實讓我明白，我天生不是打架的料，我當下完全沒有想過要還手，也許直覺告訴我這樣做只會使情況變得更糟。打從那時起，我彷彿對有可能發展成暴力的局面培養出本能的警戒，只要一感覺苗頭不對，就會像躲瘟神一樣避得遠遠的。

那時候，喜歡民謠歌曲的人很多，在這類俱樂部和酒吧裡，我遇見很多氣味相投的朋友和樂手。朗強・鮑德里（Long John Baldry）很常在這些地方表演，我知道洛・史都華（Rod Stewart）會到約克公爵演唱，只是我從未遇見。另外，有兩位經常在這些地方演奏的吉他手對我影響很大，一位人稱巴克（Buck），我生平第一次看到有人玩 Zemaitis 的十二弦琴就是他；另一位是當時著名的遊唱歌手維茲・瓊斯（Wiz Jones）。他們演奏愛爾蘭敘事曲和英格蘭民謠，但是加入美國民謠藍調巨擘鉛肚皮（Leadbelly）的曲調和其他元素，使我對民謠的世界形成與眾不同的觀點。我總是盡可能坐在最靠近他們的位子（通常很不容易，因為他們太受歡迎了），注意看他們的手怎麼彈，回家後再一遍又一遍地練習，努力學會彈奏憑耳朵聽來的音樂。我會仔細聆聽正在學彈的曲子的錄音，自己重彈一遍、再重彈一遍，直到我彈得一模一樣為止。我記得曾經努力模仿穆蒂・華特斯（Muddy Waters）在〈蜜蜂〉（Honey Bee）一曲中彈奏的像鐘聲般的調子，那是我第一次有辦法同時按下三根弦。當然，我沒有任何技巧可言，就只是一遍又一遍地跟著彈。

我主要的模仿對象是大比爾・布魯茲（Big Bill Broonzy），學他用拇指伴奏的技法，用拇指在低音弦上彈奏八分音符，其他手指則彈撥重複樂句或對位曲調。這是演奏各種形式的藍調很主要的技法，還可以變化成民謠形式，例如抓奏，也就是拇指在低音弦之間有節奏地交替撥弦，同時食指、中食、有時加上無名指在高音弦上彈撥旋律。我的學習方法很簡單，先放唱片跟著一起彈，覺得學得差不多了，就用我那臺歌蘭蒂錄下自己的演奏，再放來聽，如果聽起來跟唱片很像，我才會滿意。我漸漸開始掌握指彈木吉他的技巧，也學會更多新歌，例如貝西・史密絲（Bessie Smith）的老歌〈Nobody Knows You When You're Down and Out〉、草根藍調老歌〈Railroad Bill〉，還有大比爾・布魯茲的〈Key to the Highway〉。

差不多在那個時候，我遇見一位美國女民謠歌手吉娜・格拉瑟（Gina Glaser），跟隨了她一段日子。她是我第一位這麼近距離接觸的美國歌手，我像個小歌迷般被迷倒了。為了賺外快，她給京斯頓藝術學院的靜物寫生課當裸體模特兒，已經有一個小孩的她，神情總是帶著一點厭世的感覺。她擅長的是反映內戰的老歌，例如〈Pretty Peggyo〉和〈Marble Town〉，她唱起來音色清澈優美，還彈得一手無懈可擊的抓奏技法。我對她很著迷，我猜她也覺得我有吸引力，只是她比我年長一倍，而我當時在異性面前還稚嫩得很。

吉他彈得愈來愈好之後，我開始去京斯頓的皇冠酒吧（The Crown），在撞球桌旁邊的一個角落演奏。這間酒吧吸引了一群優雅的垮掉的一代青年，感覺比我經常一起混的那些樂迷高出一等。這是一群有錢人家的子弟，男生都穿切爾西靴、皮夾克、水手條紋衫和 Levi's 501 牛仔褲，這款牛仔褲超級難找——還有一群長得很漂亮的女孩像後宮一樣總是跟在他們身邊。當時女孩追逐的偶像是碧姬・芭杜（Brigitte Bardot），所以她們都穿緊身套頭衫、開叉窄裙和黑色絲襪，披上連帽粗呢大衣和圍巾。

這群人十分有特色，受過良好教育，反應又快，感覺上是從小一起長大的朋友，圈子非常緊密。他們通常先在酒吧會合，之後再去某個人的家，彷彿永遠都在開派對。我一心希望被這個圈子接受，但我從一開始就是個外人，而且又是工人階級，唯一能真正引起他們注意的，就只有彈吉他了。

和這群人一起玩，尤其看到這麼些漂亮女孩，讓我真的很想融入這個圈子，可是我完全不知道該怎麼做。我還在現代中學就讀的時候，認識一個來自森德的傢伙史蒂夫（Steve），他也喜歡打扮，尤其喜歡穿得很酷。有一次，他帶我去相親，顯然是想利用我支開他女友的死黨，偏偏這個死黨不是頂漂亮的女孩，我對她完全不感興趣。不過我很色，雖然不想吻她，卻摸了她的胸部。她可不覺得好玩，大鬧了一番。和霍利菲的黛安在一起之前，我的性經驗僅止於此，而跟黛安之間，也沒多少進展。我很怕去得太遠，必須承擔各種責任。打從在綠草坪看到那本色情書刊開始，我就覺得有必要親自一探究竟，但來自母親的被女性拒絕的經驗，使我每次想要扣門就戰戰兢兢。

在京斯頓藝術學院，我看上一個對我來說高不可攀的女孩。她好像是切辛頓某位政治人物的女兒，名叫蓋兒（Gail），長得美豔動人，有黝黑的皮膚、高挑性感的身材，還有一頭深色捲曲的長髮。

初次見到她時，她顯得很冷漠，但悄悄觀察幾個星期後，看得出來她其實有狂野的一面。我很快拜倒在她石榴裙下，而且不知怎地認為吸引她的最好辦法，就是經常喝得酩酊大醉，好像這會使我更有魅力或更有男子氣概似的。每個在京斯頓消磨時光的夜晚，我會喝上十杯 **Mackeson** 的黑啤酒，再接著喝蘭姆酒加黑醋栗、琴酒加通寧水，或琴酒加柳橙汁。我學會喝得很醺但又沒有醉倒，但每次到最後都很不舒服而大吐特吐。不消說，這個追求手段徹底失敗，蓋兒毫不為所動，但要說有什麼收穫的話，那就是我開始體會到酒精的力量。

在這之前不久，我和三位朋友一起坐火車去標利（Beaulieu）參加爵士音樂節，抵達的時候是週六上午，打算待到週日晚上。我們決定先去酒吧吃午餐，再前往爵士音樂節現場。關於那天，我記得的最後一件事是，我和一個素未謀面的傢伙跳到桌子上跳舞，我倆要好得像哥們似的，雖然在這之後我再也沒有見過他，但至今我仍清楚記得他的長相和言行舉止。在當時的我眼中，他是我這輩子遇過最風趣、最有魅力的人，我們一起喝得爛醉如泥。

我和朋友本來打算在音樂節現場附近的樹林裡露營，但第二天上午我清醒過來的時候，卻發現只有我一個人在荒郊野外。我身上沒有半毛錢，拉了自己一身屎尿，又吐得全身都是，而且我不知道自己身在何處。周圍是有一些線索可循，像生過的火堆、有其他人在附近紮營等，可是朋友就這樣一走了之，把我留在那裡，我太吃驚了。事已至此，我不得不帶著一身髒臭回里普利，我在附近的一個鄉野小站搭上火車，好心的站長可憐我，用手寫了一張借據，我一到家就萬分沮喪地把它遞給蘿絲。我對朋友徹底失望，他們竟然可以把醉成那樣的我留在那裡，獨自一人又身無分文。然而最瘋狂的是，我迫不及待想要再來一次。

整個喝酒的文化給我一種超脫世俗的感覺，喝醉之後，我好像就成了某個神奇俱樂部的會員。酒醉也能給我壯膽，讓我比較放得開去玩，也終於和女生發生了關係。我在京斯頓度過的週末夜幾乎都是這樣的：我們先在皇冠會合，我在那裡演奏吉他，有個吹藍調口琴的男生每次都會出現，名叫達奇・米爾斯（Dutch Mills），是個面面俱到的角色，大多數週末夜，我們最後都會去他家續攤。我記得有一個晚上，我和十來個人一起去到他家，那些人我全都不熟。不知什麼時候，有人把燈熄掉，大家就開始親熱了。我就是在那裡破處的，跟一個名叫露西（Lucy）的女孩，她比我大，男友剛好去了外地。我害怕極了，又笨手笨腳（我在這件事情上到現在都還是這樣），但她很有耐心地引導我，我知道其他人都察覺到在發生什麼事，但他們不是不在乎，就是自己也在忙，所以根本沒有理我們。第二天早上，我和她就地解散，那之後，雖然我們仍經常見到彼此，但誰也沒有提那天晚上的事。以我從小到大所理解的感情和性關係，我以為這才是正常的，也就沒有把這件事放在心上。

從奇怪的摸索過程突然跳到全壘打，感覺詭異得不得了，而且一切彷彿在眨眼間就結束了。我當然沒有用任何保護措施，整件事完全出乎我的意料之外，所以下一次覺得這事有可能會發生時，我和一個朋友一起去藥妝店買保險套。整個過程十分尷尬，有人告訴我要跟店家說是一包三個的，我以為那是一種暗號。記得櫃檯後面的男人對我眨眼邪笑，問我類似「要潤滑型還是普通型」這樣的問題，我完全不曉得他在說什麼。

我下一次有機會使用這東西，是在達奇家中。他找了兩個女孩，我們下午就回到他家，各自進了房間。我撕開保險套包裝，卻根本不知道要怎麼用，這東西又滑又怪，我費了很大勁還是戴不好，令我十分尷尬。事後檢查，我發現保險套破了，當下心裡感到很不妙。果不其然，幾個星期後，那個女孩打電話給我，說她覺得自己懷孕了，要我籌錢給她去墮胎。這種事情在那個年代很常發生，但我聽了還是大吃一驚。

性大概是唯一能讓我暫時忘記音樂的東西，而在音樂的世界裡，我開始認真探索藍調。我生平第一次聽藍調唱片的經驗，很難用筆墨來形容，只能說有一種久別重逢的感覺，好像再次接觸到某種我早已熟悉的東西，也許是某段前世的記憶。對我而言，藍調有一種很原始的撫慰力量，能直通我的神經，讓我精神抖擻。我第一次在麥克叔叔的節目聽到桑尼・泰瑞和布朗尼・麥吉的歌，就是這種感覺，後來第一次聽到大比爾・布魯茲的音樂，也是同樣的感覺。

我在電視上看過大比爾・布魯茲在夜總會演奏的一段影片，畫面中的光源就只有一盞燈泡，從天花板垂下來，不斷在光影中擺盪，營造出恐怖怪異的效果。他彈的曲子叫做〈嘿嘿〉（Hey Hey），我聽得神魂顛倒，這是一首複雜的吉他曲，充滿了藍調音，也就是分割大調音和小調音得到的音。彈法通常是從小調音推向大調音，所以藍調音是介於兩者之間。印度和吉普賽音樂也會用到這種推弦的彈法。我一聽到大比爾・布魯茲的音樂，還有後來聽到羅伯・強生（Robert Johnson）的音樂，就非常確定所有搖滾樂和流行樂的根源，就是藍調。

接下來，我開始學吉米・瑞德（Jimmy Reed）的彈奏方式，他通常彈十二小節藍調，很多節奏藍調（R&B）樂團都模仿他的風格。我發現關鍵是在吉他的下兩弦彈出一種布基舞曲的韻律，方法很簡單，只要先按下第五弦第二格，再切換到第四格，創造出基本的走路音型，同時一邊彈奏 E 弦就行了。然後，我用同樣的方式彈奏下一根弦，奏出小節的下半部，以此類推，直到彈完十二小節。最後一點，也是最困難的，就是去感受，以一種很放鬆的韻律彈奏，聽起來和感覺起來都要流暢如水。我這個人很討厭半途而廢，只要一天的工作沒做完，就不會上床睡覺。我學彈十二小節藍調樂句也是這樣，不斷反覆練習，直到它變成我的新陳代謝節奏一樣。

在努力精進吉他彈奏技巧的同時，我遇到愈來愈多跟我一樣對藍調充滿崇敬與景仰的人。其中一個藍調迷是克里夫・布魯遷（Clive Blewchamp），我們在霍利菲認識，一起踏上奇妙的發現旅程，我第一次聽到羅伯・強生的專輯，就是他介紹的。他很喜歡發掘純正紮實的東西，愈少人聽過愈好。我倆的穿著品味也很接近，所以不管校裡校外，我們都經常在一起。後來，我們也常一起泡藍調酒吧，一直要到我開始全職加入樂團，彼此才比較少見面。我總覺得他有點瞧不起我想做的音樂，好像認為那不是真正的藍調，當然，他的想法也沒有錯，只是當時我已經踏上了一條音樂不歸路。我後來被京斯頓退學，他則在那裡完成學業，拿到文憑，最後移民加拿大，在當地經營一家小型節奏藍調雜誌社。多年來，我們一直保持聯絡，遺憾的是，他大約在十年前過世了。

知道這世界上有一群氣味相投的伙伴，令我格外興奮，這也是我決定走上音樂這條路的原因之一。我開始認識熟悉穆蒂・華特斯和咆哮之狼（Howlin' Wolf）的同儕，他們有一些年紀較長、喜歡蒐集唱片的朋友，會舉辦藍調之夜，我就是在這些場合第一次聽到約翰・李・胡克（John Lee Hooker）、穆蒂・華特斯和小沃爾特（Little Walter）的音樂。這些樂迷會聚在某個人家裡，一整個晚上只聽一張專輯，例如《穆蒂・華特斯精選集》（The Best of Muddy Waters），聽完之後還會熱烈地討論彼此的想法。我和克里夫經常去倫敦逛唱片行，例如位於新牛津街的 Imhoff，那裡有一整個地下室的爵士樂專區；還有位於沙夫茨伯里大街的 Dobell，有一整櫃的 Folkways 唱片，那是發行民謠、藍調和傳統音樂的主要音樂廠片。要是夠幸運的話，甚至還會遇上樂手在店裡工作，你如果跟他們說你喜歡穆蒂・華特斯，他們也許會回你：「這個嘛，那你一定得聽聽閃電霍普金斯（Lightnin' Hopkins）。」然後，你就會走上全新的方向。

音樂開始占據我很多時間，我在藝術學院的課業會一落千丈，一點也不奇怪。事情會變成這樣，也只能怪我自己，因為一開始我對有機會走藝術這條路，真的充滿了期待。我對繪畫十分著迷，對設計也有一點興趣，由於我很擅長繪圖，去京斯頓藝術學院註冊的時候，校方提議讓我唸設計科，我接受了，就此失去唸純美術的機會。一進到設計科，我就知道來錯地方，不久就放棄了，因為全沒了動力。我每天中午在學校餐廳看著美術科的學生走進來，長髮披肩，身上沾滿顏料，一副超凡出世的樣子。他們可以自由自在地發揮繪畫或雕塑天分，幾乎不受任何限制，我卻只能每天執行專案，設計肥皂盒子，或擬訂某樣新產品的廣告宣傳計畫。

除了有一小段時間，我爭取到玻璃科修習雕刻和噴砂技術，對現代彩色玻璃產生了濃厚的興趣，其他課程都無聊到我快哭了。音樂比這些設計課程有趣十倍、迷人十倍，而且我也感受到那些教我的人都是來自學術背景，即使我很熱愛藝術，還是沒辦法產生任何認同感。看來這些課程就是要把我訓練成一個廣告人，而不是藝術家，因此銷售技巧和創意同樣重要。漸漸地，我的興趣和產出退減到零。

然而，第一學年結束進行評估時，當我被告知校方決定不留我，我還是很震驚。我知道我的作品有點單薄，但我很篤定這些作品好到足以讓我過關，在我看來，它們比班上大部分同學的作品都更有創意、更有想像力。但校方重量不重質，把我和另一名學生趕出校門，五十人當中就只有我們兩個被退學，這真的有點糟糕。我完全沒有心理準備，但這也逼迫我轉向發揮僅有的另一項才能。

被藝術學院開除是我的另一次成長洗禮，突然間意識到並非所有大門都會永遠對我敞開，事實上，有些門從此就要關上了，我驚慌得不知所措，情緒上和心理上都覺得完蛋了。當我終於鼓起勇氣告訴蘿絲和傑克，他們又失望又丟臉，因為發現我不但是魯蛇，還是騙子，很多時候我告訴他們我在學校上課，其實根本是蹺課去玩，帶著吉他到處彈，或者在酒吧裡喝酒鬼混。傑克對我說：「阿力，你本來有機會的，現在白白斷送了。」他很明確地表示，我如果打算繼續住在家裡，就得出去工作，賺錢補貼家用；如果不幫補家用，我就可以滾了。

我選擇工作，而且接受傑克的僱用，成了他的「夥計」，每週工資十五英鎊，待遇算很不錯。傑克既是泥水師傅，也是砌磚師傅和木工師傅，用外行人聽得懂的話來說，他已經是所有這些手藝的「大師」，有資格享有大師所應得的工資和尊敬。幫地位這麼高的人工作可不是開玩笑的事，這表示我得攪拌好大量的灰泥、砂漿和水泥，並快速拿給他，讓他可以專心砌磚抹灰泥，不需要分心顧其他的事。我們最早一起做的一項大工程，是在喬巴姆的一所小學，我覺得最辛苦的一件事，是要扛著盛有半液狀砂漿的料斗，用最快速度爬上梯子，遞給鷹架上的傑克，讓他可以砌出一道筆直的磚牆。

我變得很健壯，也真心喜歡這份工作，大概因為知道這不會是長久之計。外公的手藝真的很高明，看著他在幾分鐘內砌出一整面牆，十分令人讚嘆。儘管他當時對我似乎特別嚴厲——我相信肯定是為了避嫌——但這段經歷成了我人生中的寶貴經驗。我體會到他的工作和生活，都是建立在一套堅定的原則上，而他也設法把這套原則傳承給我。在那個年代，建築工地上通常有兩派觀點，一派認為能少做就少做，但不能被捉包，即使怠工也要讓工頭以為你很忙——這似乎是常態。另一派就像傑克那樣，不斷保持工作的節奏，還要做得有水準，不做完不停下來。傑克討厭怠工的人，因此某種程度上，他就像後來的我一樣，有點不受歡迎，被大夥排斥。他教會了我凡事都要盡力做到最好，還有永遠不要半途而廢。

只要一有空，我就練習吉他，不斷重複的彈奏有時把家人快搞瘋了。我沉迷在音樂裡，此時也有了不少唱片收藏。聽查克・貝瑞、比比・金（B. B. King）和穆蒂・華特斯的音樂，使我對電子藍調產生極大的興趣，後來還說服外公外婆買一把電吉他給我。這發生在我去倫敦牛津街的天幕（Marquee）爵士俱樂部看亞歷克西斯・科爾納（Alexis Korner）的演奏之後，這間俱樂部偶爾會舉辦藍調之夜，而亞歷克西斯的樂團是英國第一支真正的節奏藍調樂團，團員之一是厲害的口琴手西里爾・戴維斯（Cyril Davies）。第一次看到亞歷克西斯演奏電吉他，我心想沒有理由我不能有一把電吉他。

還有一個好理由讓我迫切想要一把新吉他：我的 Washburn 已經破損得沒辦法修理。在我開始幫傑克打工之前，蘿絲決定帶我去母親那裡住幾天，她當時住在德國不來梅附近的空軍基地，她丈夫法蘭克——我叫他麥克——就駐紮在那裡。她現在已有三個孩子，二女兒海瑟（Heather）在一九五八年出生。我才剛抵達，麥克就告訴我，我得剪短頭髮，才進得了軍營裡的大食堂。我被這個要求嚇到了，因為以當年的標準來說，我的頭髮根本不算特別長，但我不符合規定的地方似乎是耳尖沒有露出來。我向年輕一輩尋求支持，也就是我那三位同母異父的弟妹，他們不但不支持，還一一過來勸我。我固執地堅持不剪，最後蘿絲也加入他們的陣營，我傷心透了，因為以前不管發生什麼事，她一直是最堅定捍衛我的人。我屈服了，但是帶著滿腔的怒火，因為好像再也沒人站在我這一邊了，他們給我理了個平頭，我倍感孤單和屈辱。

接下來在母親家的那幾天，我整天沒精打彩地晃來晃去，但更糟的還在後頭。有一天，我正在客房裡我睡的床上生悶氣，我同母異父的弟弟布萊恩走進來，看也不看就在床上坐下，一屁股坐在我心愛的 Washburn 吉他上，琴頸斷成兩半。我當下就知道不可能再修好，整個心都碎了。布萊恩是最討人喜歡的小孩，對我敬畏有加，這完全是一場意外，然而那一刻，我在心裡詛咒派翠西亞全家下地獄。我沒有發脾氣，只是變得更孤僻，本來只是我的自我被踐踏，現在連我最珍愛的東西也被摧毀，我把內心封閉起來，下定決心從此不再相信任何人。

我選的電吉他是在之前買 Hoyer 的貝爾氏的櫥窗看到的，我看見亞歷克西斯・科爾納彈的，就是這把電吉他：雙邊切角的半空心 Kay，在當時是相當先進的樂器，不過我後來才知道，它基本上只是當時最好的吉他吉普森（Gibson）ES-335 的仿製品。這把吉他在琴頸兩邊被切掉一部分，使彈奏高格位變得更容易，可以不插電當木吉他彈，插上電源就是電吉他。最好的吉普森我猜當時要一百英鎊以上，遠遠超出我們的能力範圍，Kay 只要十英鎊，看起來也很有特色，深深擄獲了我的心。唯一不大對勁的是顏色，儘管標榜色調是旭日，應該要從亮橘色漸漸加深到邊緣呈暗紅色才對，實際上它卻是偏黃，到邊緣變成有點粉紅色，所以一買回家，我就用黑色膠帶把琴身貼起來。

我是多麼喜歡這把吉他，可是不久就發現，它並不是這麼好，簡直和 Hoyer 一樣難彈，同樣是因為弦距太高，而且由於沒有調整琴頸的鋼芯，琴頸變得很脆弱。在我用力彈奏幾個月後，琴頸就開始翹曲，手感變差，我只能努力適應，因為沒有第二把吉他。還有一件影響更深遠的事情，也在我得到這把吉他後發生：吉他一到手，我突然就不想要它了。這種現象在我往後的人生中不斷浮現，讓日子很不好過。

我們沒有買音箱，所以我只能不插電彈，一邊幻想插電的聲音會是什麼感覺，但這沒有關係，我每天都在找新東西來學。通常，我會模仿查克・貝瑞或吉米・瑞德的彈法，都是電吉他音樂。接著，我又倒回頭去彈鄉村藍調，這可說是受到克里夫的影響，有一天他突然給了我一張專輯，是藍調樂手羅伯・強生在一九三〇年代錄製的十七首藍調合輯《三角洲藍調歌手之王》（King of the Delta Blues Singers）。我在唱片封套的介紹中讀到，強生在聖安東尼奧（San Antonio）的一間飯店房間參加唱片公司的試奏，由於生性太過害羞，所以是對著牆角彈奏。從小就常常因為害羞而不知所措的我，馬上可以感同深受。

一開始，他的音樂我簡直聽不下去，太強烈了，這個人完完全全沒有想要包裝美化他想講、想彈的東西，超硬、超紮實，比我聽過的所有音樂都還要硬。聽沒幾遍我就曉得，從某個層面來說，我找到了真正的大師，我要用一生的努力來追隨他的典範。我為〈Kindhearted Woman〉這類歌曲的優美和豐富表現力如痴如醉，而〈Hellhound on My Trail〉歌中血淋淋痛苦，就像唱出我一直以來的感覺。

我努力模仿強生，但他的特色在於同一時間以低音弦彈奏不連貫低音、以中音弦彈出節奏、以高音弦彈奏主旋律，另外還要演唱，光用想的就已難如登天。我把他的專輯暫時放到一邊，又回去聽其他樂手的東西，想要形成自己的風格。我知道如果只是模仿，再怎麼樣也不可能達到原創的水準，但只要努力不懈嘗試各種風格，就會有新的東西出來，這只是遲早和信念的問題。我開始在彈奏唱片上聽來的東西時，加進一點自己的風格，我把從電子藍調樂手（如約翰・李・胡克、穆蒂・華特斯、查克・貝瑞）和鄉村藍調樂手（如大比爾・布魯茲）那裡模仿來的東西，全部融合在一起，試圖找到一種涵蓋所有這些樂手的表現方式。這是一項野心超級大的工程，但我有的是時間，也確定自己的方向是對的，遲早我一定會找到自己的風格。

一九六三年一月的某個晚上，我和一個叫做湯姆・麥吉尼斯（Tom McGuinness）的人約好在新莫爾登的威爾斯親王（Prince of Wales）酒吧見面。湯姆當時是公雞樂團（Roosters）的團員，這支藍調樂團起初是保羅・瓊斯（Paul Jones）和布萊恩・瓊斯（Brian Jones）組建，由布萊恩擔任主吉他手。保羅和布萊恩退團後，湯姆的女友珍妮（Jenny）——我在京斯頓藝術學院的同學——向他推薦我。當時公雞樂團的陣容包括：吉他手湯姆・麥吉尼斯、鍵盤手班・帕瑪（Ben Palmer）、鼓手羅賓・梅森（Robin Mason）、主唱泰瑞・布倫南（Terry Brennan），就缺貝斯手。泰瑞是個了不起的人，把泰迪男孩（Teddy Boy）的精髓發揮得淋漓盡致，理了一個蓬巴杜（pompadour）頭，頭頂往上梳起大約有十五公分高，身穿天鵝絨領口的外套、煙管牛仔褲，腳上套了一雙叫做「青樓常客」（brothel-creepers）的尖頭麂皮厚底鞋。不過，泰迪男孩一般以硬派作風著稱，只聽比爾・哈利（Bill Haley）和傑瑞・李・路易斯，泰瑞卻溫柔得可以，而且很愛藍調。他的聲音也很棒，我非常欣賞他和鍵盤手班，因此很願意和他們一起演奏。我一聽班的彈奏，就知道他會對我有很大的影響，他是個講究純正的人，對藍調的熱愛比我有過之而無不及。我只試奏了一小段，他們就立刻要求我加入。

公雞樂團是一支很簡陋的樂團，幾乎沒有配備，吉他、人聲、鍵盤，全部透過一只音箱放大。我們沒有正規交通工具，只靠羅賓的莫里斯牛津（Morris Oxford）敞篷小轎車接駁，不但要載人，還得裝下全部器材，也因為這樣，羅賓在樂團裡有一定的地位。我們在瑟比頓一間酒吧的樓上練團，我從里普利上來，吉他插入湯姆的音箱，大家一起學彈一些曲子，多半是藍調和節奏藍調的翻唱曲。我們自學了幾首查克・貝瑞的歌、賴利・威廉斯（Larry Williams）的〈Short Fat Fannie〉，還有穆蒂・華特斯的曲子。對我來說意義最重大的一件事，是有一天湯姆拿出一張他非常喜歡的唱片，那是黑人樂手弗雷德・金（Freddie King）的四十五轉迷你演奏專輯《Hideaway》。我之前從來沒聽過弗雷德・金，聽他的音樂給我的感覺大概就像遇見了外星人一樣，簡直太令我震撼了。

《Hideaway》的 B 面曲是〈I Love the Woman〉，中間有一段吉他獨奏，我聽得讚嘆不已。那感覺很像聽現代爵士，旋律優美而富表現力，用一種很特別的推弦方式，奏出令我起雞皮疙瘩的聲音。我整個人受到極大的震撼，彷彿有一道新的光照亮了前進的道路。在這之前，除了少數一兩次聽到令我刮目相看的例子，我一直把吉他演奏視為主唱的伴奏，每次留意到這些特別的例子，我都會好奇那些吉他手是哪來的靈感，例如康妮・法蘭西斯（Connie Francis）唱的〈衣領上的唇印〉（Lipstick on Your Collar）當中，就有喬治・巴恩斯（George Barnes）彈奏的一段很棒的吉他獨奏，還有瑞奇・尼爾森（Ricky Nelson）的吉他手詹姆斯・伯頓（James Burton），會以電吉他獨奏鄉村藍調。聽到弗雷德的演奏，我終於明白那些吉他手的靈感是哪來的了。

我們練團的時間比實際演奏多，就算偶爾有機會出場，多半是在酒吧的樓上，主要目的也是有機會認識氣味相投的藍調迷，演出反倒是其次。里普利幾乎沒半個人對藍調有興趣，流行樂正當道，當時引領風潮的是發源於利物浦的默西之聲（Mersey sound），披頭四剛剛開始流行，每週播出一次的電臺節目《披頭四也瘋狂》（Pop Go the Beatles），完全只播放他們演唱自己的歌或翻唱別人的歌。他們竄起得很快，人人都想學他們，那是「披頭熱」的開始，全國各地人人穿得跟他們一樣、演奏得跟他們一樣、唱得跟他們一樣，看上去全都跟他們一個樣子。我感到十分厭惡，或許因為這反映了人就像綿羊一樣盲從，大家是多麼輕易就把這些樂手捧得像神一樣，而我欣賞的多數音樂人，卻到死都還沒沒無聞，有些更是在貧困和孤單中離世，這也使我們想做的事情顯得只是徒勞。

默西之聲變得愈來愈流行，逼得像我這樣的樂手幾乎走入地下，好像我們是無政府主義者，要密謀推翻音樂體制似的。「傳統爵士樂」運動正在消退，民謠和藍調也跟著勢微。因此公雞樂團的一個重要意義，在於我們都需要從彼此身上找到認同感，既然很難有什麼發展，我們就聚在一起喝茶聊天，玩玩音樂，交流彼此聽過的唱片，學練其中的一些曲子。我們練約翰・李・胡克、穆蒂・華特斯和弗雷德・金等人的藍調曲子，標準曲目有〈Hoochie Coochie Man〉、〈Boom Boom〉、〈Slow Down〉和〈I Love the Woman〉，這給了我機會炫耀我正在練習的吉他獨奏。我們前後總共演奏不超過十二場，酬勞通常只有幾英鎊，加上可以免費喝酒和飲料，而由於我還在建築工地幫外公打灰漿，所以常常是帶著滿身灰泥登臺演出。

我們多半是在瑞奇迪克（Ricky Tick）連瑣俱樂部演奏，這是由兩位音樂愛好者菲利浦・黑沃德（Philip Hayward）和約翰・曼斯菲（John Mansfield）在倫敦周邊地區開的連瑣俱樂部，幾乎可說是壟斷了當時的俱樂部事業。我們也在天幕俱樂部唱過幾次，幫保羅・瓊斯現在擔任主唱的曼弗雷德曼恩樂團（Manfred Mann）暖場。儘管那段日子過得很開心，我開始建立吉他手的名聲，同時享受隨之而來的半波西米亞式生活，但事實上，我們的樂團有很大的缺陷，它沒有該有的資源可以進一步發展，不管是金錢還是人夥的全情投入，都嚴重不足。結果，這個團只維持了六個月，最後一場是七月二十五日在天幕俱樂部的演奏。

天幕是著名的爵士俱樂部，經常有像陶比・海斯（Tubby Hayes）這樣的知名音樂人駐店演奏，不過它愈來愈向節奏藍調靠攏。我每個星期四晚上固定去那裡，因為是藍調之夜，我會坐火車到滑鐵盧（Waterloo）車站，再轉地鐵到牛津街。由於通常沒有地方過夜，所以當天晚上的節目結束後，我就在街上亂逛，直到天亮才搭第一班火車回家。我就是在天幕第一次見到約翰・梅爾（John Mayall），還有薩克斯風手兼鍵盤手格雷姆・邦德（Graham Bond），他當時和貝斯手傑克・布魯斯（Jack Bruce）以及鼓手金格・貝克（Ginger Baker）

共組三人樂團。節奏藍調圈子的人幾乎都會在那裡出現。

公雞樂團解散後，一位來自利物浦的樂手布萊恩・凱瑟（Brian Casser）找上湯姆・麥吉尼斯，邀請他加入一支新樂團。早在披頭四走紅之前，演唱默西之聲的人已經很多，布萊恩・凱瑟就是其中之一，他在一九五九年帶領一支樂團凱瑟與卡沙諾瓦（Cass and the Casanovas），後來移居倫敦，在蘇活區經營夜總會藍色梔子花（Blue Gardenia）。隨著來自利物浦的音樂掀起熱潮，蓋瑞與前導者（Gerry and the Pacemakers）和比利・克拉默（Billy J. Kramer）這些樂團和歌手迅速竄紅，他感到被冷落了，於是著手組建一支新樂團，取名凱西瓊斯與工程師（Casey Jones and the Engineers）。他找湯姆加入，湯姆見我也沒有其他去處，就邀我也一起加入。

加入這支樂團給我的最大收穫，是演出的經驗，這是我第一次有機會做巡演。我們在英國北部的幾間俱樂部演奏，主要在曼徹斯特一帶，還在貝爾維遊樂園（Belle Vue Amusement Park）做了一場露天演唱會。凱瑟要我們全部穿同款的黑色衣服，戴上美國內戰的聯盟軍帽，湯姆和我都厭惡極了。那個年代的演唱會和現在相比，完全不可同日而語，當時的音響系統非常小，我們的演奏透過Vox或吉普森等小音箱放大，每位樂手各有一只，因此大多數樂團會有三只音箱加上一組爵士鼓。只有最寬裕的樂團才會有自己的擴音系統，而且就算有，功率也只有一百瓦左右，以現代的標準來看根本等於沒有。凱西瓊斯與工程師的標準曲目裡有一些搖滾樂，例如查克・貝瑞、小理查等人的音樂，然而占大部分的卻是最流行的東西，翻唱流行歌曲排行榜前二十大之類的。一直演奏這類歌曲讓我很受不了，我太講求純正，於是六個星期後，我和湯姆都退團了。

凱西瓊斯與工程師只演奏了大約七場，期間的空檔，我依舊在建築工地幫外公，工餘就到倫敦周邊的音樂演奏場所閒混。當時，這些場所如雨後春筍般出現，亞歷克西斯・科爾納在伊令大道車站對面的狹小地下室開了自己的俱樂部，就叫伊令俱樂部（Ealing Club）；另一位藍調發燒友喬治歐・戈梅爾斯基（Giorgio Gomelsky），在里奇蒙舊車站飯店內開了螯蝦爹地俱樂部（CrawDaddy Club），每個星期天晚上駐唱的樂團，就是剛剛成立的滾石合唱團（Rolling Stones）。

在滾石漫長的養成期間，我就已經認識米克・傑格（Mick Jagger）、凱斯・理查（Keith Richards）和布萊恩・瓊斯，當時他們只演奏節奏藍調。我們第一次見面是在天幕俱樂部，那是我第二次去看亞歷克西斯的演奏，他們全團都在那裡。節目進行到一半的時候，他們起身上臺加入亞歷克西斯，演奏節奏的部分。我和米克聊了起來，就這樣成了朋友。他總是隨身帶一支麥克風在口袋裡，是Reslo的麥克風，有一次，我向他借來用在里奇蒙的一場演唱會，那場演出就只有我和鼓手兩人演唱查克・貝瑞的歌。那支麥克風沒有支架，我只好把兩張椅子疊在一起，再用膠帶把麥克風固定在頂端。

米克、凱斯和布萊恩從不放過任何演出機會，他們在肯・寇爾在查寧閣路的五一俱樂部（51 Club）、以及天幕俱樂部和伊令俱樂部演唱。我偶爾會在米克喉嚨痛的時候代他上場，有一陣子我們幾個人走得很近。然後，他們獲得在鳌蝦爹地駐唱的機會，開始迅速竄紅，在四週之間觀眾從寥寥無幾增加到好幾百人。一天晚上，披頭四來看滾石演唱，他們當時剛剛推出大受歡迎的單曲〈請取悅我〉（Please Please Me）。我看著他們走到臺前站定，身上清一色是黑色長版皮大衣，頭上剪一樣的髮型，雖仍散發巨星的風采和魅力，但看在我眼裡，最奇怪的是他們好像還穿著臺上表演的服裝，而不知怎地，這點讓我很不順眼。不過，他們的態度相當隨和，而且顯然和滾石之間有一種惺惺相惜之情，我會心生嫉妒，當他們是一群笨蛋，大概也是很自然的事。

鳌蝦爹地的負責人喬治歐・戈梅爾斯基出生於喬治亞，在法國、瑞士和義大利長大，為人熱情奔放、魅力十足，講話當中滿是「寶貝」的稱呼；他身材又圓又壯，一頭黑髮向後梳得光滑平整，留著鬍鬚，有點像操義大利口音的布魯托（Bluto，大力水手漫畫中的角色）。有點浮誇又老於世故的他，喜歡美食和生活享受，剛好也熱愛爵士樂和藍調，而且很能聽出誰是可造之材。他為英國早期的節奏藍調界做了很多事，我認為他是最早發掘和栽培滾石的人。滾石在鳌蝦爹地駐唱幾個月後，就在他的眼底下被安德魯・魯格・奧德姆（Andrew Loog Oldham）簽走，奧德姆當時是披頭四經紀人布萊恩・愛普斯坦（Brian Epstein）的公關。前一分鐘，喬治歐的俱樂部是全倫敦最熱門的夜店，有全英國最炙手可熱的樂團駐唱，下一分鐘，他們已經跟俱樂部說再見，推出單曲〈來吧〉（Come On），和波・迪德利（Bo Diddley）一起巡迴演唱。我相信喬治歐一輩子都沒有真正走出對這件事情的失落感，但他是個務實的人，馬上著手物色星期天晚上駐唱的人選。他最後相中由吉他手和歌手凱思・里夫（Keith Relf）領軍的節奏藍調樂團：雛鳥樂團，在他的指導和鼓勵下，雛鳥樂團很快在螯蝦爹地有不錯的表現。但這支樂團有一個問題，十六歲的主奏吉他手安東尼・托普姆（Anthony Topham）正面臨父母的巨大壓力，要他退團好專心向學。

一天晚上，我在京斯頓的一場派對上聽凱思和另一位吉他手羅傑・皮爾可（Roger Pearco）的演奏，他們合奏強哥・萊哈特（Django Reinhardt）的音樂，彈得很不錯，只是羅傑會在彈到興起時加快速度。凱思告訴我他是雛鳥樂團的主唱，問我要不要去螯蝦爹地看他們演出，因為他們的主奏吉他手大概會退團，我也許有興趣接替。於是，我去看了他們演出，他們的曲目有很不錯的節奏藍調歌曲，例如波・迪德利的〈人不可貌相〉（You Can't Judge a Book）和咆哮之狼的〈煙囪的閃電〉（Smokestack Lightning），對我來說，就只因為他們知道這些歌曲，已經足以讓我喜歡他們。托普姆的吉他演奏有一點生硬，樂團整體有一點粗糙隨便，但這還是一支不錯的樂團，更何況我當時也沒在做什麼。因此，當托普姆終於退團，他們也真的問我要不要加入，我就點頭了。我對於再加入樂團還是有點疑慮，但我那時真心認為這只是暫時過渡。我們總共有五個人：主唱兼口琴凱思、節奏吉他手克里斯・德雷加（Chris Dreja）、貝斯手保羅・山姆威爾—史密斯（Paul Samwell-Smith）、鼓手吉姆・麥卡蒂（Jim McCarty），加上我擔任主奏吉他手。

我長這麼大，還是第一次全職當樂手，這也表示我沒辦法再幫外公工作。外婆很開心，她很了解我的才華在哪裡，外公沒說什麼，但顯然感到有點好笑，總之他們都支持我。這次，我和樂團有正式的合約，一九六三年十月，我們聚在凱思位於里奇蒙安母區的家中，在所有團員的父母見證下簽署了合約。起初，我繼續住家裡，每天通勤去排練或演出，工資按週計算。過不久，喬治歐在基尤（Kew）幫我們租了一間老房子的頂樓公寓，我們全團一起搬進去。在我心目中，這是一段美好的時光，因為這是我第一次從家裡搬出來住。剛開始的幾個星期，我和克里斯・德雷加同住一個房間，直到他的美國女友來找他。我們因此成了好朋友，他是個安靜的人，生性害羞，心地善良，我很難得相信別人，對他卻是完全信任。我喜歡他的另一個原因，是他不像其他人那樣有野心，他只是在享受這個過程。

我們的演出都在倫敦周邊地區的演奏場地，例如瑞奇迪克、明星俱樂部（Star Club）、克洛敦（Croydon）和螯蝦爹地。這是我第一次嘗到幾乎每晚都有演出的滋味——我們前三個月總共唱了三十三場——我非常喜歡這種感覺。有一點讓我立刻愛上加入雛鳥樂團的生活：我們存在的理由，完全是為了向藍調的傳統致敬。我們一開始沒有寫新歌，但選擇翻唱的歌曲突顯了我們的特色，我們的個性體現在桑尼男孩威廉森（Sonny Boy Williamson）的〈早安小女生〉（Good Morning Little Schoolgirl）、史林・哈波（Slim Harpo）的〈想愛就有〉（Got Love If You Want It）、咆哮之狼的〈煙囪的閃電〉這些歌曲當中，其中〈煙囪的閃電〉是我們最受歡迎的曲目，幾乎每次演出都會唱。

我們也許自以為很懂藍調，有一個人可不這麼認為。剛簽約沒多久，喬治歐就告訴我們，他已經安排我們跟著即將訪問英國的桑尼男孩威廉森一起巡迴演唱，我不是桑尼男孩威廉森的樂迷（我最喜歡的口琴手是小沃爾特），結果那次的經驗有點不愉快。身為里普利的藍調專家，我知道這位桑尼男孩威廉森二世並不是寫下〈早安小女生〉、最後被冰錐刺死的桑尼男孩威廉森，他的本名是萊斯・米勒（Rice Miller）。因此，我們在鳌蝦爹地第一次見面的時候，我迫不及待想炫耀我的藍調知識，好讓他刮目相看，我問他：「你的本名是萊斯・米勒，對吧？」他聽了一邊從口袋慢慢掏出一把小摺刀，一邊狠狠瞪了我一眼。從那一刻起，情況就沒有好轉過。不過，他是享有盛名的藍調樂手，藍調功力是貨真價實的，所以我們都對他畢恭畢敬，服從他的領導。有一場演出，他要在臺上做類似藍調版的月球漫步，要我們跪下作為陪襯。那場面實在太奇怪了，但他也覺得我們不怎麼樣就是。據說他當時曾經這樣評論：「那些英國年輕人想學藍調想死了，彈起藍調難聽死了。」

我相信喬治歐從一開始就有自己的盤算，他在滾石合唱團身上錯過的一切，要用雛鳥樂團彌補回來。他要把我們推向更高等級，比滾石更受歡迎。一九六四年初，他讓我們跟哥倫比亞唱片公司（Columbia Records）簽約，把我們送進位於新莫爾登的一間小錄音室R. G. Jones，錄製一首翻唱曲：比利男孩阿諾德（Billy Boy Arnold）原唱的〈但願你會〉（I Wish You Would）。這首歌很簡單，動聽好記，我覺得很棒，但對於錄唱片，我其實有點遲疑。我對音樂漸漸培養出一種非常純粹主義的態度，認為音樂就是要聽現場的，我的理論是，錄唱片首先一定是為了商業目的，那就不純粹了。這種態度簡直妄自尊大到荒唐的地步，我模仿學習的所有音樂，就都錄製成了唱片。實情是，我只是感到難為情，因為在錄音室裡，我個人的不足會曝露無遺。但這個問題不是只有我而已，儘管居然能出唱片很令人興奮，但一播放來聽，跟我們模仿的原曲一比，聽起來就是蹩腳，就是像乳臭未乾的白人小子。我們的第二張單曲是把〈早安小女生〉翻唱成搖滾版，雖然聽起來好多了，我還是覺得從某方面來說，我們跟應有的水準差很多。我的這種感覺不限於雛鳥樂團而已，其他我很欣賞的樂團也一樣，例如曼弗雷德曼恩、憂愁語調合唱團（Moody Blues）和動物合唱團（The Animals），他們的現場演出全都比錄音好得多。

我們也一樣，現場水準要好得多，我們發行的第一張黑膠唱片專輯是《五隻雛鳥現場演唱會》（Five Live Yardbirds），就證實了這一點，在市場上還沒有什麼現場專輯的當時，這張唱片頗具開創性，聲音樸實無華，我很滿意。我們有別於當時大部分樂團的地方，就在於不斷實驗樂團的互動特性，這是保羅・山姆威爾—史密斯想出來的方向。我們漸漸以即興演奏的方式著稱，舉例來說，拿一首像波・迪德利的〈我是男人〉（I'm a Man）這樣的標準藍調曲目作為框架，中間以即席合奏來修飾，通常是斷奏式的低音聲部，聲音會愈來愈大，把情緒帶到高潮後，再回到原來的歌曲主體。

大部分樂團演奏的歌曲只有三分鐘，我們則把三分鐘的歌曲延展到五至六分鐘，過程中讓觀眾瘋狂，跟著音樂搖頭擺腦，做出各種古怪的舞蹈動作。我的吉他用的是細弦徑的吉他弦，第一根弦特別纖細，推起弦來會比較容易，有時演奏到最熱烈的部分，琴弦就會被我彈斷。我只好暫停下來換弦，這時瘋狂的觀眾常常會慢而有節奏地拍手，喬治歐因此幫我想出「慢手」克萊普頓這樣的綽號。

喬治歐把我們操得很慘，幾乎每晚都在巡迴演唱，由凱思的父親比爾（Bill）擔任樂團助理，載著我們到瑞奇迪克連瑣俱樂部和英國南部各地的夜總會演出；此外，我們也去了一趟亞伯格芬尼，還有在曼徹斯特的扭曲輪胎俱樂部（Twisted Wheel）演唱了幾場。為了幫我們、也幫自己賺外快，有一回他甚至把我們出租給一家廣告公司，拍一支襯衫的電視廣告。我們穿著白色的商務襯衫拍照，旁邊響起宣傳口號：「Raelbrook Toplin，不必熨的襯衫！」我記得即使在那時，我已經對代言跟音樂無關的東西感到很不自在，然而，那是個樂手對自己的職業生涯當中有些什麼安排沒有發言權的年代，一切只能照經紀人的話去做。

一九六四年八月九日，我們在第四屆里奇蒙爵士與藍調音樂節上演奏，這已經是我們那年的第一百三十六場演出。週末的開幕式由滾石合唱團演唱，我們負責週日晚上的閉幕式。就是在那時，喬治歐擺了我們一道——雖然這也不算多不尋常的事。他說我們很需要好好放個假，要我們收拾行李，音樂節唱完隔天就出發去盧加諾湖旁邊他曾經住過的瑞士小鎮盧加諾，大家好好度上兩個星期的假。

於是，我們一行人乘坐兩輛福特 Transit 客貨車出發，其中一輛載著一群吱吱喳喳的女歌迷，她們是每週固定到螯蝦爹地來看我們演唱的鐵粉。然而，當我們一路驚險地越過阿爾卑斯山脈，終於抵達住宿的地方，卻發現飯店根本沒有蓋好。地板上什麼都沒有，就是光禿禿的水泥地，而且全部人都得住進一個大房間。第二天，喬治歐宣布比爾正載著所有的器材趕過來，因為我們要在游泳池畔表演一場。事情再清楚不過，我們的所謂「假期」，只是他和飯店老闆談好的曖昧交易，目的是給根本不存在的飯店客人提供一點廉價娛樂，結果來看我們演唱的觀眾，就只有寥寥幾個當地人，還有從英國一路跟著我們過來的歌迷。

到一九六四年底，我們已唱了兩百多場，歌迷愈來愈多，而且有機會在傑瑞・李・路易斯、露提絲合唱團（The Ronettes）這些美國大歌星訪英時，擔任一起巡迴的樂團。一天晚上，露提絲合唱團的主唱蘿妮・史佩特（Ronnie Spector）向我主動示好，我受寵若驚，不敢相信有這麼多男人一起巡迴，她竟獨獨勾引我，其實這只是一時的逢場作戲，她後來向我承認，她看到我就想到她的丈夫菲爾・史佩特（Phil Spector）！不消說，我被迷住了，當下墜入愛河，她是我見過最性感的女人，我下定決心要充分利用機會。巡迴演唱結束後，我在倫敦她們下榻的飯店徘徊，當我看到她和同團的另一個女生挽著米克和凱斯的手臂出現，心都碎了，我的愛情又一次落空。同年十二月底，我們受邀參加在倫敦漢默斯密音樂廳（Hammersmith Odeon）舉行的二十場披頭四聖誕歌舞表演，給披頭四暖場。這系列演出的形式很混雜，有音樂、喜劇和童話鬧劇，擔任暖場的來賓除了我們，還有弗雷迪與夢想家（Freddie and the Dreamers）等流行樂團、比利・克拉默和艾姬・布魯克斯（Elkie Brooks）等個別藝人，以及節奏藍調樂團群聲公司（Sounds Incorporated）。披頭四和英國最著名的 DJ 吉米・薩維爾（Jimmy Savile）一起演一齣搞笑短劇，從頭到尾都很誇張，最後半小時才是他們的壓軸演唱。

喬治歐認為我們應該穿製服上場，他知道我很重視形像，只會穿自己想穿的，其他一概抵死不從，就把設計製服的工作交給我。我設計出一套黑色西裝，但外套的翻領有點變化，比較像是襯衫的翻領，釦子幾乎扣到頂。我們到蘇活區柏立克街的一間工作坊量身訂作，用黑色的布料和米色的馬海毛，做出來之後還真是滿好看的。

儘管只是陪襯，我們不介意參加這些演出，因為場地就在我們的活動範圍內，螯蝦爹地的歌迷都會來捧場，我們可以唱給這些歌迷聽，她們是真的會聽。披頭四就不同了，有一個晚上，我走到觀眾席後方去看他們表演，結果根本聽不到他們在唱什麼，因為歌迷都在尖叫。

他們的歌迷大多是十二到十五歲的少女，看來根本不是來聽演唱的。我很同情披頭四，我猜他們大概也已經感到很厭倦。

音樂廳的後臺是我和披頭四第一次接觸的地方。保羅・麥卡尼（Paul McCartney）扮演親善大使，出來跟大家打招呼。我記得他彈奏寫到一半的〈昨日〉（Yesterday）給我們聽，問大家覺得怎麼樣，他還沒有填詞，所以暫時把這首歌叫做「炒滑蛋」，唱道：「炒滑蛋……人人都說我是炒滑蛋。」喬治・哈里森（George Harrison）和我一拍即合，他似乎對我所做的事情很感興趣，我們聊了很多音樂方面的事。他向我展示他的 Gretsch 吉他收藏，我給他看我的細弦徑吉他弦，那都是我在厄爾罕街一間商店 Clifford Essex 買的。我給了他一些吉他弦試用看看，從此開啟了一段漫長的友誼，不過那都是好一陣子之後才會發生的事，此刻披頭四跟我們是在完全不同的世界。他們是大明星，正在迅速竄紅。

跟約翰・藍儂（John Lennon）的接觸就不同了。有一天晚上，我在坐地鐵前往漢默斯密音樂廳參加演出的途中，和一位美國老太太聊起來。她因為迷路，向我問路，然後問我是做什麼的、要去哪裡，我告訴她我是吉他手，正要去參加一場有披頭四的演唱會。「披頭四？」她很驚訝，接著問：「我可不可以跟你去？」

我回她：「你如果想要，我可以想辦法帶你進去。」到了音樂廳，我告訴舞臺工作人員她是我的朋友，然後帶她去披頭四的更衣室，跟舞臺是在同一層樓。他們已經準備好要上臺，但還是停下來，很和善、很有禮貌地跟她打招呼，可是輪到約翰的時候，我向他介紹那位老太太，他臉上裝出一副厭煩的表情，手伸進自己的外套裡摸來摸去。我非常驚訝，也很生氣，我自覺對這位無辜的老太太有責任，而且某種程度來說，他這當然是在侮辱我。我後來跟約翰變得很熟，我想我們算是朋友，但我一直記得他是有可能做出怪異反應的人。

雛鳥雖然還沒成為賺大錢的樂團，但我們賺的錢已經夠我買第一把真正的專業吉他，也就是櫻桃紅的吉普森 **ES-335**，這是我夢寢以求的吉他，之前的 **Kay** 只是這把吉他的拙劣仿製品。我這輩子選用的吉他，有很多是因為曾經用過這些吉他的人，像這把就是弗雷德・金彈過的，它是新一代吉他的始祖，特點是琴身薄，還有半空心。這類吉他既是「搖滾吉他」，又是「藍調吉他」，有需要的時候可以不插電擴音，聲音還是聽得很清楚。

這把吉他是我在查寧閣路或者丹麥街的一間樂器行看到的，那一帶有幾家樂器行，櫥窗裡都會展示電吉他。在我眼中，這些樂器行就像糖果店一樣，我會站在外面盯著櫥窗裡的吉他看上幾個小時，尤其在夜裡，這些櫥窗還是亮著的，每當天幕俱樂部的節目結束後，我一整晚在那一帶亂走，痴痴望著櫥窗裡的吉他做白日夢。當我終於買下那把吉普森，簡直不敢相信它是這麼的閃亮迷人，那一刻，我終於覺得自己像個真正的音樂家。

事實上，我太把自己當一回事了，漸漸變得很愛批判別人，只要不是演奏純正藍調的樂手都會被我譴責。這種態度大概是由於我正進入一種知性階段，我正在讀波特萊爾

（Baudelaire）的譯本，開始發現傑克・凱魯亞克（Jack Kerouac）、艾倫・金斯堡（Allen Ginsberg）這些美國地下作家，同時大量地看法國和日本的電影。我開始很不屑流行音樂，對於身為雛鳥樂團的一員感到非常不自在。

我們不再朝我想要的方向發展，主要原因是看到披頭四的巨大成功，喬治歐和樂團裡有人開始一門心思想要上電視和推出冠軍專輯。喬治歐很可能還在為丟掉滾石而懊惱，而很顯然，我們竄升的速度不夠快，所以他要我們每個人去找一首主打歌。其實，我對主打歌沒有意見，只要是我們能引以為傲的歌曲就沒問題。妙的是，喬治歐曾在幾個月前演奏過奧提斯・瑞汀（Otis Redding）寫的一首歌〈你唯一的男人〉（Your One and Only Man）給我聽，這首歌很動聽又琅琅上口，我覺得我們可以唱自己的版本而不致於出賣自我。然而，保羅・山姆威爾—史密斯提議了另一首歌〈為了你的愛〉（For Your Love），是由後來成立十 cc 樂團的格雷姆・古德曼（Graham Gouldman）寫的，一聽就是會很流行的那種歌。我很不情願，可是其他人都喜歡，於是事情就這麼定了。

當雛鳥樂團決定錄製〈為了你的愛〉，我心知這就是我的雛鳥生涯結束的開始，因為我看不出我們能怎樣錄製這樣一張唱片，而仍然保有雛鳥樂團的風格，我的感覺是我們完全出賣了自我。我雖然也參與演奏這首歌，但只是在中段彈了八小節的藍調即興樂句，他們為了安慰我，把 B 面曲留給我，是一首根據喬治歐哼的曲調寫成的演奏曲，歌名叫〈要快點〉（Got to Hurry），他以O.拉斯普丁（O. Rasputin）的筆名把自己列為作曲人。

至此，我已經變成一個充滿灰暗和不滿情緒的人，故意把自己弄得很不討人喜歡，不管說什麼都要辯駁、做什麼都固執己見。最後，喬治歐把我叫到他在蘇活區的辦公室，說我在樂團裡顯然已經待得很不愉快，假如我想離開，他不會耽誤我。他不算開除我，只是邀請我辭職。我當下完全幻滅，已經準備好要徹底退出音樂圈子。

第三章
John Mayall
約翰・梅爾

離開雛鳥樂團之後，一開始我心煩意亂，感覺很像回到被藝術學院退學那時候，現實又把我打回原形。但過沒多久，我內心恢復平衡，還會對自己能堅持原則感到驕傲——儘管不大確定我的原則到底是什麼。〈為了你的愛〉大獲成功，雛鳥樂團正在走紅，外面沒有人明白我為什麼要選在這種時候退出，但說真的，我覺得這真是糟蹋了本來好好的一支搖滾藍調樂團。因為羞於見人，也對這門事業裡大家似乎都是為了買賣而不是音樂而感到心灰意冷，我暫時搬回里普利，有一段時間跟蘿絲和傑克一起住，他們都很支持我。到了這個時候，我相信他們已經了解，我對自己想做的事是很認真的，因此都願意給我鼓勵。

差不多在這個時候，我交了一位來自西印度群島的女友，名叫瑪姬（Maggie），她是英國廣播公司的流行音樂節目《流行金曲》（Top of the Pops）的舞者。一天晚上，她跟我一起去蘇活區朗尼・史考特（Ronnie Scott）的爵士俱樂部，和我的朋友東尼・加蘭（Tony Garland）碰面。東尼是常和我在天幕俱樂部一起混的樂迷，他是我見過最早開始穿喇叭褲的人，他自己拿Levi's牛仔褲來改，用三角形的補丁拼接。那天晚上，他帶了一位漂亮的女伴，名叫朱恩・柴爾德（June Child），顯然是個聰明伶俐又幽默風趣的女孩。她和我談笑風生，不斷拿東尼來開玩笑，叫他「笨蛋加蘭」，我漸漸也加入她一起取笑東尼。瑪姬在一旁看得很火大，因為平常大家的注意力都是在她身上，結果當天晚上離開俱樂部的時候，我們彼此交換了伴侶。

朱恩和我一起離開俱樂部，而且立刻成了我最好的朋友，但我們沒有成為戀人，我很喜歡有這樣一位朋友作伴，不想破壞這種關係。我滿確定她想要有進一步的發展，但那時候的我還沒弄清楚，跟愛慕的女孩也可以同時做朋友，性關係仍然是一種征服，而不是建立在感情的基礎上。我根本不會想到，男生可以和女生進行知性的對話，再和她一起上床。回想起來不免有一絲遺憾，我們沒有真正在一起過，如果有的話一定會很開心。

朱恩不但成了我的死黨，還成了我的志願司機，因為我不會開車。有一天，我請她載我去牛津找公雞樂團的鍵盤手班・帕瑪。班是個非常有魅力的人，幽默、聰明、老於世故又充滿智慧，他的五官深邃、輪廓稜角分明，頗有貴族的氣質，看上去就像是十八世紀的人。他既有創意又有深度，才能轉向任何方向發展都沒有問題。

他當時住在馬廄樓上的一間工作室，在那裡自學木雕，我們到達的時候，他正在一只唐馬俑上面做最後的修飾，他說他已經完全放棄彈琴。班是我認識的人裡面唯一對藍調的態度跟我一樣純粹的人，我希望說服他跟我一起做點事情，也許製作一張吉他與鋼琴的藍調唱片，但他想都不想就拒絕了。我感到非常沮喪，在班那裡住了幾個星期，他就像大哥哥一樣照顧我，隨時留意我的情緒，給我煮好吃的飯菜。他也介紹我讀《魔戒》，我每天一看就是好幾小時。

另一方面，朱恩把班的電話號碼給了享有不錯名聲的藍調音樂家約翰・梅爾，約翰有自己的樂團，名叫藍調突破者（Bluesbreakers），他打電話來問我有沒有興趣加入。我在天幕俱樂部閒混的時候就知道他是誰，也很欣賞他，因為他那時候做的事情，正是我一直認為雛鳥樂團可以去做的。他找到了自己的定位，就一直待在那，在有口碑的俱樂部之間巡迴演出、製作小眾的唱片，從來不追求一飛沖天。雖然我不怎麼喜歡他的兩張單曲：〈徐行攀峰〉（Crawling Up A Hill）和〈鱷魚漫步〉（Crocodile Walk），在我聽來比較像流行節奏藍調，但這並不重要，因為我看到的是一個適合我的空間。

我對他的演唱方式、他呈現自己的方式也有保留，但我很感恩有人看到了我的價值，我的想法是，也許我能把目前演奏爵士藍調的樂團，引導到芝加哥藍調的方向。他似乎也樂意接受我的建議，我相信在遇到我之前，他身邊沒有什麼人能分享他的音樂品味，現在他終於找到對藍調跟他一樣認真的人。

一九六五年四月，我加入了藍調突破者，也搬去跟約翰一起住，他和妻子潘蜜拉（Pamela）還有孩子一家住在倫敦近郊的李格林。約翰比我大十二歲，留著一頭長捲髮和一臉絡腮鬍，看上去有點像耶穌，他給人的感覺就像受學生愛戴的校長，但同時還是很酷。他不喝酒，很講究吃得健康，是我認識的第一個完全吃素的人。約翰本科學的是美術設計，平常幫科幻小說之類的讀物畫插畫，也接廣告公司的案子，收入相當優渥。但他真正熱愛的是音樂，會彈鋼琴、電風琴和節奏吉他，他的唱片收藏是我見過最壯觀的，有不少通常只在合輯中才有機會看到的稀有單曲，多數是透過藍調迷麥克・李德貝特（Mike Leadbetter）出版的專業雜誌《藍調無限量》（Blues Unlimited）訂購。我在約翰家的頂樓有自己的房間，原本是儲藏室，空間很小，塞進一張狹窄的單人床就幾乎占滿了，在接下來的大半年裡，只要一有空，我就會坐在這個小房間一邊聽唱片，一邊跟著彈吉他，磨練我的琴藝。

現代芝加哥藍調成了我的新寵，這種藍調有很結實的插電音色，開創者就是咆哮之狼、穆蒂・華特斯和約翰・李・胡克這幾位從密西西比河三角洲跑到芝加哥，替 Chess 等音樂廠牌錄音的藍調樂手。芝加哥藍調的主要吉他手有奧帝斯・羅希（Otis Rush）、巴弟・蓋（Buddy Guy）、艾默爾・詹姆斯（Elmore James）、胡弗・桑林（Hubert Sumlin）和厄爾・胡克（Earl Hooker）等等。這種音樂類型非常適合藍調突破者的陣容，我們有吉他手、貝斯手、鼓手和鍵盤手：約翰彈鋼琴、漢蒙德（Hammond）電風琴和節奏吉他；鼓手是休吉・佛林特（Hughie Flint），他後來和湯姆・麥吉尼斯共組麥吉尼斯—弗林特樂團；我彈主奏吉他；貝斯手是約翰・麥克維（John McVie），他後來和米克・佛利伍（Mick Fleetwood）共組佛利伍麥克樂團（Fleetwood Mac）。約翰・麥克維不但貝斯吉他彈得出色，人也非常詼諧風趣，開的玩笑都帶著憤世嫉俗的黑色幽默。那時候，我和兩個約翰都迷上哈洛・品特（Harold Pinter）的話劇《看門人》（The Caretaker），由唐納・普萊森斯（Donald Pleasance）飾演流浪漢戴維斯（Davies）的電影版，我不知看了多少遍，還買了劇本，其中的許多臺詞我已經會背。我們三人會排演劇中的片段，時而交換角色，所以我有時候演艾斯頓（Aston），有時候演戴維斯或是米克（Mick），常常一演就是幾個小時，總是笑得在地上打滾。

由於約翰・梅爾畢竟比我們其他人年長許多，在我們看來就是個受人尊敬、和妻子兒女住在郊區的中產人士，因此樂團團員之間的互動基本上就是「他和我們」。我們把他當成校長的角色，而我們就是頑皮的小男生。他的忍耐是有限度的，但就因為知道有限度，我們總是用力把他推到極限。我們會在他背後戲弄他，說他不會唱歌，他在臺上袒胸露背時，我們就會咯咯笑成一團。他身材很壯，也很愛炫耀自己的身材，我們就想看看要做得多過分他才會發脾氣。約翰不喜歡我們在工作的時候喝酒，不巧擔任樂團發言人的麥克維就喜歡買醉，然後往往就會發生爭吵，最後就會有人發火。麥克維平常很討人喜歡，幾杯下肚後卻會變得很好鬥，這時他就會被丟下，有一次我們去北部演出回程途中，他就當場被趕下了車。

加入藍調突破者不到一個月，有一天，約翰要我去一間錄音室演奏他跟巴布・狄倫合作的歌。他非常興奮，因為正在英國巡迴的狄倫聽到他的〈徐行攀峰〉後，特別要求和他見面。我當時對狄倫的看法很矛盾，一方面因為保羅・山姆威爾—史密斯是他的鐵粉，而只要是保羅喜歡的東西，我就不喜歡。我去到那間錄音室，有人把我介紹給狄倫和他的製作人湯姆・威爾森（Tom Wilson）。

很可惜，我當時對眼前的一切沒有打開心胸。我還沒好好聽過狄倫的任何一首歌，就已經對他形成自以為合理的偏見，根據的只是我對喜歡他的人的看法。在我眼中，狄倫不過就是民歌手，不明白有什麼好大驚小怪，他身邊的人全都當他是大人物似的。不過，他的團隊中有一個人我倒是一見投緣，叫做鮑比・紐維思（Bobby Neuwirth），我猜他是畫家，也可能是詩人，看來是狄倫的好友，但他肯花時間和我說話，盡量讓我明白是怎麼一回事，不確定當時的我有沒有因此對狄倫的重要性有多一點了解，我就像〈瘦人之歌〉裡的「瓊斯先生」，看不懂眼前的世界，無論如何，我和狄倫的終生情誼就從這裡開始。我印象中狄倫沒有跟任何人講話，也許他跟我一樣害羞。至於那天的錄音，我已經沒有什麼印象，應該沒有真正錄完任何一首歌，然後狄倫就突然消失了。有人問他去了哪裡，我們被告知：「喔，他去了馬德里。」有一段時間，我不大去想巴布・狄倫的事，然後，我聽到了他的專輯《金髮美女》（Blonde on Blonde），謝天謝地，我終於懂了。

在答應加入約翰的同時，我也就加入了一種以前從未體驗過的工作節奏。要是一週有八天，我們肯定會演足八天，外加週日演出兩場。我們的演出預約是由瑞克・甘奈爾（Rick Gunnell）和強尼・甘奈爾（Johnny Gunnell）兩兄弟負責安排，他們倆也在位於沃德街的紅鸛俱樂部（Flamingo Club）工作。這間俱樂部在地下室，占地廣大，是當時倫敦最道地的靈魂與爵士音樂場所，創辦人也是獨資老闆傑佛瑞・克魯格（Jeffrey Kruger），把俱樂部經營得很前衛，但也相當排外，光顧的都是些不好惹的人，以黑人為主，都是節奏藍調、藍調和爵士的忠實愛好者。甘奈爾兄弟代理很多固定在倫敦夜店表演的樂團，例如喬治・費姆（Georgie Fame）、克里斯・法洛威（Chris Farlowe）、艾伯特・李（Albert Lee）和吉諾・華盛頓（Geno Washington）等人。瑞克和強尼是討人喜歡的道上兄弟，跟警察關係很好，他們的俱樂部都營業到凌晨六點才打烊。他們有自己的地盤，受到像柯雷（Kray）兄弟這些黑幫人物的尊敬。弟弟強尼長得很帥，但臉上有一道長長的刀疤，看來是哪一次火拼的戰績。哥哥瑞克常常喝得醉醺醺，一走進俱樂部就大聲嚷嚷：「樂團呢？為什麼沒有人演奏？」他們無疑是不好惹的傢伙，卻也是忠實的樂迷，而且對我總是很和善，也許是因為他們看到我對音樂的態度很認真吧。

我經常去的另一間俱樂部，是位於風車場的事發現場俱樂部（Scene Club），負責人是羅南・歐拉希利（Ronan O'Rahilly），他後來成立了英國第一家海盜電臺卡洛琳電臺（Radio Caroline）。我在那裡觀察一小群經常出沒的年輕人，最後和他們成了朋友，這群人對我當時的穿著品味有很大影響，他們的衣著打扮融合了美國學院風和以馬切洛・馬斯楚安尼（Marcello Mastroianni）為代表的義大利風，所以可能今天穿運動衫、寬鬆長褲和樂福鞋，明天穿亞麻西裝，時尚品味走在所有人的前面，令我深深著迷。這群有趣的傢伙全都來自倫敦東區，有爵士鼓手羅利・艾倫（Laurie Allen）、天生的模仿諧星拉夫・貝倫森（Ralph Berenson），還有裁縫師吉米・韋斯特（Jimmy West）和戴夫・弗利（Dave Foley），兩人後來在柏立克街上開了一家西服店「工作坊」（Workshop），專門服務像我這樣的客人。我偶爾會在事發現場演奏，有一晚，有人上前來邀請我去另一家俱樂部演奏，這家位在梅費爾區的俱樂部店名是愛思默瑞達的穀倉（Esmeralda's Barn），是柯雷兄弟的夜總會。那真是個詭異的夜晚，我和駐店樂團一起演奏，俱樂部裡除了柯雷兄弟坐在最後面的桌子，就沒有其他人了，我不知道被叫去那裡是要做什麼，感覺就像是一場試奏。

藍調突破者的團員每週可以拿到三十五英鎊的薪水，我們會去蘇活區甘奈爾兄弟的辦公室領取。不管我們做多少事，薪水都是固定的，雖然樂團裡的其他成員不時可能吵著要爭取加薪，印象中我從來沒有真正在乎過，因為我的花費很少。我通常都白吃白喝，很少付什麼錢，連住都是免費。我們的薪水真是辛苦賺來的，有時剛演奏完一場，以為可以收工了，又被通知還要再趕另一場。

紅鸛俱樂部每週六晚上會有通宵的現場演奏，我們是固定上場的樂團之一，如果較早的那場演出是在牛津或其他不太遠的地方還好，如果是在伯明罕（Birmingham）就累人了，我們得開上M1高速公路一路奔回倫敦。到這些在我們當時看來相當遙遠的地方演奏，對樂團來說很重要，畢竟倫敦周邊地區能接的工作就這麼多，而且樂團到北部較著名的俱樂部演奏，可以提高知名度和鞏固當地歌迷的支持。這些俱樂部包括：曼徹斯特的扭曲輪胎俱樂部、紐卡斯爾（Newcastle）的Club a Go-Go、諾丁罕（Nottingham）的船屋（Boathouse）、雷卡

（Redcar）的星光（Starlight），以及雪菲耳（Sheffield）的魔咒（Mojo）等等。魔咒俱樂部有知名 DJ 彼得・史春費羅（Peter Stringfellow）駐店，俱樂部付錢請人來在樂團上場前放唱片，在當時是很新的概念，史春費羅可說是最早的 DJ 之一，他放的音樂很有品味，主要是藍調和節奏藍調。

能到全英國各地去演奏很令人興奮，到處都有女孩子圍繞著我們，這表示我有非比尋常的性生活，跟各式各樣的女孩約會和交往。大多數時候，我跟這些女孩只是單純摸來摸去，少數情況下才會進展到做全套。那個年代樂團跑場跟現在很不一樣，幾乎不會有更衣室，大家都是直接從觀眾席上場下場。所以這些女孩有可能是我在演出前四處亂走遇到的，也可能是我在臺上時注意到的，下場後我就會上前跟她搭訕，然後和她一起離開。

我記得每次去貝辛斯托克（Basingstroke），我都會見一個女孩。樂團會演兩場，中間有半小時休息，我演奏完第一場就跟這個女孩碰面，兩人一起到後臺的某個地方，回到臺上演奏第二場的時候，我牛仔褲的膝蓋部分總是沾滿地上的灰塵。這在樂團的巡迴生涯中是常有的事，從比沙普斯托福到雪菲耳，從溫莎到伯明罕，對我們來說不是每座港口都有一個女孩，而是每場演出都有一個女孩，而且那些女孩似乎也很樂於維持這種關係，偶爾才能見到我一次。當然，我根本沒資格怪她們。

我們也很喜歡在英格蘭各地巡迴，因為知道最遠就是這樣了，絕不會有人想要送我們去愛爾蘭或蘇格蘭演出，沒有人會願意負擔住宿費用，所以演出結束後我們都得回家。現在說來很難想像，但那時候去紐卡斯爾對我來說就像去紐約一樣，那裡彷彿是另一個世界，當地人說的話我一句都聽不懂，女生的動作都很快也很嚇人。在一個平常的晚上，我們可能要北上雪菲耳演出八點場，結束後開到曼徹斯特演出午夜場，然後再開車回倫敦，最後在查寧閣車站放我們下車的時候，通常已經早上六點了。

我們的交通工具是約翰的福特 Transit，在一九六〇年代的當時，樂團開哪種客貨車有很濃的等級意味。如果開的是又醜又笨重、有側滑門的 Bedford Dormobile，表示樂團的級數不高；如果開的是 Transit，這個樂團就是頂尖的了。這種車子的引擎動力很足，可以開很快，也表示可以跑不少里程數，車子內部又十分寬敞舒適。多才多藝的約翰也有一點發明天分，他把車子內部改造了一番，以符合他的需求。

車子內部需要空出一個空間給他的漢蒙德 B3 電風琴，他替電風琴裝好兩根棍子，可以像轎子那樣抬著走。然後，在電風琴和車內天花板之間的空間，他給自己弄了一個臥鋪，所以從曼徹斯特或雪菲耳這些遙遠城鎮演出完畢的回程中，我們全部人都要坐在客貨車前排的座位，他則在後面的臥鋪睡覺。除了少數一兩次之外，我們從來沒有在民宿或旅店過過夜，頂多只能盼望到約翰的老家曼徹斯特演出的時候，他會邀請我們去他們家祖產房子的其中一間住一晚。我有過一次這樣的經驗，屋況滿糟的，但總好過一整夜直直坐在車子裡。

這樣的生活簡直是美夢成真，有時我真不敢相信這一切是真的。例如有一天晚上，藍色地平線（Blue Horizon）唱片公司的老闆麥克・維儂（Mike Vernon）要我去一間錄音室幫忙伴奏，結果竟然是跟我心目中一直以來的兩位偶像穆蒂・華特斯和奧蒂斯・史潘（Otis Spann）一起演奏。我嚇壞了，但不是因為怕應付不來，而是在兩位大師面前我不知道該如何自處。他們太出色了，穿著漂亮的寬鬆絲綢西裝，帥氣十足。最主要的是，他們是男人；而我，只不過是個瘦巴巴的白人男孩。但這都沒有關係，我們一起錄了一首〈到處都有漂亮女孩跟著我〉（Pretty Girls Everywhere I Go），由奧蒂斯主唱和彈鋼琴，我彈主奏吉他，穆蒂・華特斯彈節奏吉他。我簡直爽到升天，他們對我的演奏也似乎很滿意。

到了這時，大家開始把我說得好像是不出世的天才，聽說有人在伊斯陵頓（Islington）地鐵站的牆上寫下「克萊普頓是神」的口號，接下來，這幾個字開始像塗鴉一般在倫敦各處出現。我對這個現象有點不解，一方面只想逃得遠遠的，不想要這樣聲名遠播，深知只會帶來麻煩。但另一方面，想到這些年來的辛苦練功，現在終於有人賞識，我感到很欣慰。當然，事實上，大家是因為我的演奏而有機會接觸他們從來沒聽過的音樂類型，結果功勞全都變成我的，好像藍調是我發明的一樣。

至於吉他技巧，比我厲害的美國白人吉他手不知凡幾。除了大家都知道的著名藍調大師，還有很多白人吉他手，例如雷吉・楊（Reggie Young），他是孟斐斯的一位錄音室伴奏樂手，是我聽過最厲害的吉他手之一，我曾在露提絲合唱團的巡迴演唱中看過他和比爾布萊克樂隊（Bill Black Combo）一起演奏。還有唐·皮克（Don Peake），我看過他和艾佛利兄弟二重唱（Everly Brothers）一起演奏，以及瑞奇·尼爾森專輯中的吉他手詹姆斯·伯頓，也都是厲害的美國白人吉他手。我佩服的英國吉他手有伯尼·華生（Bernie Watson）和艾伯特·李，兩人都在尖叫勛爵薩奇（Screaming Lord Sutch）的野蠻樂團（Savage）中演奏，伯尼和薩奇的鋼琴手安迪·任（Andy Wren）是非常傑出的音樂人，走在當時的所有音樂人前面。我記得有一次聽他們演奏大馬西歐（Big Maceo）的〈憂愁人生藍調〉（Worried Life Blues），伯尼以推弦方式彈奏，他比任何人都還要早使用這種技巧。雖然傑夫·貝克（Jeff Beck）和吉米·佩奇（Jimmy Page）的基礎是鄉村搖滾，我是走藍調路線，但我很愛他們的音樂，我們之間不存在競爭關係，大家的演奏風格本來就完全不同。

然而，在我內心還有一個角落，其實認為這個「克萊普頓是神」的口號還真不賴。我被趕出雛鳥樂團，他們找了傑夫·貝克接替，馬上推出一系列熱門歌曲，我心裡很不是滋味，因此，任何不需要出賣自己或在電視上推銷自己，純粹因為演奏而獲得的讚譽，我都很樂意接受。口碑這東西就貴在沒人能把它奪走，事實上，我很感激這個口碑，它讓我有了地位，而且是沒人動得了的地位，畢竟你不可能去塗改塗鴉，它就是來自街頭的東西。

到了一九六五年初夏，我雖然還住在約翰位於李格林的家中，但很多時候都在柯芬園長畝街的一間公寓和一群朋友混在一起，這間公寓的主人名叫克拉麗莎（Clarissa），是泰德·密爾頓（Ted Milton）的女友。泰德是我在班·帕瑪家認識的詩人和夢想家，他非常了不起，是我見過第一個會用身體來詮釋音樂的人。我們當時在班的家，晚飯過後泰德放了咆哮之狼的唱片，然後開始用他整個人來表現他所聽到的東西，包括舞蹈動作和臉部表情。看著他，我生平第一次體會什麼是活在音樂裡，什麼是全身心投入地聆聽而使音樂活過來，變成你生命的一部分，那是一次真正的覺醒。泰德和克拉麗莎的公寓在二樓，裡面有好幾個房間，房間外面是一條長長的走廊，走廊盡頭是一間大廚房，有一段時間，這裡成了我們的生活重心。

我們這群人包括：正在唸人類學的約翰·貝里（John Bailey），因為長得英俊瀟灑，加上衣著時髦俐落，我們都叫他「時髦丹」（Dapper Dan，知名紐約時裝設計師 Daniel Day 的暱稱）；在諾丁丘開診所的伯尼·格林伍德（Bernie Greenwood），他的薩克斯風吹得很棒；賣珠寶兼做美髮的米可·密里根（Micko Milligan）；住在對面公寓的彼得·詹納（Peter Jenner）和安德魯·金（Andrew King），他們剛剛開始當平克·佛洛伊德（Pink Floyd）的經紀人；還有我的老朋友朱恩·柴爾德，此時她已有一份工作，就是當彼得和安德魯的祕書。現在回過頭去看，那真是我們的黃金歲月，我們喝酒、抽大量的大麻，相信我們所做的一切都是原創（有時確實是），可憐的克拉麗莎姊姊則得出去工作賺錢，負擔這所有的費用。

漸漸地，這個圈子占據我愈來愈多的閒暇時間。其實真的滿離譜的，我們會沒完沒了地一邊聽音樂、一邊喝 Mateus 粉紅氣泡酒，這種酒超容易宿醉頭痛，但我愛死了。有時候，我們會不由自主地一陣陣狂笑，只要看上某個字、某句話，或者某樣東西，就會莫名其妙地歇斯底里大笑，而且一笑就停不下來，可以連續笑幾個小時，一點也不誇張。我們在做另一種消遣的時候也會笑個不停，就是不斷重複聽同一首歌一整天，我們最愛放的是小沃克（Junior Walker）的〈霰彈槍〉（Shotgun），一邊聽一邊笑，笑到不支昏倒，醒過來再繼續放同一首歌，繼續大笑不止。

一九六五年的仲夏，我們六個人突發奇想，決定組一支樂團，一邊開車環遊世界，一邊沿途演唱賺旅費。我們給樂團取名腺體樂團（The Glands），約翰・貝里擔任主唱，伯尼・格林伍德吹薩克斯風，泰德的兄弟傑克（Jake）打鼓，班・帕瑪被勸誘回來彈鋼琴，貝斯手是鮑伯・雷（Bob Rae）。伯尼把他的英國跑車 MGA 換成美國福特 Galaxy 旅行車，作為樂團的交通工具，我用薪水存下來的幾百英鎊，買了一只音箱和幾把吉他。我算是藍調突破者的臺柱，所以就這樣離開他們，可以說有點不負責任。我不記得有沒有跟約翰提這件事，就算有，大概也只是說我要離開一陣子。我著實讓他措手不及，害他必須到處物色合適的人選，在我缺席期間前後找過幾個吉他手來暫時頂替。

我們六個人擠進那臺福特 Galaxy，在八月上路，一路開車穿越法國和比利時，打算就這麼一直往前開，直到找到演出的地方才停下來。我們其實根本不知道自己在做什麼，只是一味相信會有好運降臨。這趟旅行在上路沒多久後差點告吹，抵達慕尼黑的時候，正好是當地著名的啤酒節，我們在啤酒帳棚裡喝酒，席間，鮑伯・雷用一張五英鎊的紙鈔點菸，團員中有人指責他這個舉動太揮霍侮慢，兩人之間發生嚴重的口角，吵到最後，我們的器材全被搬下車，大夥基本上決定就此解散回家。

第二天早上，大家言歸於好，把器材重新搬回車上，再度出發上路。來到南斯拉夫，在札格雷布和貝爾格勒之間的一條石子路上，由於車子顛簸得太厲害，最後終於解體，車身和底盤散了開來。我們只好用一條粗繩把車身和底盤綁在一起，這下，帶著一堆器材的六個人，要乘坐一輛勉強用繩索繫起來的車子去旅行，真是一團糟。終於抵達希臘的塞薩洛尼基的時候，我們已經好幾天沒吃東西，餓得在一家肉鋪就地吃起生肉！我們最終來到雅典，在一家名叫圓頂冰屋（Igloo）的俱樂部找到演出的工作。

圓頂冰屋俱樂部的名稱，來自於它的室內裝潢成因紐特人圓頂冰屋的樣子，每一樣東西都是圓弧形的。它有一支駐店樂團「少年樂團」（The Juniors），但經理希望多找一支樂團來支援，因為他們七點就要上場演唱，而俱樂部一直營業到凌晨兩三點才打烊。約翰・貝里服說這位經理僱用我們，我們有了住宿的地方，是由一位埃及老上校經營的租屋處頂樓的房間。我很喜歡這個地方，很快就過得如魚得水。我們每晚唱三場，跟少年樂團輪流上臺，他們主要唱披頭四和奇想合唱團（The Kinks）的歌，但他們對這些歌曲其實不大熟，所以我們也從旁幫著一點。

我們演出兩晚之後，少年樂團就發生了車禍，其中兩人當場死亡。第二天早上，我們正在俱樂部喝咖啡，經理跑進來大喊著「薩諾斯」（Thanos），也就是鍵盤手的名字，顯然鍵盤手是他的愛人，卻在前一天的車禍中不幸喪命。「薩諾斯！薩諾斯！薩諾斯！」他大聲哭喊，然後開始拿起酒杯往吧檯後面的鏡子摔。有人勸我們最好趕快離開，我們走了之後，他把俱樂部裡能砸的東西都砸碎了。俱樂部關閉了兩天，工作人員要我們待著等候消息，後續自會有一些安排。

他們重新修復了俱樂部，傷心欲絕的經理派人來跟我說，俱樂部要恢復營業，希望我能和少年樂團一起演出。於是，接下來，我變成跟少年樂團演奏一場，然後跟自己的樂團演奏一場，再跟少年樂團演奏一場，再跟自己的樂團演奏一場，以此類推，不間斷地連續演奏六個小時。這樣演奏了幾天，少年樂團突然就紅了起來。他們想演唱的歌曲我都會彈，我的加入又似乎給樂團注入了新的聲音，再接下來，我們已經在皮雷埃夫斯開萬人演唱會。我很高興能幫少年樂團吸引到更廣大的歌迷，但這一切都給我似曾相識的感覺，彷彿又走回我曾經努力擺脫的流行音樂的老路。而另一方面，腺體樂團也覺得玩夠了，已經迫不及待想要繼續上路。

我告訴少年樂團的鼓手我想走了，他說：「最好不要吧，經理知道了肯定不會放過你，他會把你的手砍掉的。」我覺得他不是在開玩笑，所以我們準備逃跑，班偷偷買了火車票，其他團員把東西打包好。一天下午，我像往常一樣出現，跟少年樂團一起彩排，但有一輛車子已經在大樓的另一側等候。一收到暗號，我就說我要上洗手間，從前門走出去，上了車，直接開到火車站，和班搭上回倫敦的火車，放了少年樂團的鴿子。少年樂團的鼓手是我們的內線，我能保住這雙手基本上全虧了他。「兄弟，感謝你，救手之恩永難報答。」我留下一把漂亮的吉普森 Les Paul 吉他和 Marshall 音箱。腺體樂團的其餘團員繼續他們的環遊世界之旅，只是少了吉他和鋼琴，天曉得他們奏出來的音樂會是什麼感覺。

一九六五年十月下旬回到英國後，我發現我在藍調突破者的位子，正由一位出色的吉他手彼得・格林（Peter Green）頂替，也就是後來的佛利伍麥克樂團的創始成員。他非常積極說服約翰僱用他，經常出現在演出場合，在觀眾席上大聲嚷嚷說他彈得比當天晚上的主奏吉他手要好得多。我跟他完全不熟，但他給我一種突厥人本色的印象，強悍、自信，完全知道自己想要什麼和要往哪裡去的樂手，同時為人有點深藏不露。最重要的是，他是個出類拔萃的吉他手，音感好極了。見到我他當然不高興，這表示顯然在他看來是很不錯的演出機會，必須突然中止。有一項變化我倒不特別意外，麥克維終於被開除了，由來自格雷姆邦德組織樂團（Graham Bond Organisation）的貝斯手傑克・布魯斯代替，我曾在天幕俱樂部看過他演奏。傑克只待了幾個星期，就跳去曼弗雷德曼恩樂團，那幾個星期當中，我們一起巡迴英格蘭南部的俱樂部，那幾場演奏讓我們有機會估量彼此。就音樂來說，他是我一起演奏過最強勢的貝斯手，和樂團一起演出時，幾乎把貝斯吉他當主奏樂器演奏，但又不致於到影響主奏的地步，而且對時間的拿捏準得驚人。這些特點都體現在他的為人上——性格火爆又機智過人。還好我們之間看來是互相欣賞，彼此十分投緣，也算是淺嘗了一下即將到來的轉變。

一九六六年成了我生命中重要的一年。三月，約翰決定在他李格林的家中幫我辦一場二十一歲慶生會，這是他第一次見到我在長畝街公寓的那群新朋友，我自豪地炫耀我這些優秀的伙伴，在我眼中他們是當時的菁英知識分子。那場慶生會的形式是化裝舞會。

我的服裝是從沙夫茨伯里大街的貝爾曼（Berman）租來的，在無數個從天幕俱樂部出來、一個人在街上亂逛的深夜，我經常在它的櫥窗前駐足凝望。我租了一套企鵝裝和一套大猩猩裝，企鵝裝的喙可以用一根拉繩打開，裡面的人就可以看出來。慶生會當天晚上，我先是一頭大猩猩，到悶熱得受不了了，再換裝成企鵝。

在慶生會當中，我不知怎地想起小時候外婆見到我抽菸的事，於是拿起一包二十根的 Benson & Hedges——金色盒子，在當時是很時髦的香菸——一根接一根地點燃，最後塞了二十根香菸在嘴裡，然後全部同時一起抽。（此後我抽了將近三十年的菸，終於在四十八歲的時候戒了，那時我一天要抽三包左右。）那天晚上曲終人散後，我跟一位非常漂亮的華人女孩上了床，她後來成了我非常要好的朋友。慶生會結束後，我自覺已經成年，是真正的大人了，見過世面、有點叛逆和無政府主義，但最重要的是閱歷豐富。我感覺自己的人生正在起飛，如今回首，應該說我那時是把過去的大門關上了，我已經很少跟里普利的老朋友聯絡，跟家人的關係也不深，彷彿我正步入嶄新的人生，那裡容不下多餘的包袱。我對自己的能力充滿信心，也很清楚這就是我的未來，所以我很小心維護自己的技藝，也毫不留情地割捨一切阻擋道路的東西。這條道路不是要通往飛黃騰達，我對名利和讚譽沒有興趣，只希望能有機會利用自己的技能做出最棒的音樂。

第四章

Cream

鮮奶油合唱團

《藍調突破者樂團：約翰・梅爾與艾力克・克萊普頓》（Blues Breakers: John Mayall with Eric Clapton）是一張突破性的專輯，使我的演奏真正引起大家的注意。專輯灌錄的時間點，剛好是在我覺得終於找到自己的定位，可以在一個樂團中演奏，不當主角，同時又能發展自己的技巧，把樂團導向我認為合適的方向。我們在四月分進入位於西漢普斯特的笛卡唱片（Decca）錄音室，花了三天演奏跟我們在臺上演出時一模一樣的曲目，只在幾首歌曲中加入了銅管樂。收錄的曲目包括：摩斯・艾利森（Mose Allison）的歌曲〈帕奇曼農場監獄〉（Parchman Farm），約翰在裡面加入一段口琴獨奏；雷・查爾斯（Ray Charles）的〈無言以對〉（What'd I Say），休吉・佛林特在其中有一段爵士鼓獨奏；羅伯・強生的〈我心紛亂〉（Ramblin' on My Mind），約翰堅持由我來主唱，我認為實在很不合適，因為我一心模仿的對象都是年紀較大、聲音低沉的歌手，聽到自己尖銳刺耳的歌聲，只覺得超級不自在。

由於只花了很短的時間灌錄，這張專輯有一種不經雕琢的前衛風格，聽起來幾乎像現場演奏，因此顯得與眾不同。錄音過程中，我堅持麥克風必須放在我想要的位置，也就是不能離放大器太近，這樣聲音聽起來才會跟我在臺上演奏時一樣。結果，出來的聲音後來被形容為屬於我的聲音。這個結果其實是無心插柳，我本來想模仿弗雷德・金用他那把吉普森 Les Paul 彈奏出來的明亮輕薄的聲音，最後得到的聲音卻截然不同，比弗雷德・金的飽滿得多。Les Paul 吉他有兩顆拾音器，琴頸末端的拾音器讓吉他奏出溫潤的爵士風格，琴橋旁邊的拾音器則突顯高音，通常用在輕薄的典型搖滾風格。

我的做法是用琴橋拾音器，把低音開到最大，使聲音厚實得幾乎快要失真。我還會用超載的放大器，把放大器開到最大，吉他音量也調到最大，一切都在最大音量和超載的狀態。我彈一個音，按住，用手指給它一點顫音，直到變成延音，這時失真信號就會構成回授。就是以上這些做法，加上失真效果，共同創造出所謂的屬於我的聲音。

拍攝專輯封面照那天，我決定徹底不合作，因為我最討厭拍照了。我買了一份《比諾》漫畫雜誌，在攝影師拍照時板著臉自顧自看漫畫，把所有人都惹惱了。最後的專輯封面，是一張全團人背靠一面牆席地而坐的照片，裡面的我捧著一本漫畫在看，因此這張專輯也被戲稱為「比諾專輯」。

我雖然對藍調突破者樂團感到滿意，但心裡又開始蠢蠢欲動，內心某個角落醞釀著成為樂團核心人物的想法，這個想法從我第一次在天幕俱樂部看到巴弟・蓋演奏，就悄悄在心裡落地生根。他只有貝斯手和鼓手伴奏，卻仍能奏出強大有力的聲音，讓我十分震撼。彷彿他不大需要別人，自己就可以演奏所有聲部。視覺上，他就像是背著吉他的舞者，用腳、用舌頭彈奏，把吉他在空中甩來甩去，而且他做起來一派輕鬆，我在臺下看著他，心中不禁想：「我也可以這樣啊。」而現在，信心高漲的我開始相信，自己真的可以邁出這一大步，我感到非常振奮。於是，當格雷姆邦德組織樂團的鼓手金格・貝克來找我，和我討論一起組建一支新樂團的時候，我完完全全知道自己想要怎麼做。

金格第一次來找我，是藍調突破者在牛津的一場演出上。我曾在天幕俱樂部和里奇蒙爵士音樂節見過他，但對他所知不多，對打鼓同樣一知半解。我相信他應該打得很棒，因為我推崇的每一位樂手，都以他為鼓手的首選，所以他會對我有興趣，讓我受寵若驚。我也有點怕他，因為他長得很凶，也素有不好惹的名聲。

金格雖然很瘦，看上去卻非常健壯，有一頭紅髮，配上一副難以置信、又有一點猜疑的表情。他給人一種無所畏懼、敢跟任何人較量的印象，有時候會挑起一邊眉毛，好像在說：「你以為你是誰？」他是個冷面笑將，一開始我根本不知道他在說笑，直到比較了解他之後，才聽懂他的冷笑話，這本身也頗令人意外，因為他實際上是個非常害羞、溫柔體貼又富有同情心的人。

那天晚上的演出結束後，他邀我搭他的便車回倫敦。他開著新買的荒原路華 3000，開得很猛，一路上告訴我他在考慮組一支樂團，問我有沒有興趣加入。我說我會考慮，但一定要傑克・布魯斯也加入，我才會有興趣。我的答覆差點害他撞車，我知道他們倆和格雷姆・邦德一起演出過，也聽說他們之間合不來，但我那時並不知道是怎麼回事，也不知道這個問題有多嚴重，就算到現在，我仍然不清楚他們之間究竟發生了什麼事。事實上，我還見過他們在亞歷克西斯・科爾納的樂團中一起演奏，感覺上默契十足，就像一臺運轉順暢的機器，其實我看到的只是音樂，而有時候，光靠音樂是不夠的。

金格起初很不願意再跟傑克合作，我看得出來這對他來說是很難克服的障礙，但當他明白唯有這樣我才會加入，就答應我回去想清楚。他最後回頭跟我說，經過再三考慮，他決定放手一試，但我已經預見這絕不會是一條好走的路。事實上，我們三人在一九六六年三月到金格位於尼斯登的家中第一次聚會的時候，他們倆馬上就吵了起來，好像一對天生的冤家，兩個人都固執到極點，又都是天生的領導者。

不過，一旦開始演奏，一切都變成了魔術。也許，我是讓他們和平相處的必要催化劑，暫時看起來是這樣。我們以不插電方式試奏了幾首曲子，包括傑克寫的幾首新歌，聲音聽起來強而有力，感覺真的很棒。我們三人彼此對望了一眼，忍不住相視而笑。

然而，我們第一次插電排練的時候，我的感覺有點矛盾，突然懷念起在藍色突破者樂團中已經很習慣的鍵盤伴奏。我心目中的楷模一直是巴弟・蓋，他讓三重奏的聲音顯得多麼豐富完整，此刻我才明白這都是他的緣故，少了他的精湛造詣和自信，我不可能做到像他那樣。這表示傑克和金格的角色會更吃重，事實上，我們的演奏在我聽來有點空洞，感覺就像還缺一位團員。

打從一開始，我心中就有一個人選：史帝夫・溫伍德（Steve Winwood），我在扭曲輪胎和其他俱樂部看過他演奏，對他的唱功和鍵盤功力留下深刻的印象。最重要的是，他似乎很懂藍調，我猜他那時才不過十五歲，但他一開口唱〈喬治亞在我心〉（Georgia on My Mind），你如果閉上眼睛，肯定會認定是雷・查爾斯。在音樂的世界裡，他彷彿是個包在男孩軀殼裡的老靈魂。我向傑克和金格提出我的想法，他們堅決表明不希望再有其他人加入，他們對現行配置感到滿意。話雖如此，我們每次進錄音室灌錄唱片的時候，通常會多軌疊錄，創造出另一名演奏者，不是由傑克另外演奏鍵盤，就是由我先彈節奏吉他，之後再錄主奏吉他，很少直接灌錄我們的三重奏。

接下來的幾個月，只要湊得到一塊，我們就繼續祕密練團，彼此之間有一種心照不宣的共識，在準備好公開面對之前，就以這種方式走下去，畢竟我們三個人都跟其他樂團有約在身。豈料，金格在接受《旋律製造者》（Melody Maker）週報的克里斯・威爾許（Chris Welch）採訪時，不小心說溜了嘴。這下事情鬧大了，傑克為此大為光火，差點和金格打起來，我則得面對向約翰・梅爾解釋的艱鉅任務，他在我心中就像是父親的角色。

整個過程不大愉快，我告訴他我來到人生的岔路口，想組建自己的樂團，不得不離開。他不高興的程度讓我有點訝異，雖然最後還是祝福我，但我感覺得出他滿肚子氣。我相信他也很傷心，因為我的加入使藍調突破者提升到另一個層次，原本約翰帶領的樂團比較偏爵士，也比較低調，我的加入使樂團活躍起來，也把它帶向新的方向。一向嚴肅的他開始喜歡上這種轉變，以及隨之而來的一切，那些女孩、那種生活方式，漸漸對他產生了影響。他很不高興就在火車開始加速的時候，我卻選擇跳下火車。

金格想請格雷姆邦德組織的經紀人羅伯·史提伍（Robert Stigwood）來經營我們這個樂團，遭到傑克的強烈反對，認為這會使我們失去獨立性，而主張樂團最好由我們自己經營。他最後被說服了，跟著我們一起到史提伍在新卡文迪什街上的辦公室和他見面。金格都叫史提伍「史提噗」（Stigboot），我們跟他見面的時候，羅伯史提伍經紀公司（RSO）已經小有成就，但主要是經紀流行歌手，例如約翰·雷頓（John Leyton）、麥克·貝里（Mike Berry）、麥克·薩內（Mike Sarne），還有一位叫做奧斯卡（Oscar）的新歌手，其實就是保羅·貝塞林克（Paul Beuselinck）。

羅伯很特別，是一個喜歡假裝有錢英國人的浮誇澳洲人。他通常穿西裝外套和灰色休閒褲，裡面搭淺藍色襯衫和少許金飾，堪稱紳士休閒裝的典範。他坐在華麗的辦公桌後面，信心滿滿又滔滔不絕地告訴我們，他可以幫我們樂團做多少事情，以及我們的生活會變得多美好。儘管我聽起來有不少是場面話，但他顯露的藝術才情卻讓我很驚豔，也覺得他看待生活的眼光十分獨特有趣。他似乎也真心想要參與我們想做的事情，我相信從某方面來說，他真的理解我們。我過了好一段時間才恍然大悟，他對長得好看的男性特別偏心，但這對我來說不是什麼問題，反而使他顯得更脆弱、更有人性。

我們對於在音樂上要怎麼發展，其實沒有什麼計畫。在腦海裡幻想的時候，我把自己當作巴弟・蓋，帶領一支節奏組很強的藍調三重奏。我不知道金格和傑克的腦子裡是怎麼想的，只知道他們想像的風格一定更傾向爵士。史提伍對我們在做什麼應該也沒什麼概念，顯然整個樂團就是一場豪賭。在那個流行樂團當道的年代，一支由吉他、貝斯和爵士鼓組成的三重奏想要有所發展，實在是相當瘋狂的想法。我們的下一步，是幫樂團起名字，我想到了鮮奶油合唱團（Cream），理由很簡單，有句俗語說「從莊稼裡煉出奶油來」（cream of the crop），表示菁英的意思，既然我們三個都自覺是各自領域裡的頂尖人物，取這個團名再合適不過。我把我們演奏的音樂界定為「從古至今的藍調」。

一九六六年的夏天，除了我們之外，整個英格蘭都陷入世界盃的狂熱中，正巧我們的第一場正式演出就在七月二十九日——總決賽的前一晚，地點是我以前常演出的老地方：曼徹斯特的扭曲輪胎俱樂部。我說服班・帕瑪重出江湖，不是彈鋼琴，而是當我們的樂團助理，開著史提伍買的黑色奧斯汀威斯敏斯特（Austin Westminster）載我們北上。這輛車子非常時髦，比我之前經常乘坐的福特 Transit 又高一個等級。

我記得抵達目的地時，班才赫然發現所謂的樂團助理（roadie），並不只是開車就好，還要負責搬運我們全部的器材，他和我們一樣都在學習摸索的階段。那天晚上，俱樂部非常冷清，因為我們是臨時安插的樂團，頂替因故取消演出的喬・泰克斯（Joe Tex），並沒有特別對外公告，曲目主要是〈滿滿一匙〉（Spoonful）、〈十字路口〉（Crossroads）、〈我很高興〉（I'm So Glad）等藍調翻唱曲。但這場演出只不過是史提伍幫我們安排的正式首演的熱身，首演就在兩天之後，在溫莎賽馬場舉行的第六屆全國爵士與藍調音樂節上。

我特別為這場首演穿了表演服裝，是從查寧閣路的 Cecil Gee 買來的舞團外套，黑底、羅緞翻領，上面布滿金色織線，有點像植絨壁紙。現在回想起來只覺得有趣，但當時我們都緊張死了。我們是毫無知名度的樂團，卻是音樂節的壓軸，負責最後一晚的閉幕。以往我們主要在俱樂部演奏，現在卻是在戶外面對一萬五千人表演。我們的配備少得可憐，而且就只有三個人，感覺就是很沒有力量。一切聽起來都太渺小了，尤其我們又是在當時有世上最響亮的搖滾樂團之稱的誰合唱團（The Who）後面演唱。當天晚上的天氣很糟，下著傾盆大雨，我們只準備了三首歌，唱完後金格不得不宣布：「對不起，沒有別的曲目了。」印象中，我們又重複演唱了同樣的歌曲，但大家顯然都不介意，接著我們就即席合奏，這時觀眾就瘋狂了。音樂媒體也瘋狂了，說我們是破天荒的「超級天團」。

鮮奶油合唱團還要過好一陣子才真正走紅。從溫莎爵士音樂節的面對大批觀眾，我們立刻又回到舞廳和俱樂部，從八月二日開始，在倫敦西漢普斯特的節奏藍調俱樂部克魯斯克力（Klooks Kleek）演唱。我們一面尋找方向，一面努力說服聽眾三人樂團絲毫不會輸給響亮的四人流行樂團。我們自認必須演奏大家知道的曲子，但同時又要能突破聽眾可接受的底線，往往到最後，解決辦法就是即席合奏。

我從來沒有和任何人討論過我們的音樂方向，因為當時根本不知該如何表達這些顧慮，所以這類對話或爭論主要是發生在傑克和金格之間，他們倆都會作曲，傑克更經常跟作詞人兼詩人彼得・布朗（Peter Brown）合作。彼得的樂團叫做挨打的飾物（Battered Ornaments），他很擅長寫古怪的歌詞，傑克就會譜曲，例如〈她像一道公然反抗的彩虹〉（She Was Like a Bearded Rainbow）和〈心的荒蕪城市〉（Deserted Cities of the Heart）。我唯一可以影響樂團走向的方式，就是透過我的演奏，還有建議把藍調老歌翻唱出新的味道，例如咆哮之狼的〈我在世界之巔〉（Sitting on Top of the World）、瞎子喬・雷諾茲（Blind Joe Reynolds）的〈外面的女人藍調〉（Outside Woman Blues）等等。

三人演奏的態勢大大影響了我的風格，因為我不得不想辦法發出更多聲音。在四人樂團裡演奏的時候，在鍵盤、貝斯和爵士鼓的伴奏下，我可以乘勢而為，發出一些音樂評註，隨意進進出出。在三人樂團裡，我必須發出更多聲音，這對我來說有點難度，因為我並不喜歡這麼用力的演奏方式。我的技巧起了很大變化，開始大量彈奏封閉和弦與空弦，幫我的主奏鋪墊持續長音。

史提伍當然很想讓我們推出一砲打響的單曲，這是所有樂團努力爭取的目標，因此那個八月，我們花了幾天在查克農場城區的一間錄音室錄音，最後完成了一首歌——傑克作曲、彼得填詞的〈包裝紙〉（Wrapping Paper），這首歌最後成了我們首張迷你專輯的A面曲。

不過，一直要到九月，在南莫爾頓街一家藥局樓上的 Ryemuse 錄音室，我們才終於錄製了一首能夠突顯我們這個樂團真正實力的歌曲。

這首歌也是傑克和彼得的創作，歌名是〈自由自在〉（I Feel Free），是一首更快、更搖滾、節奏感更強的歌曲。史提伍在錄音師約翰．廷珀利（John Timperley）的協助下，只用了一臺 Ampex 盤式錄音機進行錄音，他把自己列為製作人，實際上這是大家合力完成的錄音。由於史提伍認為這首歌有推出單曲的潛力，因此刻意不收進我們的第一張專輯《新鮮奶油》（Fresh Cream），最後專輯和單曲同時在十二月底發行。

我既然退出藍調突破者，當然不可能還繼續住在約翰的家，所以有一段時間，我居無定所，有時住在里普利，有時住在長畝街，或者任何可以讓我有一張床或沙發的地方。現在我必須找地方住下來，還好救星出現了，是我在一場演出過後認識的三個美國女孩，我和其中一位搭訕，她叫貝西（Betsy），問我想不想搬去跟她們住。就這樣，我搬進她們在拉德布魯克廣場的房子，就睡在客廳。

她們都是來英國實習，我們之間完全是純友誼關係，這讓我深深感到自己已是成熟的大人。我可以跟異性同住，而且沒有人理會。這個時候，我買了生平第一輛車子，是一部專為倫敦車展製造的一九三八年右駕凱迪拉克 Fleetwood，我在七姊妹路的一間汽車修理廠看到它，車子很大臺，狀況良好，只要七百五十英鎊。我雖然不會開車，卻還是買了下來，車商交車的時候把它停在屋外，它就一直停在那裡，漸漸掉滿了落葉，我常常望出窗外痴痴地看著它。有幾次，班・帕瑪開著它載我去兜風，他說開這輛車真是噩夢，因為車身太大，又沒有動力轉向系統。

溫莎首演過後兩個月，十月一日，我們在攝政街的中央倫敦理工學院有一場演出。我和傑克正在後臺準備，動物合唱團的貝司手查斯・錢德勒（Chas Chandler）突然出現，身邊帶著一位來自美國的黑人青年，他介紹我們認識，說他叫吉米・罕醉克斯（Jimi Hendrix），是一位出色的吉他手，想和我們一起演奏幾首曲子。我覺得他看起來很酷，應該知道自己在做什麼。談起音樂，他和我都喜歡同樣的藍調樂手，所以我贊成他上臺跟我們一起演奏。傑克也沒有意見，不過我記得金格好像有點敵意。

吉米想演奏咆哮之狼的〈殺戮場〉（Killing Floor），我覺得難以置信，因為這首歌很難彈對，而他竟然有把握。不消說，吉米彈出了這首歌該有的樣子，我佩服得五體投地。樂手初次和另一支樂團即興演奏的時候，一般會有所保留，但吉米就是盡情地彈，他用牙齒彈吉他、把吉他舉過後腦勺去彈、躺在地上彈、一邊劈腿一邊彈……各種不可思議的彈法，而且他的音樂也很棒，不是只有特技表演而已。

我雖然見過巴弟・蓋表演這些吉他特技，也知道很多黑人樂手都能耍一兩手，但實際站在旁邊看著這些表演，還是很令人驚奇。觀眾也完全看得、聽得目瞪口呆，他們都愛死了，我也愛死了，但我記得當時心裡這麼想：這下來了一位不容輕視的樂手。我感到害怕，他毫無疑問會成為巨星，我們還在這裡摸索自己的步伐，人家可是真材實料的。

〈自由自在〉單曲在美國由大西洋唱片（Atlantic Records）的子公司 Atco 唱片發行。大西洋唱片的負責人——土耳其裔的紐約人艾哈邁德・厄特根（Ahmet Ertegun），是黑人音樂界的傳奇人物，製作過雷・查爾斯、流浪者合唱團（The Drifters）、艾瑞莎・富蘭克林（Aretha Franklin）等藝人的多張唱片，這些藝人的演藝事業，可說是由他一手打造的。他在一九六六年初來過倫敦之後，就對我很感興趣，那次他是來看旗下藝人威爾森・皮克（Wilson Pickett）在芬斯伯里公園的阿斯托利亞劇院演唱。演唱會結束後，他在梅費爾區時髦的蘇格蘭聖詹姆斯俱樂部（Scotch of St. James）舉行慶功宴，對我跟皮克的樂團即席合奏的一段印象深刻。這之後沒多久，大西洋唱片就簽下了鮮奶油合唱團，我們的第一張專輯《新鮮奶油》即將在美國發行時，艾哈邁德說服史提伍有必要讓我們飛去美國打歌。

我們全都興奮極了。美國對我來說就是個應許之地，我八、九歲的時候，在學校因為整潔比賽得獎，獎品是一本關於美國的書，書中圖片盡是摩天樓、牛仔、印第安人、汽車，以及令人眼花撩亂的各種東西。得知我們要去美國之後，我馬上開始列清單，記下我曾經幻想過有機會去美國的話一定要做的事情，例如買有流蘇的牛仔夾克、買牛仔靴、喝奶昔、吃漢堡等等。史提伍幫我們訂了紐約西五十五街上的高漢（Gorham）飯店，簡直是個跳蚤窩，我們每天從飯店出發，去上我們此行專程來上的節目《穆雷 K 歌秀》（Murray "the K" Show）。

人稱「穆雷 K」的穆雷・考夫曼（Murray Kaufman）是紐約最負盛名的電臺 DJ，他在第五十八街上屬於雷電華（RKO）電影公司的五度空間音樂劇院內錄製一系列節目。由於還沒出過熱銷唱片，我們在節目中只是陪襯角色，但整個節目來賓陣容十分強大，有威爾森・皮克、少年流氓（The Young Rascals）、賽門與葛芬柯（Simon and Garfunkel）、米奇・瑞德（Mitch Ryder）和誰合唱團等。劇院內每天錄製五場節目，除了主要嘉賓之外，每位藝人上場的時間不能超過五分鐘。節目從早上十點半開始，一直錄到晚上八點半才結束。

穆雷的妻子賈姬（Jackie）是伴舞團的團長，那其實就是個豔舞團，每場節目之間會出來跳一段，叫做「賈姬與 K 女郎的狂野時裝秀」。穆雷就像軍士長一樣掌控節目的進行，嚴格要求藝人不得在不同場次之間離開劇院，大家當然很快就覺得無聊，導致各種惡作劇層出不窮，例如更衣室淹水、丟麵粉炸彈和煙幕彈等等。他不斷要我們縮短演出時間，即使我們只唱一首〈自由自在〉，他還是說太長了，總之一整個就是亂七八糟。

第一天，我在彩排時坐在劇院席上看各組藝人輪番上臺表演，有一位金髮美女過來坐在我旁邊，和我聊了起來。聊到一半，她問我待在紐約這段期間想不想去她那裡住。她長得很漂亮，而且似乎感受到我在女人面前很害羞，盡力想讓我放鬆。她名叫凱西（Kathy），我在紐約那段期間，都是她在照顧我。

她有自己的公寓，於是我搬去和她住。她帶我四處參觀，去各個可以讓我完成心願清單上的事項的地方。還記得她帶我去了格林威治村的幾間咖啡吧，以及一兩家唱片行，例如第四十八街上的曼尼（Manny）；還帶我去了一家馬具商考夫曼（Kauffman），那裡販售很多牛仔裝備，我買了生平第一雙牛仔靴。而身邊挽著這位金髮美女，我差點以為自己到了天堂。

由於穆雷 K 把我們看得很緊，這次行程真正能探索紐約的時間不多，但每天錄完節目後的時間，我也沒有白白浪費。我大多數和藍調俱樂部樂團（Blues Project）的鍵盤手兼吉他手艾爾・庫柏（Al Kooper）一起混，他們也是節目嘉賓。那時候，格林威治村的音樂場所正百花齊放，許多俱樂部和酒吧的生意蒸蒸日上。

一天晚上，艾爾帶我去布利克街的阿哥哥（Au Go Go）咖啡吧，看他新組建的血汗淚合唱團（Blood, Sweat and Tears）演出。另一晚，我們又去那裡的時候，我第一次見到比比・金，當天晚上臺上的演出結束後，我倆開始即席合奏，就坐在臺上，跟駐店樂團剩下還沒走的團員一起合奏了兩三個小時，感覺太痛快了！後來幾次再回去紐約的時候，我常和吉米・罕醉克斯一起去格林威治村，就我們兩個人，從一間俱樂部轉到另一間俱樂部，就這樣帶著吉他走上臺，跟當天駐店的樂團一起演奏，奏出的音樂打敗了所有人。

我們在《穆雷 K 歌秀》的最後一場表演，是在復活節的星期天，當天剛好是紐約第一次舉行「be-in」示威活動，有兩萬名嬉皮聚集到中央公園的綿羊草坪上。我們想辦法溜出了劇院，加入在草坪上載歌載舞、抽大麻煙、嗑迷幻藥的大批長髮頹廢青年。結果，傑克吃了一些加料爆米花，第一次嘗到迷幻的體驗。回到劇院準備最後一場演出的時候，我們已經精神恍惚，竟想出一個搗蛋計畫，打算在賈姬和K女郎上臺表演時裝秀時，用雞蛋和麵粉丟她們。可惜被穆雷事先風聞，搗蛋計畫沒能得逞，我們最後把雞蛋和麵粉扔得整間更衣室都是，才迫不及待地離開那個鬼地方。

第二天是我們回英國前的最後一天，史提伍事先跟艾哈邁德・厄特根安排好，讓我們去大西洋唱片的錄音室灌錄一些東西，也許可作為新專輯的素材。能被介紹給艾哈邁德和他的哥哥內蘇希（Nesuhi）認識，加入這個特別的音樂大家庭，真是我們很大的福氣。由於簽證即將到期，我們只能空出一天錄音，最後錄了一首歌，歌名是〈勞迪媽媽〉（Lawdy Mama），我曾在巴弟・蓋與朱尼爾・威爾斯（Junior Wells）的專輯《倒楣鬼藍調》（Hoodoo Man Blues）中聽過這首歌。這是我們結束此行之前錄的唯一一首歌，但唱片公司已跟我們約好下個月再回來錄音。

一九六七年的倫敦充滿了活力，是時尚、音樂、藝術和思想的大熔爐，是一場年輕人的運動，推動著他們關心的藝術向前發展。這裡也有地下文化，你會看到一些具有開創性的影響突然不知從哪冒出來。愚人設計（The Fool）就是很好的例子——兩位荷蘭藝術家西蒙

（Simon）和瑪瑞克（Marijke）在一九六六年從阿姆斯特丹來到倫敦，成立了專門設計服裝、海報和專輯封面的工作室。他們以既夢幻又鮮豔的顏色彩繪神祕主題，曾受披頭四聘請，幫披頭四在貝克街開的蘋果服飾精品（Apple Boutique）的外牆，彩繪三層樓的巨大壁畫，此外也幫約翰・藍儂的勞斯萊斯漆上搶眼的迷幻色彩。我請他們彩繪我的吉普森 Les Paul 吉他，在他們的畫筆下，我這把吉他充滿了迷幻色彩，不只琴身前後，連琴頸和指板都是彩繪。

我那時經常去瑪格麗特街上的一家俱樂部「地下酒吧」（Speakeasy），這家俱樂部由曾經幫柯雷兄弟管理「愛思默瑞達的穀倉」的羅利・歐萊瑞（Laurie O'Leary）和他的兄弟阿爾菲（Alphi）一起經營，常常聚集很多音樂人，大家都去那裡跟當天駐店的樂團即席合奏。約莫就是那一陣子，我在「地下酒吧」第一次嘗到迷幻的體驗。當天我和女友夏洛特正在俱樂部裡，披頭四帶著他們的新專輯《比伯軍曹寂寞芳心俱樂部》（Sgt. Pepper's Lonely Hearts Club Band）的母盤走進來，沒多久頑童合唱團（The Monkees）也到了，其中一人開始分發一種藥丸給大家，說那是 STP，我完全沒概念，但有人解釋說那是一種強效迷幻藥，藥效會持續好幾天。除了夏洛特以外，在場的人全都嗑了，我倆都覺得她最好保持清醒，以防有什麼緊急狀況。過了一會，喬治把母盤拿給 DJ 播放。我雖然一點都不覺得披頭四有什麼了不起，卻明白那一刻對在場的每個人都是非常特殊的，那些年來披頭四的音樂不斷進化，這張專輯是萬眾期待的傑作，而且據說其中歌曲是在迷幻藥的影響下創作的，以我們當下的狀態聽這張專輯，是一種妙不可言的經驗。也許是受到喬治的影響，披頭四也開始探索印度的神祕主義，不知什麼時候，俱樂部裡開始傳出「哈瑞奎師那，哈瑞奎師那，奎師那奎師那，哈瑞哈瑞……」的頌唱。迷幻藥的作用漸漸生效，不久全部人都隨著〈露西在星鑽閃爍的夜空中〉(Lucy in the Sky with Diamonds）和〈生命中的一天〉（A Day in the Life）的歌聲起舞。我不得不承認，當下的一切令我十分感動。

早上六點左右，我們紛紛離開俱樂部走到街上，發現一大群警察早已在馬路對面等著，看上去至少有上百個。也許有人向警方通風報信，說披頭四在裡面吸毒，實際情況不得而知，重點是，那些警察似乎全僵在原地動彈不得。當約翰・藍儂挽著露露（Lulu）從「地下酒吧」走出來，他那輛美麗的手繪勞斯萊斯從轉角開了過來，在俱樂部門口停下，他上車的時候，朝警察比了個勝利的手勢，那些警察就像是被什麼力場罩住，站在那裡動也不動，眼巴巴看著我們一一離去。接下來三天，我一直維持在亢奮狀態，無法入眠，眼前不斷看到非比尋常的景象，要不是有夏洛特從旁指點，我大概會瘋掉。大多數時候，我看到的景象就如同透過一面畫有像形文字和數學方程式的玻璃看出去，我也沒辦法吃肉，因為看上去就像動物的樣子。有一段時間，我甚至有點擔心這種現象到底會不會消失。

在這之前的幾個月，同樣在「地下酒吧」，我遇到了這一生的摯愛之一：美麗動人的法籍模特兒夏洛特・馬丁（Charlotte Martin）。從看到她的第一眼，我就被迷住，她的美是一種質樸、古典法式的美，細長的腿，姣好的身材，但真正吸引我的是她的眼睛，她兩眼有點像亞洲人，是向下彎的，看上去有點悲傷。我們隨即開始約會，不久就一起搬進攝政公園的一間公寓，屋主是史提伍的合夥人大衛・蕭（David Shaw），他專門負責管理史提伍經紀公司的財務。

夏洛特是個很棒的女孩，她對電影、藝術、文學的興趣，更甚於當模特兒，我們在一起非常愉快。一天晚上，我們和一群朋友在「地下酒吧」共聚一堂，她來自澳洲的朋友馬丁・夏普（Martin Sharp）加入了我們。馬丁是一位藝術家，聽到我是音樂人之後，告訴我他寫了一首詩，覺得很適合拿來作為歌詞。剛巧我那時心中正醞釀一個想法，靈感來自我很喜歡的一首歌：一匙愛合唱團（Lovin' Spoonful）的〈夏日城市〉（Summer in the City），於是我請他給我看那首詩。他把詩句寫在餐巾紙上遞給我，開頭是這樣的：

曾以為陰鬱寒冬會令你就此消沉，
轉眼你已乘著汽船迎向猛烈的太陽。
海的顏色顫動著美人魚亮得你睜不開眼，
你帶著勇者尤利西斯的傳說抵達遠方沙灘。

這些詩句最後成了〈勇者尤利西斯的傳說〉（Tales of Brave Ulysses）的歌詞，由此開啟了一段漫長的友誼和成果豐碩的合作關係。

我們在五月初飛到紐約，灌錄〈勇者尤利西斯的傳說〉和專輯《迪色列的齒輪》（Disraeli Gears）的其他歌曲。這趟的經驗跟上次很不同，我們住在第五十六街的德雷克飯店，艾哈邁德指派旗下兩位頂尖人物來幫我們錄音：炙手可熱的年輕製作人費利克斯・帕帕拉迪（Felix Pappalardi），和經驗豐富的錄音師湯姆・多德（Tom Dowd）。我們花了一週錄完整張專輯，費利克斯把我們的原始錄音打磨得很有賣相，當下令我十分佩服。

第一天晚上，他就把我們之前灌錄的〈勞迪媽媽〉錄音帶回家，原本是一首標準的十二小節藍調，隔天回到錄音室，竟已變為一首保羅・麥卡尼風的流行歌曲，還填上新詞，歌名也改作〈怪釀〉（Strange Brew）。我不是很喜歡這首歌，但敬佩他能在不完全破壞原味的情況下創作出一首流行歌曲，最後，他巧妙地讓我在歌曲中插入一段亞伯特・金（Albert King）風格的吉他獨奏，贏得了我的首肯。

日後成為我的密友和重要工作伙伴的湯姆・多德，在一開始幫我們錄音的時候，對我們的作業模式感到非常困惑。我們習慣把錄專輯當作跟現場演奏差不多，通常不會一遍又一遍地重複演奏，也不會個別演奏不同樂器，錄到不同的音軌上。我們演奏時的音量也完全出乎他意料之外，聽說幾個街區之外都聽得到我們的樂聲。至於艾哈邁德，他一直以為鮮奶油合唱團是我帶領的樂團，主唱應該是我而不是傑克，因此不斷希望由我來演唱，他們倆最後都決定讓我們照自己的方式進行錄音。在錄音的過程中，各路知名音樂人會走進大西洋唱片的錄音室來給予肯定，其中有布克・提（Booker T.）、奧提斯・瑞汀、艾爾・庫柏、珍妮絲・賈普林（Janis Joplin）等人，消息很快傳開，說大西洋唱片正在製作一些不同凡響的東西。

我永遠忘不了錄完《迪色列的齒輪》回到倫敦後，全部人都很興奮，因為我們自認為錄製了一張極具開創性的專輯，巧妙地結合了藍調、搖滾和爵士。然而，我們運氣不好，碰到吉米・罕醉克斯剛剛推出《搖滾超體驗》（Are You Experienced?），大家就只想聽他的音樂。事實上，所有音樂人的計畫都泡湯了，他不只是當月的風雲人物，更是年度風雲人物，不論走到哪裡，鋪天蓋地都是吉米・罕醉克斯，我真是沮喪透了，原以為我們製作了一張足以奠定地位的專輯，回到老家卻發現根本沒人感興趣。

這是我對英國幻想破滅的開始，這裡的空間看來小到同一時間只容得下一個人走紅。我喜歡美國的地方就在於，那裡就像一大片培育不同做法、不同才能、不同音樂形式的溫床，你如果開車時打開廣播，可以找到鄉村音樂臺、爵士臺、搖滾臺、藍調臺，或搖滾老歌臺，即使在當年，音樂分類就已經是這麼寬廣，彷彿人人都找得到生存的空間，站在各自努力耕耘的領域前端不斷求新。而我回到老家，這裡卻是只要做不到一百分，你就什麼都不是。

從好的方面來說，儘管專輯銷售不如預期，這段期間我還是過得很愉快。我從攝政公園搬到切爾西的國王路，跟馬丁・夏普分租工作室，這時我已經跟他變成很要好的朋友。馬丁的個性非常溫柔，對生命有無比的熱情，永遠在追求新體驗，同時又善解人意，對人體貼入微。他崇拜馬克斯・恩斯特（Max Ernst），作品受這位藝術家很大的影響，是很優秀的畫家，我認識他的時候，他也正開始寫詩。我們的公寓在一棟十八世紀老建築的閣樓，那棟建築有個名稱叫「養雉場」（Pheasantry），曾經是飼養供皇室享用的家禽的地方。我們有一個大廚房、三間臥室，還有鋪上漂亮木地板的大客廳，從屋頂老虎窗看出去的視野很棒。我用大紅色和金色來裝飾房間，充分反映了那個時代的氣息。

養雉場裡面住的人還不少，馬丁和我各占一個房間，我們都是和女友一起搬進來，他和伊婭（Eija）一間，我和夏洛特一間；第三間房間住的是另一位畫家菲利普・莫拉（Philippe Mora）和他的女友芙蕾雅（Freya）。一樓是一間大工作室，屋主是肖像畫家提摩西・維德本（Timothy Widbourne），每當他在工作室裡忙著畫女王的肖像，我們就在樓上靜悄悄地喝酒抽大麻。而這其中最多姿多彩、或許可以說最有影響力的角色，就是大衛・利特維諾夫（David Litvinoff）了。

利特維諾夫是我見過最神奇的人物之一，他是來自倫敦東區的猶太人，能言善道、思路敏捷，看起來毫不在乎別人對他的看法，其實我知道他是在乎的，有時甚至在乎過了頭。他講話速度很快，而且停不下來，會從一個話題突然跳到另一個話題。他有一雙銳利的藍眼睛，稜角分明的臉上橫著一道大傷疤，據他說是一次和柯雷兄弟發生爭執的結果，我至今仍不曉得爭執的確切原因是什麼，也不敢問，不過他似乎對那道疤頗感自豪。

利特維諾夫告訴我他曾在英國報界工作，在《每日快報》（Daily Express）負責整理威廉・希金（William Hickey）八卦專欄，這份工作使他陷入各種詭譎的處境，通常是有人想要收買他，請他不要在專欄裡爆料。他的音樂知識非常豐富，因此我們之間有很多共同點，他人又十分有趣，很會拿自己來開玩笑。記得有一次我們一起走在國王路上，我針對他身上的襯衫說了些什麼，他說：「喔，這他媽的鬼東西嗎？」說著就扯下了外套下面的襯衫。我們常常坐在附近的畢卡索咖啡館看人，他會對走進來的每個人進行人身攻擊，走到素未謀面的人面前，指著他們的臉嚴詞抨擊，說他們做了什麼、他們從哪裡來、哪裡出了問題等等。罵著罵著，他會不知怎地把抨擊對象完全轉向自己，好像要替被他攻擊的人討回公道似的。他真的超神奇，我愛死他了。

有一天，我跟利特維諾夫提起我最喜歡的舞臺劇是《看門人》，電影版我已經看過不下百遍。聽到我這麼說，他暗示說他認識品特塑造流浪漢戴維斯時所依據的人物，然後他就帶著這個人出現在我眼前，這傢伙名叫約翰・艾弗・高丁（John Ivor Golding），是個十足的流浪漢，穿著細條紋長褲，披一件破舊罩袍，裡面穿著一層又一層的衣服。他口才好又有說服力，只是有點瘋瘋癲癲，而且就像戴維斯在劇中那樣，他搬進我們的公寓，用他的魅力操縱我們，變成什麼都由他說了算。我們趕不走他，印象中一直到我搬走了，他都還留在那裡。

一九六七年的養雉場是很棒的住所，它就在國王路中間，街上經常都有活動，而且只要走路就可以到達我以前常去的那些場所。我那時的穿著是古著、二手衣和新衣混搭，這些衣服都是從切爾西古董市集和「掛住你」、「奶奶出遊」等精品店買來的。我通常和利特維諾夫一起，從畢卡索咖啡館開始，沿著國王路一路逛下去，一直逛到路底的世界盡頭街區，進去「奶奶出遊」看一下，再散步回到養雉場。很多朋友會順道進來養雉場喝杯茶、抽根大麻煙，一個下午前前後後來訪的臉孔多不勝數，而這種「下午茶會」最後總會演變成聽一整晚的音樂，不論是狄倫《地下室錄音》（The Basement Tapes）的第一張盜版唱片（我記得利特維諾夫放過一次），還是披頭四新歌的母盤，又或者是我坐在角落裡彈吉他，總之一定有什麼節目在進行。

進入八月第三週，鮮奶油合唱團參加第七屆溫莎爵士音樂節演出，距離出道剛滿一年，我們沒辦法不留意到樂團的進展實在有限。以唱片銷量來說，我們遠遠落後於披頭四和滾石，甚至不如罕醉克斯；在巡迴演出方面，我們的表演場所始終就那幾間，場次也很零散。我們還感到失望的是，史提伍不讓我們參加在加州舉行的蒙特里流行音樂節，特別是罕醉克斯和誰合唱團又在音樂節上大獲成功。

儘管我們一直很想參加這個音樂節，史提伍的判斷是，要征服美國就得走後門，而不是參加大型戶外活動，在幾百位表演藝人中失去了焦點。我們相信他比較有經驗，只好順從。現在，至少還有一件事讓我們感到振奮：《迪色列的齒輪》將於十一月在美國發行，我們還有不到一週就要出發去加州宣傳。

我其實不大瞧得起美國西岸的搖滾樂壇，因為檯面上就是傑佛遜飛船合唱團（Jefferson Airplane）、大哥控股公司樂團（Big Brother and the Holding Company）、死之華合唱團（Grateful Dead）這些初出道的樂團，當時我根本不了解他們在做什麼，只覺得聽起來像二流的東西。我還滿喜歡伯茲合唱團（The Byrds）和水牛春田合唱團（Buffalo Springfield），也聽過來自舊金山的紫鯨樂隊（Moby Grape）的一張精采專輯，但從來沒看過他們現場演奏。基本上，我覺得大家討論得沸沸揚揚的所謂迷幻搖滾，大多數都很無趣。

邀請我們到舊金山演出的是比爾・格雷姆（Bill Graham），他是一位有遠見的企業家，在一九六六年初把非耳摩禮堂（Fillmore Auditorium）設置為搖滾樂的表演場地，這裡原本是宏偉舞蹈學院的院址，就在非耳摩街和基爾里街的轉角，禮堂本身已經是舊金山的公共建築。比爾支持言論自由和培養新秀的理念，一直以來的願景就是設置一處供大家自由聚集，在最少監督下做他們想做的事情的場所。

舊金山在那個年代是毒品文化的原鄉，我相信他對吸毒行為幾乎是當作沒看見，只要不對他人構成傷害，誰要嗑藥或抽大麻是他們家的事。從各方面來說，他在舊金山所有在地樂團和許多創意工作者（例如宣傳海報的美術設計）的心目中，就像是父親一樣的人物，每一位跟他合作過的人都尊敬他、愛戴他。有人暗示他認識一些行跡可疑的人物，背景並不單純，但我從來沒有看過任何相關的證據。

比爾說我們可以隨心所欲演奏任何音樂，演奏多久也隨我們便，就算唱到天亮也無所謂，我們就是從這時開始公開發掘樂團的潛力。在任何地方演出，我們大概都要擔心自己在臺上呈現出來的樣子，但在非耳摩，我們很快發現沒有人會看見我們，因為燈光秀是打在樂團身上，等於我們融入了燈光秀當中。這種感覺很解脫，我們可以無拘無束盡情演奏，心知觀眾的注意力都在舞臺背板所投射出來的景象上。我相信觀眾當中有很多人都在迷幻恍惚的狀態，也許占了一半吧，但沒有關係，他們是真的在聆聽，我們因而受到鼓勵，做了很多以前從未有過的嘗試。我們開始延長獨奏的部分，漸漸地演奏的曲目愈來愈少，但每首曲子演奏時間愈來愈長。我們會朝不同方向各自演奏，然後在碰到音樂中的重合點時，不約而同做出相同的結論，可能是一段即興樂句、一個和弦，或一個想法，然後我們會在那個結論上合奏一會兒，再回到各自的脈絡裡。我從來沒有過這樣的體驗，這跟歌詞或想法無關，而是更深層、純粹音樂性的東西，這段時期的鮮奶油合唱團可說是處於巔峰狀態。

這段時期對我來說也很難得，我認識了一些了不起的人，例如地獄天使機車俱樂部舊金山分會的會長流浪者泰瑞（Terry the Tramp），住在索薩利托一艘船屋上的艾迪生・史密斯

（Addison Smith），他過的是真正的嬉皮生活，不像大多數人只是裝裝樣子，幫我們製作迷幻藥的藥劑師奧斯利（Owsley），當時大家全都在服用。我們住在一家曾經是妓院的小旅館「索薩利托客棧」，閒暇時跟麥可・布魯菲爾德（Mike Bloomfield）、大衛・克羅斯比（David Crosby）等音樂人一起混，抽大麻、嗑迷幻藥。有幾次，我甚至在迷幻狀態下演出，不確定是怎麼做到的，因為我不清楚自己的手聽不聽使喚、不知道我在彈的那把吉他是什麼東西，就連它的用什麼做的都沒概念。有一次，在我的腦海中，我可以彈奏不同的音符而把觀眾一下變成天使、一下變成魔鬼。

我們的首輪美國巡演歷時七週，最終回到紐約，在阿哥哥咖啡吧演出十二晚，再到格林威治村劇院（Village Theater）演出兩三晚，在那裡，我們和馬丁・夏普最喜歡的藝人之一小提姆（Tiny Tim）輪流登臺。一天晚上，我接到艾哈邁德的電話，要我隔天去大西洋唱片錄音室一趟，他想要我見一個人。第二天去到錄音室，只見艾瑞莎・富蘭克林和她全家人——她姐妹和父親都在控制室裡，空氣中有一種強大的磁場。內蘇希、艾哈邁德和湯姆・多德也都在場，收音室裡至少有五位吉他手在演奏，印象中應該有喬・紹斯（Joe South）、吉米・強生（Jimmy Johnson）和巴比・渥梅克（Bobby Womack），節奏組有斯普納・歐德姆（Spooner Oldham）、大衛・胡德（David Hood）和羅傑・霍金斯（Roger Hawkins）。這些了不起的音樂人是從阿拉巴馬州的馬斯爾肖爾斯、田納西州的孟斐斯遠道而來，幫艾瑞莎的新專輯《靈魂歌后》（Lady Soul）演奏。

艾哈邁德對我說：「我要你進去演奏這首歌。」他把那幾位吉他手全都叫出來，讓我一個人在裡面演奏，我緊張得要命，因為我不會看樂譜，而他們全都是看著樂譜架上的樂譜演奏。艾瑞莎進來唱〈請你對我像我對你一樣好〉（Good to Me as I Am to You），由我彈主奏吉他。我必須說，跟這些才華橫溢的音樂人一起幫艾哈邁德和艾瑞莎在專輯中演奏，至今仍是我人生中的一大亮點。

美國巡演打開了鮮奶油合唱團的知名度，那裡的觀眾真的很愛我們，演出場場爆滿，我相信史提伍看到這種情形，就嗅到了錢的味道，不只幫他賺飽荷包，我們的荷包也是。我們還沒來得及回過神，就又回到美國巡演，這次一上路就是五個月。從某方面來說，我還滿喜歡這種馬不停蹄的巡演方式，唱完一站就跳上車開往下一個目的地。在音樂上，我們正青雲直上，而另一個我個人覺得很棒的地方，是可以去到那些遙遠的城鎮，走出去仔細觀察在地的生活，看看世界的角落正在發生什麼事。

我當時對美國地下文學非常感興趣，一對倫敦的夫妻朋友查理和戴安娜・雷德克里夫（Charlie / Diana Radcliffe）讓我喜歡上美國詩人肯尼斯・帕欽（Kenneth Patchen）和他的《阿爾比恩的月光日誌》（The Journal of Albion Moonlight），這本書有一陣子成了我的聖經，即使不大明白其中含意，但讀起來就是過癮，像聽前衛音樂一樣。因此，我會在人海中尋找看起來喜歡同類事物的同道中人，直接上前去自我介紹，然後和他們一起混，看看會擦出什麼火花。我現在還會這樣做嗎？我不敢說會，但也因為這樣，我在美國各地交了很多朋友，認識了一些超級有趣的人。

例如，記得在東岸某處演出的時候，我在演出中間的休息時間到觀眾席間走動，突然聞到一股強烈的香氣，使用香氛的那傢伙告訴我，這氣味是天竺薄荷油，他名叫大衛，住在印第安人的圓錐形帳棚裡，還邀請我隔天去他家作客。他對美國原住民文化非常感興趣，因此決定過他們的傳統生活。我們成了好朋友，直到現在還會偶爾聯絡。我在美國各地認識許多像他這樣的人，不管去到哪裡，我總是在尋覓志同道合的人——怪咖、音樂人，或者我能從對方身上學到東西的人。

在洛杉磯跟吉他手兼詞曲創作人史蒂芬・史提爾斯（Stephen Stills）在一起的時候，我在鮮奶油合唱團的演藝生涯險些戛然而止。史蒂芬邀我去他在托潘加峽谷的牧場，看他的樂團水牛春田合唱團排練。我和當時洛杉磯的社交名媛瑪麗・休斯（Mary Hughes）一起去，樂團還在熱身，我們就在一旁自己找樂子。樂團的聲音很大，一定是有鄰居因此打電話報警，不久就有警察來敲門，他們進門後不一會，就猜到我們都在抽大麻，因為氣味實在太濃了。我們全都被帶走，先到馬里布市警局，再被送去洛杉磯郡監獄。那是個星期五的晚上，我被關進一間有一群黑人的牢房，一看就知道他們是黑豹黨的人，而我穿著從切爾西的 Mr. Gohill

買來的粉紅色靴子，頭髮長及腰間，我當時心想：「我這下麻煩大了。」還好，我的狀況傳到艾哈邁德耳裡，他把我保釋出來，但我還得上法庭對著聖經發誓，我不知道大麻是什麼東西，畢竟我是英國人，英國並不時興這些東西。我順利走出法院，沒有留下任何案底，但整件事令我心有餘悸，週末時分被關押在洛杉磯郡監獄的經歷固然可怕，但要是因毒品定罪，鮮奶油合唱團在美國的發展，還有我自己的未來，都會毀於一旦。

我們巡演的那五個月，正好是美國時局動盪不安的時期，全國各地的校園都在舉行反戰示威，城市裡種族衝突日益升溫。我對政治從來不感興趣，對這一切故意不聞不問，不想知道發生了什麼事。在地下文化圈子偶爾遇到政治上非常活躍的人，我就會竭盡所能避得遠遠的。

我們受到最嚴重影響的一次，是四月四日在波士頓的演出，也就是馬丁・路德・金恩被暗殺當晚。由於詹姆斯・布朗（James Brown）就在我們對面的劇院演出，我們當晚是從後門被偷偷帶離表演場地的，因為看完詹姆斯・布朗表演出來的觀眾，看到什麼東西就亂砸亂扔。當天晚上，所有白人都身處危險之中，而接下來的幾個星期，我們在底特律和費城這些地方演出，也很能感受到緊張的氣氛。

我從來沒有真正去理解過種族衝突的問題，也從未直接受到過影響，我相信音樂人的身分，讓我能夠超越這個問題的有形層面。我聽音樂的時候，很少去管演唱者或演奏者來自哪裡、是什麼膚色。好笑的是，我在十年後因為酒醉，說了一些話支持英國保守黨議員以諾・

鮑威爾（Enoch Powell）在伯明罕的演說，竟然就被貼上了種族主義的標籤。自此之後，我學會不隨便發表意見——即使我當時的言論根本不是針對有色人種，而是反對政府的廉價勞動力政策，還有顯然出於貪婪的政策而導致的文化困惑和過度擁擠。在這之前我剛去過牙買加，不斷從電視上看到廣告宣傳英國的「新生活」，然後又在倫敦希斯洛機場親眼目睹一個西印度群島家庭遭到移民官員的刁難和羞辱，他們根本沒打算讓那一家人入境，態度十分惡劣。當然，也可能當時我前妻佩蒂（Pattie Boyd）剛剛遭到沙烏地王室成員的騷擾——也許是兩者相加所引發的情緒。

馬不停蹄的美國巡演，讓鮮奶油合唱團開始步上解散之路，因為一旦以這麼緊湊的節奏不停工作，就不可能在音樂上持續提升，於是我們開始沉淪。大家似乎一直認為鮮奶油合唱團會解散，主要是因為我們性格不合，沒錯，傑克和金格兩人總是吵個沒完，但這只是微不足道的影響。

當你的行程天天滿檔，每天晚上都要演出，而且通常不是因為你喜歡演出，只是有合約在身，你很容易就會忘記當初組團的初衷。此外，每天對著崇拜我們都來不及的觀眾演奏，人有時候就會開始自滿。我開始以身為鮮奶油合唱團的成員為恥，覺得這個樂團都在騙錢，音樂上只是原地踏步。我們在美國各地巡演，接觸到許多有實力的音樂人和很棒的音樂元素，爵士和搖滾都在向前邁進，然而我們好像無法從中學到什麼。

最後讓我決定不能再這樣下去的，是在一位朋友的介紹下聽了樂隊合唱團（The Band）的音樂，這位朋友名叫艾倫・帕理澤（Alan Pariser），是洛杉磯的企業家，他在音樂界幾乎沒有不認識的人，你想認識誰他都有辦法幫你牽線。他有樂隊合唱團的第一張專輯《粉紅製造》（Music from Big Pink），這張專輯精采極了，我聽了猶如當頭棒喝，它也突顯出我覺得鮮奶油合唱團面臨的所有問題。

這支樂團完全做對了，音樂融合了鄉村、藍調、爵士和搖滾元素，也創作出有水準的歌曲。我忍不住拿他們跟我們做比較，明知既愚蠢又徒勞，但我正拼命想要找到衡量的標準，而這就是了。聽著這張精采的專輯，我只覺得我們已身陷泥淖，我想要趕快出來。史提伍開始經常在演出過後接到我的電話，我告訴他：「我要回家，我做不下去了，求求你讓我離開這裡。」他總是回答：「再一個星期就好。」

第五章

Blind Faith

盲目信仰合唱團

我們在一九六八年初夏回到英國，從商業角度來看，我們的狀態好得很，不管去到哪裡，我們的演唱會門票都銷售一空，加演也一樣賣光。《迪色列的齒輪》在美國是暢銷專輯，〈愛的陽光〉（Sunshine of Your Love）也成為家喻戶曉的歌曲。這一切在我眼中根本不算什麼，因為我們已經迷失了方向。音樂上，我受夠了所謂精湛的演奏技藝，我們的演出成了炫耀個人的藉口，除此無他，剛組團時可能還有的一丁點團隊感早被拋到九宵雲外。

我們之間也完全無法相處，只會互相逃避，平常不會往來，也不再真心分享各自的想法。我們只在舞臺上碰面，表演結束就分道揚鑣，最後這也毀了我們的音樂。我相信要是我們能多傾聽、多關懷彼此，鮮奶油合唱團也許還有機會繼續走下去，可是那時候的我們都只顧自己，不可能理解這些道理，我們太不成熟，不懂得求同存異。又或者，如果不是這樣馬不蹄、毫無喘息機會地巡演，事情也可能還有轉圜的餘地。

我們解散樂團的決定或許讓史提伍感到沮喪，但肯定並不意外，這段日子以來，他已經接到太多從美國打來、一通比一通義無反顧的電話。他從一開始就跟我們說過，他把我們每個人的利益都放在心上，但一段時間之後，我漸漸認為他把希望都寄托在我身上。在正式解散之前，我們達成協議再發行兩張專輯（其中一張在我們離開美國之前已錄製了一部分）、秋天再做一趟美國告別巡演，以及回國後在倫敦舉行最後的兩場演唱會。

回到養雉場的感覺很好，利特維諾夫此時正興致高昂，因為他受聘在一部電影中擔任對白教練和技術指導，這部電影就是由唐納・卡梅爾（Donald Cammell）和尼可拉斯・羅格（Nicolas Roeg）執導、在切爾西開拍的《迷幻演出》（Performance）。利特維諾夫會被聘用，是由於他對黑社會的了解，這部基本上可說是為米克・傑格量身打造的電影，是以倫敦的幫派為背景，米克在裡面飾演過氣的搖滾歌手。利特維諾夫對於故事該如何發展有滿腦子的想法，每天都會來告訴我當天拍了什麼，隔天又要拍些什麼。一天晚上，他把導演唐納・卡梅爾帶來養雉場，卡梅爾偷偷切斷了公寓的電源，試圖趁暗摸我的女友夏洛特，真是個古怪的傢伙。

生活又回到往日的規律，許多人來養雉場喝茶聽音樂，其中一位常客是喬治・哈里森，我在雛鳥樂團的時候就認識他。當年的我不是那種會主動交朋友和聯絡感情的人，只當他是音樂界的同行。他的辦公室在薩佛街，從辦公室返回位於伊歐爾（Esher）的房子途中，經常帶著披頭四正在錄製的唱片母盤來找我。

我偶爾也去喬治在伊歐爾的家，我們會一起彈吉他、嗑迷幻藥，兩人之間的友誼一點一滴地滋長。九月初的某一天，喬治載我一起去艾比路錄音室看他錄音，抵達之後，他告訴我他們當天要灌錄他寫的一首歌，希望我可以彈奏吉他。我有點意外，覺得他這樣問很奇怪，因為他自己就是披頭四的吉他手，在披頭四的唱片中也一直表現出色。我同時也感到受寵若驚，心想應該沒幾個人受邀在披頭四的唱片演奏過。我連吉他都沒帶在身邊，只好借他的來彈。

我的解讀是這樣：保羅和約翰大概認為喬治和林哥（Ringo）對樂團的貢獻不大，每次有新專輯計畫，喬治都會拿出他寫的歌，卻總會被當成孰檔。我猜喬治覺得我們的交情可以給他一些鼓勵，邀我加入演奏或許可以鞏固他的地位，甚至因此贏得一些尊重。我有點緊張，因為約翰和保羅都是快節奏的人，而且我又是局外人，還好一切都很順利。這首歌是〈當我的吉他輕輕哭泣〉（While My Guitar Gently Weeps），我們只錄了一次，我覺得聽起來好極了，約翰和保羅沒有明確表態，但我知道喬治很滿意，他在控制室裡一遍又一遍反覆地聽，在添加了一些效果和粗略地混音之後，其他人又演奏了一些他們之前錄好的歌曲。我覺得自己被迎進了他們的私密空間。

幾個星期後，喬治路過養雉場時給我帶來了收錄這首歌的雙專輯母盤，也就是《比伯軍曹寂寞芳心俱樂部》之後期待已久、即將發行的《白色專輯》（The White Album）。我在一個月後出發去美國跑鮮奶油合唱團的告別巡演行程時，把雙專輯母盤也帶著。在洛杉磯的時候，我放了專輯中的幾首歌給一些朋友聽，卻接到喬治的電話，有消息傳到他耳裡，說我在洛杉磯到處放這張專輯給人聽，他大發脾氣，把我臭罵了一頓。我記得當時心裡很受傷，因為我自認為是在幫忙，把他們的音樂介紹給真正識貨的人。我從輕飄飄一瞬間摔落谷底，學到很好的教訓，明白了什麼是謹守分際，不要自以為是，但這個教訓真的很痛。有一陣子我避不見他，但慢慢地，我們又和好如初，只是自此之後，我在他面前總是不敢完全放鬆警惕。

一九六八年十一月二十六日，鮮奶油合唱團在倫敦皇家亞伯特廳（Royal Albert Hall）舉行最後的兩場演唱會。我在演唱會開始之前，只想趕快結束這一切，一站上臺，卻變得相當興奮。我們可以抬頭挺胸地唱完告別演唱會，還算體面地全身而退，我認為是很難得的事。知道觀眾群中不只有歌迷，還有音樂界的朋友、樂壇上有頭有臉的人物，全都來跟我們道別，對我來說也意義非凡。然而，我心中最強烈的情緒，是我們做了正確的選擇，我相信我們都了然於心。第二場演唱會結束之後，沒有歡送會，也沒有臨別感言，我們就只是各走各的路。

有一段時間，我很樂於只當幫別人伴奏的吉他手，只要有人找我，我就會去，也很喜歡這種模式。亞伯特廳的告別演唱會過後才兩個星期，我就接到類似的演出機會，要和滾石合唱團一起演出。那天的情形十分詭異，我接到米克的電話，要我去溫布利的一間攝影棚，滾石正在那裡錄製一齣電視特輯《滾石合唱團的搖滾馬戲團》。我深感興趣，因為他告訴我另一位節目嘉賓是我很想見的美國藍調音樂人泰基・馬哈（Taj Mahal），整個節目的來賓陣容也很強大，除了泰基之外，還有約翰・藍儂和小野洋子、傑叟・羅圖（Jethro Tull）、瑪莉安・菲絲佛（Marianne Faithfull），以及誰合唱團。

那場演出很有趣，由米克扮演「馬戲演出指揮」，戴上高頂禮帽，穿著燕尾服，介紹不同的嘉賓出場。跟泰基・馬哈一起彈吉他的傑西・艾德・戴維斯（Jesse Ed Davis）表現很出色，小野洋子和古典小提琴家伊芙里・吉特利斯（Ivry Gitlis）有一段很奇特的二重奏，我和約翰・藍儂一起演奏〈你的藍調〉（Yer Blues），樂團是為了那輯節目臨時組建的，由凱斯・理查彈貝斯吉他，米奇・米契爾（Mitch Mitchell）打鼓，吉特利斯拉小提琴，樂團很惡搞地取名溫斯頓大腿與骯髒的麥克們（Winston Legthigh and the Dirty Macs），洋子也加入演唱。遺憾的是，滾石當時的狀態很不好，整個節目弄得很鬆散，布萊恩在幾乎已被樂團解僱的狀態下，顯然承受了很大壓力，我看得出來他們都有點沮喪。整輯節目錄製下來，他們的表現就是乏善可陳、荒腔走板，後來，米克看了剪完的帶子，決定不發行那輯節目。

不久之後的一天，金格到養雉場來找我，告訴我最好避避風頭，因為我已經被列入「皮契爾的名單」。諾曼・皮契爾（Norman Pilcher）是倫敦令人聞風喪膽的緝毒探長，以逮捕過好些搖滾巨星打下名聲，包括唐納文（Donovan）、約翰・藍儂、喬治・哈里森、凱斯・理查、米克・傑格等人。金格說他在警隊中認識的人向他通風報信，大意是說下一個逮捕對象就是我。我立刻打電話給史提伍，問他我該怎麼辦，史提伍在倫敦北部的史丹弗有一間名叫「舊穀倉」的大宅，他叫我過去他那住幾天。我去史提伍那兒的第一個晚上，養雉場就遭到警方突擊搜查，整棟公寓被翻箱倒櫃。我感到非常內疚，因為警察逮捕了馬丁和菲利普，而我竟沒有事先警告他們，以為皮契爾只會針對我，這件事我永遠沒辦法原諒自己。

養雉場的搜查行動預告了另一件事，幾天後，金格告訴我他從小道消息聽說皮契爾想跟我談條件，只要我搬離他的地盤，也就是他的管區，他就不再騷擾我。事實上，我也覺得是時候搬家了，這輩子第一次手邊還真有了一點錢，我可以用這些錢來買房子。在這之前，我不大去想自己賺了多少錢這件事，我們賺的錢很少經過自己的手，都直接由公司管理，我們每星期就支領一筆薪水零花，諸如房租之類的費用也直接由公司支付。我的日常花用真的沒多少，大部分都花在去「奶奶出遊」買衣服。因此，一直到決定搬家，我才真正開始注意到我們賺的錢是什麼情況。

由於急著離開切爾西，我去買了一些房地產雜誌。如果要我住在鄉下，我就要住里普利附近，於是我去看了博士山（Box Hill）那一帶的房子，都是可以看到薩里山的恬靜鄉間。有一天，我在翻閱《鄉村生活》雜誌的時候，看到照片裡一幢義大利式別墅，有鋪上瓷磚的庭院露臺和陽臺。我馬上打電話給仲介，跟對方約好在那裡見面。

第一次開車去那裡，我在開進私人車道、慢慢靠近房子時的第一印象，是它的位置實在太理想了，坐落在一處山坡上，被周圍美麗的林地三面環繞，望出去則是南邊海岸的美景。記得我從前門走進去，屋裡還有前任屋主留下的一些陳設和古怪窗簾，每一東西都在腐爛和發霉，我卻一眼就愛上這幢房子。一走進屋內，我就有一種很不可思議的回家感覺。

這幢別墅的名稱是赫特伍德涯角（Hurtwood Edge），傳說設計者是維多利亞時代的偉大建築師埃德溫・勒琴斯爵士（Sir Edwin Lutyens），他是英屬印度首都新德里的規畫者。我後來發現這其實是錯誤訊息，真正的建築師是亞瑟・波頓（Arthur Bolton）。前門外有一道小門廊，防止冷風灌進屋裡，從門廊可以直接看到客廳，客廳三面都有窗戶，一面望出去是露臺，另一面可以看到整片山坡的景色。到院子裡巡視的時候，我發現竟然有五、六棵紅杉巨木，猜想種了至少有好幾百年，應該是早在房子建成之前就在那裡了。院子裡還有一棵棕櫚和幾棵白楊，整幢別墅洋溢一種地中海風情。仲介又告訴我，這庭院是由著名造園家葛楚德・傑克爾（Gertrude Jekyll）所設計，結果這個訊息也是錯的。我當下就想買下赫特伍德，馬上搬進去住，但我還是又回去看了第二次，想看看我的良好第一印象站不站得住腳，結果把仲介和他在露臺上做全裸日光浴的女友嚇了一跳。原來他們就住在那裡，那幢房子已經空了兩年，在我之前從來沒人對它有興趣過，我猜他們得知得搬出去的時候，心裡其實有一點吃驚。

房子的價格是三萬英鎊，當時的我從來沒有聽過這麼大一筆數目，對做買賣又一無所知，更不用說買房了。於是我向史提伍求救，他顯然不覺得三萬英鎊是多大一筆錢，還說我應該買下那幢房子。接下來，房子成交，就變成我的了。那種感覺非常特別，我從來不曾擁有過自己的房子，打從離開里普利的第一天，就一直過著居無定所的生活，有時候睡火車站或公園，有時候睡朋友家的沙發，然後又回到里普利。租下養雉場的公寓，已經算是最好的狀況了，而現在我有了赫特伍德，有了我可以隨心所欲、想做什麼就做什麼的地方。

我最喜歡赫特伍德的是它的寧靜和遺世獨立，也喜歡通往它的那條小路，從希爾（Shere）一路開往尤赫斯特（Ewhurst），過了某個叫做「切口」的地方，路面變成單車道，看上去很像流水在陡峭高聳的石壁間切割出來的河床。這條路看來已有千年之久，我聽過各種說它曾經是走私路線的傳言。冬季裡，積雪附蓋在掩映著小路的樹上，感覺就像開進了白色隧道。沿著這條路往下開，我覺得自己好像就要進入哈比村。我很快告訴自己，我這輩子都要住在這裡，十分確定不會再改變心意。

我帶著吉他、客廳裡的幾把扶手椅、樓上的一張床，很快就搬了進去。我當時還有一輛一九一二年的道格拉斯摩托車，是我在里普利一家商店買的，其實已經發不動，我把它推來又推去，最後像雕塑一樣立在客廳中央。我給自己再買了一件昂貴的禮物，一對由 Altec Lansing 製造、一百八十多公分高的劇院揚聲器「劇院之聲」。這對揚聲器以木頭製成，兩邊頂端各有一只金屬喇叭，讓我的音響系統播放出美妙的聲音。

以極其簡陋的方式在赫特伍德生活了幾個月後，我決定是時候做出改變。大約在這時期，倫敦社交界出現了一群新人，他們是上流社會的「貴族嬉皮」，沒有完成學業，過著吉普賽人一般的生活。這群人以經營「英國男孩」模特兒經紀公司的馬克・帕瑪爵士（Sir Mark Palmer）、幫《迷幻演出》設計布景的古董商克里斯多福・吉布斯（Christopher Gibbs），以及奧姆斯比—戈爾（Ormsby-Gore）家族的長子朱利安（Julian）、長女珍（Jane）和次女維多莉亞（Victoria）為首。（奧姆斯比—戈爾三兄妹的父親是哈列赫男爵大衛・奧姆斯比—戈爾，曾在甘迺迪時代擔任英國駐華盛頓大使。）他們穿著時髦，引領時尚潮流，往來的都是充滿藝術氣息的有趣人物，也經常去我常光顧的那些地方，例如奶奶出遊精品店、切爾西古董市集、畢卡索咖啡館等等。我跟他們有一個共同朋友伊恩・達拉斯（Ian Dallas），是我在養雉場認識的，他對蘇菲主義非常感興趣。一天晚上，伊恩帶我去富勒姆路上的阿拉伯餐廳「巴格達之家」，那裡的地下室布置得像東方市集一般，是超級酷的聚會場所，滾石和披頭四的成員也經常光顧。在那兒，有人介紹我認識一位正在嶄露頭角的年輕室內設計師大衛・姆納利克（David Mlinaric），他有一個外號叫「怪獸」。

怪獸幫米克・傑克做過很多室內設計工作，我請他來赫特伍德幫我看一下。我一直想裝潢成西班牙或義大利風，因此在切爾西和富勒姆的古董家具店買了一些十八、十九世紀的家具，但在沒有內行人從旁建議的情況下，我被剝了好幾層皮。由於房子有中央暖氣系統，家具開始變形、裂開，甚至解體。我還有一些阿拉伯家具、幾張印度雕花椅子，和擺在門廳的一張又大又舊的餐桌，所以屋內陳設什麼風格都有。怪物找來克里斯多福・吉布斯一起幫忙，一點一滴地，他們把房子變得很有格調，客廳鋪了一些織毯，感覺更舒適了；臥房放上一張漂亮的老式四帷柱床，再加上許多波斯和摩洛哥的簾子與壁掛，漸漸地樣子就出來了。

我太滿意赫特伍德的成果，於是想幫外公外婆也弄一間類似的房子，不久在夏姆利格林（Shamley Green）看到一間美麗的鄉間小屋，就帶著蘿絲和傑克去看房子。他們很高興——至少蘿絲很高興，傑克我就不是這麼確定了。我們之間變得有點疏遠，也許他有點嫉妒吧，蘿絲總是對我的各種際遇感到特別興奮，但我猜傑克不大能體會這有什麼特別之處。他是一個驕傲的人，雖然我見到他時會想一些話來和他說，但每次見完面，我們誰也沒能真正表達什麼，這實在很可惜。無論如何，蘿絲和傑克在那間小屋裡一起度過了許多快樂的歲月，而且有很長一段時間，我們都相安無事。

在此期間，我和喬治・哈里森之間來往愈來愈密切，尤其我們現在幾乎可以算鄰居了。喬治和妻子佩蒂住在伊歐爾一處住宅區內，從我這驅車只要大約半小時，他們家是一幢占地廣大的平房，房子名稱叫金紡園（Kinfauns），有圓形窗戶，以及由愚人設計裝潢的大壁爐，那兩位荷蘭藝術家也在屋子裡裡外外牆上畫了很多壁畫。我們開始常常在一起消磨時光，有時他和佩蒂會過來赫特伍德給我看他們買的新車，或者一起吃晚飯、聽音樂。喬治就是在早期來到赫特伍德的時候，寫下他最動聽的歌曲之一：〈太陽出來了〉（Here Comes the Sun）。那是個美麗的春天早晨，我們坐在庭院一角的大片草坡最高處，手中握著吉他隨便亂彈，然後他開始唱：「滴答滴滴，度過一個漫長寂寥的寒冬……」一點一點地，他譜出了整首歌曲，完成的時候已經是午餐時間。我也會去他們那裡，跟喬治一起彈吉他或閒混。我記得他們很喜歡做媒，會安排我和不同的漂亮女孩相親，然而我不是很感興趣，因為有一些意想不到的事情正在發生：我愛上了佩蒂。

我相信一開始，我的愛慕只是出於貪戀美色和嫉妒的心理，但隨著我愈來愈認識她，一切都不同了。我第一次被佩蒂吸引，是在倫敦薩維爾劇院的後臺，在一次鮮奶油合唱團的演唱會過後，當時就覺得她真是美若天仙。這種印象隨著與她相處的時間日益加強，我記得當時心想，她的美有部分是來自內在，儘管她絕對是我見過最美麗的女人，但她的美不只在於外表，而是更深層，一種由內而外散發的美。這種美，體現在她的舉手投足、一顰一笑之間，讓我為之著迷。我從來沒遇過這麼完整的女人，感到難以招架，開始明白自己不能再繼續見她和喬治了，否則就會屈服在內心澎湃的感情之下，禁不住向她表白一切。這些感覺的氾濫，最後也斷送了我和夏洛特的感情，我們在一起兩年多了，我是真心真意愛她，然而她占了某人的位子，這個人我明知無法擁有，卻仍然占滿了我的全部思緒。夏洛特回巴黎住了一段時間，後來和吉米・佩奇展開一段漫長的戀情。我在這之後，有很長一段時間都沒有再見到她。

我渴望得到佩蒂，也因為她是一個有權勢的男人的女人，這個男人似乎擁有我想要的一切：拉風的車子、如日中天的事業、美若天仙的妻子。這種情緒並不陌生，記得我媽帶著她的新家人回來的時候，我只想要同母異父的弟弟的玩具，因為看起來就是比我的更貴、更好。這種感覺從來沒有消失過，我對佩蒂的感覺絕對有一部分是來自這種情緒。但我暫時把這些情緒密封鎖上，讓自己埋首思索音樂上我接下來要怎麼做。

退出雛鳥樂團的時候，我很快就有另一個樂團可以加入，鮮奶油合唱團的解散很不一樣，我沒有任何其他安排，有好一陣子處於真空狀態，這裡演奏一下、那裡幫忙一下。在赫特伍德一個人獨坐苦思，我不斷想到史帝夫・溫伍德，聽說他已經離開交通合唱團（Traffic）。會想到找史帝夫是很合理的結論，我開始對鮮奶油合唱團產生疑慮的時候，心中就經常浮現這樣的想法：他是我認識的人裡面唯一既有音樂才華，又有能力維繫樂團凝聚力的人。假如當初其他人也認同我的想法，讓他加入鮮奶油合唱團，我們也許有機會變成四人樂團，由史帝夫擔任樂團核心人物，這個角色我雖然不是沒有能力，缺乏的卻是信心。

史帝夫在柏克夏岡偏僻的阿斯頓蒂羅德有一間小屋，交通合唱團的《奇想先生》（Mr. Fantasy）專輯裡的許多歌，就是在那裡寫的，我打了電話給他，接下來開始經常去他那兒。我們一起喝酒、抽菸，聊了很多，也彈吉他。我彈給他聽我寫的一首關於找到赫特伍德的歌，歌名叫〈上帝的存在〉（Presence of the Lord），其中第二段有一句歌詞是這麼唱的：「我終於找到一處居所，過我以前沒能過的生活。」大多數時候，小屋裡就只有我們兩個人，我們提到組建樂團的想法，但並沒有深入討論，通常就只是開開心心地一起玩音樂，刻意消磨時光，多了解彼此。

一天晚上，我和史帝夫正在小屋裡邊抽大麻菸，邊即興合奏，一陣敲門聲把我們嚇了一跳。原來是金格，他不知從哪聽到我們常在一起玩音樂的消息，儘管史帝夫的小屋很偏僻，周圍都是農田，他還是千山萬水找到了我們。史帝夫看到金格，臉上綻開笑容，我卻是心往下沉，因為直到那一刻為止，我們都只是開心地玩在一起，沒有任何預設立場。我一直很謹慎，不向史帝夫提任何建議，只想順其自然，看看事情會怎麼發展。金格的出現讓我害怕，感覺我們突然之間就要變成一支樂團，隨之而來就是那一整套史提伍式的運作機器，像當初鮮奶油合唱團那樣的炒作。我記得當時心想：「這下不妙了，從現在開始發生的事，一定都會出錯。」

這些感覺我都沒有說出口，因為我還沒有真正找到自己的觀點。當事情進展順利，順勢而為並不難，但當事情不順利或出現了矛盾，我就會有一點怨天尤人，而不是努力做點什麼，然後覺得受夠了，就會什麼都不說就轉身離去或消失無蹤。儘管金格的加入令我擔憂，就因為太想跟史帝夫合作了，我沒有理會自己的直覺，心想應該不會有什麼問題，因為史帝夫會看著一切，我相信他的願景，所以決定妥協，順著大家的意願，看看會有什麼發展。

在我們籌組新樂團之際，一位很特別的女孩走進了我的生活。怪獸帶她來赫特伍德，她名叫愛麗絲・奧姆斯比—戈爾（Alice Ormsby-Gore），是哈列赫男爵的小女兒，還不滿十六歲，長得非常漂亮，濃密的棕捲髮、大眼睛、神祕的微笑，還有極富感染力的笑聲。我覺得她美得令人屏息，雖然很喜歡她，但當時完全沒想過和她之間會有什麼發展，畢竟年紀相差太大了，而且她看起來很脆弱，有點不食人間煙火。她邀我一起去參加倫敦的一場舞會，讓我有點意外。我跟她去了，結果她整個晚上都不理我，即使舞會上除了怪獸和伊恩・達拉斯之外，我半個人都不認識。

我們兩人顯然一點都不登對，但不知怎地，我就是不由自主被她深深吸引。她有一種憂傷的氣質，加上經常穿著阿拉伯服飾，活脫是神話故事裡走出來的人物。這種幻想又受到伊恩・達拉斯的推波助瀾，他跟我說了一個浪漫的波斯愛情故事，年輕人瑪吉努痴痴地愛上美麗的蕾拉，卻遭到蕾拉父親的反對，不肯把女兒嫁給他，使他為愛陷入瘋狂。伊恩老是說愛麗絲完全就是蕾拉的化身，還說史帝夫應該當她的瑪吉努，但我有別的盤算。我不知道愛麗絲看上我什麼，也許因為我在她那個圈子裡是局外人，她想利用我來為難他們，天曉得，總之經過幾天笨拙的追求攻勢，她搬來和我一起住，從此開始了瘋狂的日子。

我們的相處從一開始就很不自然，我其實沒有愛上愛麗絲，一顆心還是在佩蒂身上。兩個人的年齡差異也讓我很不自在，特別是在她告訴我她還是處女之後。事實上，性在我們的生活中顯得很不重要，我們之間更像兄妹，只是我始終希望我們最終能發展出比較正常的關係。她父親是一位認真的爵士迷，她繼承到父親對音樂的熱愛，我們常常一起聽唱片、抽大麻。

我後來又想到一件很不尋常的事。大約七、八歲的時候，我和遊樂場上的玩伴蓋伊會玩一種遊戲，就是想一些稀奇古怪的名字，然後兩個人笑得前仰後合，而我們想到最蠢的名字，就是奧姆斯比─戈爾。我和愛麗絲之間變得很不對勁後，我心裡升起一種恐懼，害怕自己會跟她這樣的上流社會女孩在一起，是童年的怨恨心理在作祟，跟我對母親的感情有關，也就是我其實是想打倒女性，內心深處想著：「這下來了個奧姆斯比─戈爾，我就是要讓她受苦。」

愛麗絲剛搬進赫特伍德的最初幾個星期，史帝夫也來了，我們每天一彈吉他就是好幾小時。我把客廳布置成音樂室兼起居室，除了桌椅和大沙發，還有一組爵士鼓、鍵盤和吉他的音箱。室內到處都是器材，有錄音用的麥克風和錄音機，電線沿著門廳一路牽出去。這裡其實已經可以算半個錄音室，我們不斷嘗試即興合奏，同時錄音，一遍又一遍地測試一起演奏的感覺。起初，我們用一臺小型鼓機代替鼓手，幾天後，史帝夫說他想請金格加入，於是金格也住了進來，而一旦有了鼓手，我們又開始四處找貝斯手。我還是很不希望因為金格再回到鮮奶油合唱團的感覺，但又想，史帝夫如果很滿意他，我至少應該放手一試。至於貝斯手，我在「地下酒吧」認識了跟家族樂團（The Family Band）一起演奏的里克・格列奇（Rick Grech），我們很談得來，他人也很不錯，所以他也加入了我們。

新樂團初期的排練都在赫特伍德進行，我們中午左右上工，以即興合奏的方式一直練到深夜。大家玩得很開心，但很快就發現，這樣漫無目的地即興合奏，不可能練出什麼結果。還好，一進到錄音室，樂團的樣子就慢慢出來了。我已經寫了〈上帝的存在〉，還想到翻唱巴迪・霍利〈嗯……好吧〉（Well…All Right）的點子，史帝夫口袋裡也有幾首歌，例如〈歡樂之海〉（Sea of Joy）和〈找不到回家的路〉（Can't Find My Way Home），但我們基本上還是一支即興合奏的樂團，也不大在乎樂團在做些什麼。

後來，有人提出一個聰明的主意：找年輕有才氣的製作人吉米・米勒（Jimmy Miller）來給我們的音樂一些重點，請他剪幾首歌，為未來的專輯做準備。吉米和史帝夫曾經合作過交通合唱團的專輯，看來這是最合理的進行方式。沒想到，音樂媒體很快開始報導我和金格又一起組團，而且本身就是大明星的史帝夫也參與其中，這是我第一次聽到有人用「超級天團」這個可怕的字眼來形容我們，我看到紅燈亮起，但還是決定硬著頭皮去經歷這些，看看會有什麼結果，因為有史帝夫在，也因為我反正沒有其他有趣的安排。或許在潛意識裡，我的野心是要組建一支英國版的樂隊合唱團，即使心知這是一場豪賭，大概也因為這樣，我把新樂團命名為盲目信仰合唱團。

一九六九年六月七日，樂團以海德公園的一場免費演唱會正式開始運作，這是海德公園有史以來第一次舉行搖滾演唱會，現場來了超過十萬觀眾。演出前，我們先在史提伍的辦公室集合，一見到金格，我的心就涼了半截。金格多年來斷斷續續有吸食海洛因的毒癮，一段時期會吸毒，一段時期又會戒斷，而會開始吸毒，通常是在壓力大的情況下：首演、陌生的社交局面之類。可是我們一起合奏練團已經好一陣子，他看起來都很開心，而那天我只看他一眼，就知道他又吸毒了。我頓時怒不可遏，跟那天晚上他敲開史帝夫家的門給我的感覺一模一樣，好像我又回到了鮮奶油合唱團的噩夢裡。

我們在一個陽光明媚的午後，面對一大群觀眾演出，我卻陷入一種失神的狀態。也許我看錯了，也許金格沒有吸毒，但當下我只覺得，我們這些日子以來建立的一切：練團、合奏、建立感情，完全是浪費時間。我記得當時心想：「假如這就是首演，我們到底還成得了什麼氣候？」觀眾也許還是很愛，氣氛也非常棒，但我真想要逃離那裡。更糟的是，我們的擴音功率完全不夠，設備不足以應付在公園戶外環境的演奏，聲音聽起來又小又弱。演出結束離開舞臺時，我氣得渾身發抖，只覺得我令大家失望了。此時，我內心歸咎過失的心理機制，開始把問題一古腦推到金格身上，種下了怨恨的種子，在心裡不斷長大。

史提伍沒有給我們時間多想，馬上就飛到北歐巡演，好讓樂團盡快進入工作節奏，這一招確實有效，金格重新振作，我們的演奏終於聽起來還不賴。在不是那麼大的場地演奏，我們的聲音又有了力量，樂團開始一步步往前邁進。回到英國後，我們進入錄音室和吉米繼續錄製專輯。

有一天，我接到鮑伯・塞德曼（Bob Seidemann）的電話，他是我在舊金山認識的一位很有才華的攝影師，人很有趣，有一點特立獨行，我還住在養雉場的時候，和他一起度過許多歡樂時光。他看起來很像漫畫家羅伯・柯倫（Robert Crumb）筆下的人物，而柯倫也是他的朋友。他人很高大，留著一頭蓬鬆的長髮，在他身後炸開來，大臉、大鼻子，腿又細又長。

鮑伯告訴我他有一個構想，可以作為我們的專輯封面，他不肯說那是什麼，但會拍出來給我們看。記得他後來拿給我們看的時候，我當下的感覺是很可愛，那是一個滿頭紅捲髮、青春期都還沒到的小女孩的照片，從腰部以上全裸拍攝，手裡拿著一架銀色、很有現代感的飛機，飛機模型是由我的珠寶商朋友米可・密里根設計。小女孩身後是一片綠色山丘和藍天白雲，很像柏克夏岡的景色。這個設計我第一眼就喜歡，因為充分體現了我們樂團名稱的含義：融合了小女孩的純真，以及飛機所代表的經驗、科學和未來。

我跟鮑伯說，我們不應該把樂團名稱放在封面上，以免破壞這幅圖像，於是他想出把樂團名稱印在包裝紙上的做法，包裝紙拿下來後，就留下乾淨的照片。然而，專輯封面引起很大的爭議，有人說小女孩裸體就是色情，美國的唱片商揚言抵制。由於盲目信仰合唱團即將前往美國跑重要的巡演行程，我們別無選擇，只好改用一張全體團員站在赫特伍德客廳的照片作為封面。

一九六九年七月十二日，我們在紐約麥迪遜廣場花園舉行美國巡迴的首演，從這場演出就可以明顯看出，盲目信仰合唱團不必費太大力氣，就能吸引觀眾進場，有太多鮮奶油合唱團和交通合唱團的歌迷想來看我們，而實情是，我們自己也不大清楚或在乎我們是什麼樂團。回想起來，我從一開始就意識到這不是我真正想要的，但我太懶了，不願意多花時間精力把樂團導正成我認為它應該呈現的樣子，而是選擇輕鬆的做法，去找尋已經有自己的風格的團體。

我完全迴避身為樂團一分子的責任，甘於只負責彈吉他就好。這讓許多認為我應該扮演更重要角色的人很挫折，尤其是史帝夫，他愈來愈受不了我總是不願意多分攤一些主唱的工作。盲目信仰合唱團的美國巡演讓我們賺到很多錢，也使專輯迅速登上美國排行榜冠軍，但隨著巡演結束，樂團也宣告瓦解。這都是我的錯，而且完全是由一件事引起的：我對我們這個樂團所做的事情愈來愈不滿意，對我們的暖場樂團德萊尼和邦妮（Delaney & Bonnie）卻愈來愈著迷。

那年初夏，我的朋友艾倫・帕理澤給我寄來他正在經紀的樂團的唱片母盤，這支樂團的靈魂人物是一對夫妻檔：德萊尼和邦妮・布拉姆利特（Delaney / Bonnie Bramlett），來自美國南方，以德萊尼和邦妮的團名演唱。他們是田納西唱片公司Stax簽下的第一支白人樂團，這是一項非凡的成就，該唱片公司的創辦人是吉姆・史都華（Jim Stewart）和艾絲特勒・阿斯頓（Estelle Axton），開創了孟斐斯曲風和南方靈魂音樂的先河。我一聽就愛上《原汁原味的德萊尼和邦妮：無可取代》（The Original Delaney & Bonnie: Accept No Substitute）這張專輯，很紮實的節奏藍調，充滿靈魂樂的味道，吉他演奏很出色，還有令人驚豔的管樂。我告訴艾倫我對這支樂團的想法，他就提出我們到美國巡演時安排他們一起演出的請求。

在德萊尼和邦妮之後上臺表演，我個人覺得是非常吃力的一件事，因為在我看來，他們比我們強得多。他們的團員都是很棒的南方音樂人，以絕對的自信奏出鏗鏘有力的聲音，節奏組有貝斯手卡爾・迪恩・雷德爾（Carl Dean Radle）、鍵盤手鮑比・懷特洛克（Bobby Whitlock）和鼓手吉姆・卡特納（Jim Keltner），管樂組有薩克斯風手鮑比・凱斯（Bobby Keys）和小號手吉姆・普萊斯（Jim Price），主唱除了邦妮，還有麗塔・庫麗姬（Rita

Coolidge）。原來他們是我的歌迷，也是史帝夫的歌迷，他們開始向我們獻殷勤，沒多久，我完全卸下身為盲目信仰合唱團一分子的責任，開始和他們混在一起。

他們對音樂的態度很有感染力，旅途中會在巴士上拿出吉他彈唱一整天，我們則自閉得多，不會這麼開放。我開始和他們一起行動、一起彈吉他，我猜史帝夫一定很不高興，覺得我好像變成了叛徒。我對他說不出口的真相是，我在盲目信仰合唱團中迷失了，就像走廊上的一個人，剛從一扇門中走出來，卻發現那扇門已經關上，而另一扇門正緩緩打開。那扇門裡是德萊尼和邦妮，我被深深吸引過去，即使明知這會摧毀我們已投入太多盲目信仰的樂團，也在所不惜。

第六章

Derek and the Dominos

德瑞克與骨牌合唱團

假如德萊尼和邦妮未曾和我們同臺演出，盲目信仰合唱團也許會繼續走下去，在巡迴演唱會結束後檢討問題出在哪裡，再重新出發。也許吧。但德萊尼向我指出的可能性實在太難以抗拒，他指出史帝夫曾經說過我的一個問題：我必須成長，而且不只是作為一個吉他手而已。我要史帝夫唱我寫的〈上帝的存在〉時，他曾說：「是你寫的歌，應該由你來唱吧。」我堅持要他唱，到了錄製唱片的時候，卻不斷打斷他，建議他這樣唱那樣唱，最後他受不了了，說：「請不要告訴我怎麼唱這首歌，你如果想要那樣唱，請你自己唱！」他的語氣相當火爆，我有點嚇一跳，只好任由他以自己的方式唱下去。現在回頭去看，我知道他是對的，我在剛搬進赫特伍德時寫下這首歌，那是非常個人的心聲，不見得是宗教上的感悟，比較是事實的陳述：「我終於找到一處居所，過我以前沒能過的生活。」我應該至少嘗試唱一下，但我相信我還是會比較喜歡他唱的版本。

德萊尼跟史帝夫的看法相同，只是表達方式不大一樣。他在密西西比長大，留著長髮和鬍子，個性很有魅力，感覺有點像美國南方浸信會的傳教士，勸人不要做壞事否則死後下地獄。這種行徑換作別人可能會令人反感，但他一唱歌就很有說服力，而且非常鼓舞人心，我對他完全心服口服。有一晚，我和他去看沙娜娜樂團（Sha Na Na）的表演，回到我下榻的飯店後，我們嗑了點藥，一起彈起吉他。彈到一半，他深深地看著我說：「我說啊，你真的要開始唱歌了，還有，你應該帶領自己的樂團。上帝給了你這個天賦，你不利用，祂會收走的。」

他的斬釘截鐵讓我有點驚訝，也真的敲醒了我，大概迷幻藥也使這些話聽起來更有深度吧。我心想：「他說得有道理，我得想辦法做點什麼。」除了早期對鮮奶油合唱團的幻想之外，這還是我第一次認真考慮單獨發展。

盲目信仰合唱團的最後一場演唱會於八月二十四日在檀香山舉行，唱完我就飛回英國，回到赫特伍德。我都還沒能好好安頓下來，九月十三日星期六一早，電話鈴響了，是約翰・藍儂，他問：「你今晚有事嗎？」

我回他：「沒事。」

他又問：「那麼，你要不要來塑膠小野樂團（Plastic Ono Band）在多倫多的演出軋一腳？」

「喔，好啊。」我答應他，那個年代我們都會做這樣的事情，臨時一叫就不假思索地跳上飛機。他說：「太好了！你盡快趕到倫敦機場的英國海外航空頭等艙休息室，我在那裡等你，到時再說明一切。」

我開車去機場，在那裡見到約翰和洋子，還有樂團的貝斯手克勞斯・沃曼（Klaus Voorman）和鼓手艾倫・懷特（Alan White）。這個階段的約翰正在他的白色西裝時期，留長髮和鬍子，他說我們要去參加多倫多搖滾復興音樂節，大家可以在飛機上排練。我們隨身帶著半空心電吉他上飛機，坐在頭等艙，艙內還有其他一些乘客，其中一位是舒適牌（Schick）

刮鬍刀的負責人，和我們坐同一排，他一直想和我們搭訕，說我們這群人都可以好好利用他的刮鬍刀來剃鬍鬚。

他沒能說上多久，因為飛機一升空，我們就專注排練演出的曲目，例如〈嗶剝阿嚕啦〉（Be-Bop-A-Lula）、〈你的藍調〉、〈目眩神迷麗茲小姐〉（Dizzy Miss Lizzie）和〈藍色麂皮鞋〉（Blue Suede Shoes）。我們就坐在位子上彈，竟然沒有人抱怨，現在回想當然不覺得奇怪，因為約翰是全球知名的大明星，其他乘客發現跟他共乘一班飛機，大概只會喜出望外。奇怪的是，我完全沒有洋子參與排練的印象，她就只是安靜地坐在那裡。

抵達多倫多時正下著雨，我們還在等行李出來，一輛大型豪華轎車開了過來，約翰和洋子跳上車揚長而去，留下我們幾個愣在那裡，不知道接下來是怎麼安排。我心想：「嘿，這下可好了。」後來，我們坐上載行李的箱形車，我覺得這實在有點糟糕，太不尊重人了。

抵達目的地後，我們才知道全部人都會住在眼前這幢富麗堂皇的豪宅裡，豪宅的主人是加拿大的大富豪居魯士・伊頓（Cyrus Eaton）。有一場記者會正要在這裡召開，來了大批媒體，可是約翰和洋子堅持不肯出來接受採訪，我只好代為出面。那些記者讚不絕口，說很少看到這麼會說話的音樂人，我沾了別人的光，輕飄飄了好一會，然後我們就出發去音樂節現場。

原來我們要在查克・貝瑞和小理查之間上場，約翰嚇壞了，我猜是因為發現同臺的都是自己的偶像。我和他在後臺嗑了很多古柯鹼，多到他開始吐，我則必須躺下來休息一會。還好有約翰的私人助理泰瑞・多蘭（Terry Doran）在一旁照料，他設法讓約翰在上臺前已經恢復過來。

塑膠小野樂團在午夜時分上臺，演奏了一組紮實的標準搖滾曲目，以我們只在飛機上排練了那麼一下來說，我覺得表現得實在很不錯。演奏到最後，約翰叫我們放下吉他，琴面朝上靠在放大器上，他也把他那把靠上去，放大器和吉他都發出回授的噪音，我們站到一邊，也有人離開了舞臺，洋子就在這樣的噪音下開始唱她寫的一首歌〈喔約翰〉。我個人覺得非常奇怪，比較像在嚎叫，不是唱歌，但這就是她的風格，約翰則覺得很好玩的樣子。洋子唱完，我們的演出也結束了，居魯士・伊頓的兒子安排了四輛轎車把我們載回去。我們在大得看不到邊際的宅院裡度過了一夜，第二天下午就飛回英國。我的演出酬勞包括幾幅約翰的畫，可惜的是，日子一久，這些畫都被我弄丟了。

儘管很喜歡這樣幫朋友客串演奏，我仍然迫不及待想和德萊尼重聚，他邀我跟他和邦妮以「德萊尼和邦妮及朋友們」（Delaney & Bonnie and Friends）的名義一起巡迴演出。我在赫特伍德的頂樓設置了排練室，樂團在巡演開始前來住了幾個星期，巡演的首站是德國，然後是英國和北歐，後面兩站喬治・哈里森也加入我們，他很想幫德萊尼和邦妮在披頭四的蘋果唱片旗下出專輯。

跟著一群不為賺錢，純粹只為樂趣的音樂人一起巡演，我感受到極大的快樂，就算他們想賺錢其實也很難，因為樂團裡人太多了。在臺上演奏的時候，我們被一股滿滿的愛包圍。遺憾的是，有些觀眾期待我會有更多演出，有時會把場面弄得很難看，他們看到巡演海報上寫著「德萊尼和邦妮及朋友們，特別嘉賓艾力克・克萊普頓」，對於我在演唱會上只唱三五首歌不滿意，我沒有回應他們的要求，因為自認只是樂團的伴奏，他們常常就會鼓噪起哄，有時態度相當粗暴。

這種情況在美國巡演時從來不曾發生，德萊尼和邦妮在當地有廣大的歌迷。巡演結束後，我去他們在加州舍曼奧克斯的家住了一段時間，他們和德萊尼的母親同住，房子小得可憐，全家幾乎是睡同一張床。那一帶住了一群很棒的音樂人，全都來自美國南方，而德萊尼和邦妮是他們之中的核心人物。

我簡直不敢相信，自己從盲目信仰合唱團這個在英國老家小但有創意的體系，突然發展到住在洛杉磯，和這麼多優秀的音樂人在一起。德萊尼讓我大開眼界，他介紹我聽J. J.卡爾（J. J. Cale）的音樂，日後對我形成重大的影響；我認識了金・克堤斯（King Curtis），在他的單曲〈挑逗〉（Teasin'）中伴奏，讓我想就這麼一直伴奏下去；我和蟋蟀合唱團、史蒂芬・史提爾斯，還有里昂・羅素（Leon Russell）一起混，里昂在北好萊塢有自己的錄音室。

德萊尼說服我出個人專輯，由他當製作人，我們開始到Amigo錄音室著手籌備。我只寫了一首歌〈讓雨下吧〉（Let It Rain），但德萊尼口袋裡有幾首，他也會在我們早上去錄音室的路上說：「唱一首紅酒的歌怎麼樣？」然後開始唱道：「起來，給你的男人買瓶紅酒……」他就這麼輕輕鬆鬆地唱出來，等我們到達錄音室，歌已經寫好了。記得我總是暗自納悶：「他是怎麼做到的？好像隨便一開口，一首歌就出來了。」我們直接進錄音室同步錄音，然後再錄我的人聲，德萊尼會指導我怎麼唱，接下來換女聲及銅管樂上場，德萊尼會告訴麗塔和邦妮怎麼和聲，她們唱完後，吉姆和鮑比再加入一些即興樂句，整個過程差不多是這樣。這一切真是太棒了，可以跟全美國最好的樂團一起錄製我的個人專輯，我簡直如魚得水，是德萊尼挖掘出我從來不知道自己擁有的潛力。

我的單飛事業就是從這裡開始。我其實知道自己有這個能力，卻一直壓抑它，直到不再相信自己。我永遠無法報答德萊尼對我的信心，他在我身上看到了連我自己都已放棄尋找的東西。錄製這張專輯是我人生極重要的一步，也是永生難忘的經驗。我記得有一天進到錄音室，我們手頭上已經沒有預備好的歌曲，里昂走過來對我說：「我想到一段很適合你的歌。」他邊想邊說：「你是藍調樂手，很多人不知道你其實也可以搖滾，所以我們可以說……」

我想你一定以為我不懂得怎麼搖滾，
喔，我心深處有個布基烏基的靈魂。
我不必當晾在一旁的壁花，

因為現在我有了藍調威力。

就這樣，不費吹灰之力，〈藍調威力〉（Blues Power）這首歌就誕生了，這是專輯中我非常喜歡的一首歌。

儘管住在洛杉磯、和這些超棒音樂人在一起的日子很開心，我偶爾還是會想家。愛麗絲有時會飛過來看我，她和德萊尼很合得來，跟樂團相處卻不大自在，而且顯然就是想要我回家。我體內的吉普賽靈魂令她感到不安，她看得出我和德萊尼在一起的時候，這個靈魂正在慢慢甦醒。我這個人總是定不下來，即使到現在都還是，無論我有多熱愛里普利和赫特伍德的家園，外面的世界總在向我招手。只要想到能和一群音樂人一起去不同地方創造音樂、演奏音樂，我就會倍感振奮，這種感受從來沒有消失過。然而那一刻，專輯已經完成，我準備好回家了。

我和愛麗絲的交往一直時斷時續，那時候更到了暗礁的邊緣，主要原因是我還在痴戀著佩蒂，不管多努力，我就是忘不了她。雖然我不認為這輩子會有機會和她在一起，卻仍把跟其他女性的關係當成都只是暫時的。我完全被一個想法困住：我這輩子永遠不可能像愛上佩蒂那樣愛上另一個女人。

事實上，為了接近她，我甚至開始和她妹妹交往。這件事的起因很詭異，發生在幾個月前德萊尼和邦妮在利物浦帝國劇院演出的時候，當時喬治加入擔任吉他手，佩蒂來探班，還帶了妹妹寶拉（Paula）一起來。演出結束後，我們回到飯店，喬治大概是酒精和肉慾一起作祟，拉我到一旁說，我應該和佩蒂過夜，這樣他就可以和寶拉上床。這個提議並沒有讓我太意外，因為當時普遍的行為準則就是，只要有辦法你就去做。但到最後一刻，他沒那個膽，所以什麼也沒發生。最終的結果不是喬治想要的，和寶拉共度春宵的是我而不是他。

我在一九七〇年的春天回到赫特伍德，和愛麗絲大吵一架鬧翻了，她跑回去她在威爾斯的老家葛林，那是在哈列赫外圍的一座莊園宅邸。她生活中的那一面，也就是貴族的社交圈，是我從來不想參與的，我無法理解，也一點都不喜歡。我曾跟她回去住過，整間屋子彷彿都是些無所事事、只會坐在那裡抽大麻的人，那時候的我有很強的工作倫理，不喜歡跟那些在我看來不勞而獲的人瞎混。愛麗絲離開後，佩蒂的替身寶拉搬進了赫特伍德，此時我在赫特伍德幾乎馬上又組建了另一支樂團。我想我們兩人都知道這只是暫時填補空缺的關係，但她很常讓我想到佩蒂，而當下我並沒有覺得這有什麼不妥。

我接到卡爾・雷德爾打來的電話，告訴我德萊尼和邦妮及朋友們解散了，問我有沒有興趣跟他、鮑比・懷特洛克和吉姆・高登（Jim Gordon）一起做點什麼。我反正沒別的事，就答應了，他們飛來英國，住進了赫特伍德，由此開啟了我這輩子最不平凡的一段歷程，那段時期的記憶充斥著一件事：妙不可言的音樂。一開始，我就只是跟這些傢伙討論音樂，多認識他們，然後就是不停地演奏、演奏、演奏。

我對這些音樂人佩服得五體投地，而他們卻把我當作跟他們在同一個水平。我的音樂素養和他們的音樂素養完全吻合，我們是同道中人，像同一個模子印出來的一樣。直到現在，我還是會說貝斯手卡爾・雷德爾和鼓手吉姆・高登是我一起演奏過最有實力的節奏組，他們太優秀了。有人說吉姆・高登是有史以來最偉大的搖滾樂鼓手，成就超越了所有人，我完全同意。

我們會不停地即興合奏，從黑夜到白天，再從白天到黑夜，保持在那個狀態的感覺實在太好了，我在音樂上從來沒有感到這麼自由過。為了維持體力，我們會用煎鍋弄些東西吃，再來就是喝酒加上嗑藥，通常嗑的是古柯鹼，還有暱稱「曼蒂絲」（Mandies）的安眠酮Mandrax。這是一種強效安眠藥，但我們並不是要入睡，而是利用它的效果，藉由吸食古柯鹼或喝一些白蘭地、伏特加來保持清醒，這會產生一種很獨特的亢奮感。這些東西成了我們的生命元素，這樣混合著使用，天曉得我們的身體是怎麼熬過來的。

我暫時沒有任何行動方案，就只是享受一起演奏、嗑藥後輕飄飄，以及寫歌的過程。喬治・哈里森經常來串門子，他剛剛從伊歐爾的平房金紡園，搬到位於亨利的豪宅「修士莊園」（Friar Park），他的來訪使我有很多機會背著寶拉和佩蒂調情。一天晚上，我打電話給佩蒂向她告白，說我喜歡的其實不是寶拉，也不是她見過和我在一起的那些女孩，她才是我真正渴慕的對象。儘管她堅持自己已經嫁給喬治，我想望的事情不可能發生，卻還是同意我過去和她當面談。我開車過去，我們就著一瓶紅酒傾談，最後開始親吻，這是我第一次感覺自己有了那麼一點希望。當下，我證實了一件已經懷疑好一陣子的事情：她的婚姻並不是那麼美滿。

佩蒂的事令我太過興奮，加上有一點醉，在回家的路上，我開著新買的小法拉利迪諾，在克蘭登轉彎時車速太快，撞上一道圍籬，車子翻到了圍籬上。我沒有失去知覺，但發現自己頭下腳上倒掛在那兒。我不知怎地解開了安全帶，跳出車外，想到自己連駕照都沒有，就決定跑回家，再編個謊說車子被偷了。我開始狂奔，但不久就發現方向錯了，我是在回頭往倫敦的方向跑。

我又想，不如先找地方躲起來，於是推開樹籬之間的一道柵欄門，走進去才發現那是墓園，就在一座墳墓邊坐了下來。過了一會兒，我決定還是回去面對。走回到事發現場，只見許多穿著睡袍的人拿著手電筒在四處找司機，我走上前坦承是我。有人已經叫了救護車，救護車馬上就到，把我載去基爾福醫院檢查，檢查完後鮑比・懷特洛克來帶我回家。像奇蹟一般，我毫髮無傷，而且很幸運，警察並沒有介入。

我開始養成不時去修士莊園串門子的習慣，希望剛好碰到喬治不在，我有機會和佩蒂獨處一會兒。一天晚上我去到那裡，發現他們夫婦倆正和影星約翰・赫特（John Hurt）在一起，我有點不知所措，但喬治出來化解了尷尬的氣氛，他遞了一把吉他給我，我們就開始彈起來，這已經是我們之間經常會做的事。

那天晚上屋子裡的氣氛很醉人，火爐裡柴火燒得正旺，滿室燭光點點，隨著我們的琴聲愈來愈激越，約翰坐在那裡，臉上露出一種興高采烈的神情，彷彿他祕密參與了一場奇妙的巨人聚會或巫師決鬥似的。以他身為演員的想像力，我可以想像他在自己腦海中勾勒出這樣一幅場景：喬治和我正在進行一場音樂對決，好決定誰能贏得佩蒂的芳心。此時佩蒂則時不時走進來，給我們端茶送蛋糕。實際上，我們只是在即興合奏，然而有關那天晚上的不實傳聞，卻成了一些人茶餘飯後的談資。

喬治正在籌備他的第一張個人專輯《世事隨風》（All Things Must Pass），有一天，他問我和我那群土爾沙幫樂手能不能幫他伴奏。我知道他的製作人是菲爾・史佩特，所以我跟他談好條件，請他讓史佩特幫我們錄製幾首曲子，換取他的專輯僱用我們樂團演奏。由於蘿妮・史佩特曾經和我調情，事後又告訴我，她看到我就會想到她先生，我很好奇想見菲爾・史佩特，後來發現，我倆的臉部輪廓確實很像。我們和他一起在艾比路錄音室錄製了兩首歌：〈翻過來〉（Roll It Over）和〈說實話〉（Tell the Truth），才開始充當喬治的錄音室樂手。

跟史佩特合作是很特別的經驗，我覺得他人很好，只是有些古怪，但有傳言說他會隨身帶槍，所以我總是有點提防。不過，他大多數時候都很搞笑，而且和喬治顯然十分投緣。他的錄音模式是找來很多樂手進入錄音室，讓他們全部同時演奏，製造出著名的「音牆」（wall of sound）效果。

除了我的樂團和喬治以外，錄音室裡彷彿有幾百位樂手，從打擊樂手、吉他手、喬治的樂團，到壞手指合唱團（Badfinger）、蓋瑞・萊特（Gary Wright）、詭異牙齒樂團（Spooky Tooth）等等，每個人都在瘋狂敲擊，我個人覺得聽起來很棒、很雄偉。錄音室裡毒品也很氾濫，印象中，我就是在那個時候開始接觸海洛因。有一個毒販經常會來，跟他交易有一個條件，只要肯跟他買一定數量的海洛因，你要買多少古柯鹼都沒問題。我會嗑古柯鹼，然後把海洛因帶回赫特伍德，全收在一張古董書桌的抽屜裡。

六月一個星期天晚上，我們樂團在河岸街萊塞姆劇院的一場慈善演唱會上初試身手，面對觀眾演奏，這場慈善演唱會是為了斯波克醫生（Dr. Spock）的「自由民權司法保護基金」募款。剛剛成團的我們太過興奮，完全忘了一件事：直到要上臺的前一刻，樂團都還沒有名字。阿胥頓、迦德納與戴克合唱團（Ashton, Gardner, and Dyke）是負責開幕式的樂團，阿胥頓老是喜歡叫我德爾（Del），他建議我們取名「德爾與骨牌合唱團」，但最後在臺上宣布我們出場的時候，卻說成「德瑞克與骨牌合唱團」，而且也沒有介紹我們是誰，而這個團名就此沿用下來。我們演唱的曲目包括德萊尼時期的歌曲，如〈藍調威力〉和〈一瓶紅酒〉（Bottle of Wine），幾首藍調曲目，如〈十字路口〉和〈滿滿一匙〉，另外，由於戴夫・梅森（Dave

Mason）來客串了這一場，我們也唱了交通合唱團的〈感覺不錯〉（Feelin' Alright）。

我對當天晚上印象最深刻的倒不是演出，而是演出結束後，我和來看演唱會的約翰博士（Dr. John）有一場奇異的邂逅。我在紐約時就見過大名鼎鼎的「夜行者」（Night Tripper）約翰博士，就是在德萊尼說我如果再不唱歌，上帝就會把我的天賦收走的那個晚上。當時我們看完沙娜娜的表演，在回家路上順道去了約翰博士的飯店，他在那裡為我們唱了一首很棒的歌：〈你適時推了我一把〉（You're Giving Me the Push I Need）。那是我第一次見到他，就已經完全被迷住。在那之後沒多久，我們去看了他的現場演出，我簡直愛死他。他是個了不起的人，也是厲害的樂手，有傳聞說他還是個巫醫，是否屬實我不曉得，但由於當時有所求，我選擇相信他是。

當晚在萊塞姆劇院遇見他，我告訴他我想請他幫我治病，他問我有什麼問題，我說我需要解藥。他問：「什麼樣的解藥？」我說：「愛情靈藥……」從某方面來說，我只是想試探他，看看他是不是真的有這種能耐，他的反應是請我告訴他詳細的原由。於是我告訴他，我深深愛上一位有夫之婦，這位有夫之婦跟先生已經過得很不快樂，卻還是不願意離開他。這時，約翰博士拿出一個草編的小盒子交給我，要我隨時放在口袋裡，還給了我一些指示要怎麼使用小盒子，到底是什麼指示我早已不記得了，唯一記得的是，我照足了他的話去做。

幾個星期後，我和佩蒂不期而遇——至少表面看來是如此——我們就此天雷勾動地火，再也回不去了。不久之後，我在史提伍家的一個派對上遇到喬治，衝口而出對他說：「我愛上了你的妻子。」接下來的談話很不真實，我相信他很受傷，從他眼裡看得出來，但他選擇輕描淡寫，幾乎是用一種超現實的搞笑方式帶過去。不過，從某方面來說，我猜他也鬆了一口氣，他一定很早就知道發生了什麼事，現在我終於承認了。

我和佩蒂的半地下戀情就此展開，跟寶拉的關係也到此結束——她換成跟鮑比・懷特洛克在一起。然而，不管我怎麼勸，佩蒂顯然不打算離開喬治，即使我很確定他們的婚姻已經名存實亡，她就是不為所動。不堪得不到她的折磨，我把精神寄托在音樂上，開始和骨牌合唱團在英國各地巡迴演出。我們的想法是，不管去哪裡演出，我們都要隱姓埋名，這樣才能回歸自己的本質。一開始，這個策略很有用，我們在英國各地演出，到斯卡波羅、丹斯塔布、托基、雷卡等城鎮的小型俱樂部和音樂廳演唱，沒人知道我們是誰，我超開心，我喜歡我們這支小小的四人樂團，在沒沒無聞的小地方演奏，有時候觀眾人數還不到五、六十人這樣的概念。

這是我充滿創造力的一段時期，對佩蒂的苦戀激發了我的靈感，寫下多首歌曲，我在骨牌合唱團的第一張專輯中所寫的全部歌曲，其實都是關於她和我倆的關係。主打歌〈蕾拉〉（Layla）刻意和佩蒂進行對話，寫出她一直推托不願搬來和我同居的狀況：「妳孤單寂寞時該怎麼辦？」整張專輯是在邁阿密的 Criteria 錄音室錄製，我們在八月底的時候飛過去，一開始很不順利，因為我們很快發現，除了當時仍然只有架構的〈蕾拉〉之外，我們其實沒什麼素材。我出發之前，佩蒂要我給她買幾件我們常穿的 Landlubber 牛仔褲，這個牌子的牛仔褲以生產前面有兩個小口袋的低腰褲聞名，她特別強調是要喇叭褲而不是直筒褲，於是我為她寫了一首〈喇叭褲藍調〉（Bell Bottom Blues）。此外，我也寫了一首關於她的情歌：〈我別過臉去〉（I Looked Away），還有一兩首我很想翻唱的藍調曲目，但這些都很花時間，剛開始的幾個星期，我們幾乎沒什麼進度。

我們能做的就是盡情享樂，白天去游泳、洗三溫暖，然後進錄音室即興合奏，有時也嗑藥助興。我們住在邁阿密海灘一家時髦的小旅館，從櫃臺旁邊的禮品店就弄得到烈性毒品，只要向那裡的女店員訂購，隔天回去，她就會裝在褐色紙袋裡交給你。到這個時候，我們已經在嗑很多種不同的毒品，從海洛因、古柯鹼，到天使塵等各式各樣瘋狂的東西。

一天晚上，我們的製作人湯姆．多德告訴我，歐曼兄弟合唱團（Allman Brothers Band）正在椰林社區演奏，建議我們大家去看。這支樂團的成員全都留著長長的頭髮和鬍鬚，看上去帥呆了，他們是很棒的音樂人，我很喜歡他們，但真正令我五體投地的是杜安．歐曼（Duane Allman）的吉他演奏，我完全被迷住了。他長得又高又瘦，一臉堅定，雖然不是主唱，從他的肢體語言來看，我敢肯定他就是樂團的領導人物。湯姆在演出結束後介紹我們兩支樂團認識，我們邀他們到錄音室一起即興合奏，到最後，我成功邀請到杜安在他離開邁阿密前來錄音室幫我們的專輯演奏。

在弗羅里達州那段期間，我和杜安變得行影不離，我們兩人共同為《蕾拉》專輯的錄音注入了原本一直缺乏的內涵。他就像我在音樂上一直渴望能有的兄弟，比吉米・罕醉克斯更像，因為吉米基本上是獨行俠，而杜安比較像個戀家的兄弟。可惜的是，他已經有家庭了，我們相聚的時間不長，然而每一刻都很開心。這種感覺不是每天都能碰到，而我到了那個年紀，已經懂得有花堪折直須折的道理。

多了一位吉他手加入，我們的樂團整個活了起來，而當杜安回去歐曼兄弟合唱團之後，我們再也找不回那種感覺。骨牌合唱團回到英國繼續巡迴演出，但我們的專輯推出之後，竟完全沒有賣起來，因為縱使已有消息傳開，說「德瑞克就是艾力克」，我還是不打算接受媒體採訪，或以任何方式協助宣傳專輯。那時候的我仍然是個不折不扣的理想主義者，一心只盼望專輯能憑本身的價值暢銷，這種事當然沒有發生，因為沒有宣傳就表示沒人知道它的存在。最後，在唱片公司和史提伍的雙重施壓下，我不得不同意首先由唱片公司向媒體發出「德瑞克就是艾力克」的認證，再來是我們得到英國和美國各地跑宣傳。

再回到美國的時候，我的心已經不在骨牌合唱團了。我們在離開弗羅里達之前買下大量古柯鹼和海洛因，巡演途中一路帶著，以我們每天吸毒的份數來說，真不知我們當時是怎麼活著跑完巡演的，等巡演結束回到英國，我們差不多都已經染上毒癮了。湯姆・多德十分擔心我，叫艾哈邁德・厄特根來看我。艾哈邁德把我叫到一旁，像慈父一般對我說他有多擔心我的吸毒問題，還告訴我他經歷過的雷・查爾斯的狀況，看著雷在烈性毒品中愈陷愈深，他內心是多麼痛苦。他愈說愈激動，最後說到聲淚俱下。你大概會以為，我都記得這麼清楚，他的話一定打動了我，實際上，我沒有絲毫改變。我鐵了心就是要做自己想做的事，完全不認為事情會有多嚴重。

我那時並不明白的是，艾哈邁德經歷過的不只是雷，還有爵士樂界其他染上毒癮、最終丟了性命的樂手，他是多麼害怕我也會發生什麼事，所以才費盡心思勸我不要再這樣下去。毒品開啟了骨牌合唱團的解散之路，我們什麼都做不了，沒辦法工作，總是意見不合，整個樂團癱瘓了，進而導致我們之間的敵對情緒日益加深。我們原打算再灌錄一張專輯，最後也告吹。壓垮駱駝的最後一根稻草，是有一天我和吉姆・高登在錄音室裡大吵了一架，我怒氣沖沖地衝出錄音室，從此樂團再也沒有在一起演奏過。我徹底幻滅，退隱回赫特伍德。

這之後我的人生進入一段嚴重走下坡的時期，我認為是由幾起事件共同引發的。第一起事件是吉米・罕醉克斯在一九七〇年九月十八日的死。那幾年裡，我和吉米成了好朋友，只要有時間，在倫敦或紐約都會在一起，尤其在紐約，我們經常在俱樂部裡一起演奏。我覺得他最與眾不同的地方，是對音樂強烈的自我批判態度，他的天賦無人能比，技巧出神入化，就像一天到晚都在演奏和練習的人，但他似乎並不覺得自己有什麼了不起。我也有機會看到他愛玩的一面，他喜歡在外面混到三更半夜，喝酒喝得醉醺醺，或嗑藥嗑得輕飄飄，但只要拿起吉他一彈，就像信手拈來，彷彿完全不當一回事。

吉米是左撇子，但他一向用右手吉他顛倒過來彈，這樣彈吉他的不只有他，亞伯特·金和我目前樂團裡的杜耶·布雷霍爾二世（Doyle Bramhall II）也都是這種彈法。一天下午，我在倫敦西區逛樂器行，看到一把白色的 Stratocaster 左手吉他，一時興起買了下來，打算送給吉米。那時候的音樂圈很小，我知道當天晚上會見到他，因為我會去萊塞姆劇院看史萊與史東家族合唱團（Sly & The Family Stone）的演唱會，吉米一定也會在那裡。我帶著吉他去看演唱會，打算演唱會結束後拿給他，可是他沒有出現。第二天，我就聽說他死了，他喝酒後又服安眠藥，以致昏迷不醒，最後被自己的嘔吐物噎住。這是我第一次因為另一位音樂人的死而深受震動，巴迪·霍利去世的時候，我們都覺得被淘空，但這次的感受更加切身，我很難過，也很生氣，內心充滿了深沉的孤獨感。

六個星期後，和骨牌合唱團還在美國巡演的時候，我接到史提伍打來的電話，告訴我外公因為疑似罹癌，住進了基爾福的醫院。我飛回英國探望外公，他躺在醫院病床上的身影看了很讓人難過，新的病情加上前一年令他癱瘓了半邊的中風，使他顯得格外瘦弱。我內心充滿了愧疚，自我膨脹的心理使我相信，外公的衰退都是因為我給他買了房子、給他一筆錢讓他可以提早退休所造成的，是我剝奪了他的生活方式，傷了他的自尊。當然，我其實只是在做任何孝順子女會做的事，報答他一直以來對我的愛和支持。然而，我沒辦法不覺得這一切都是我的錯，那時的我從來沒想過，或許不是每一件事情都是我的責任。

最後是我對佩蒂的愛得不到回應。我本來信心滿滿，當她聽完《蕾拉》專輯，聽到裡面一首首關於我倆的處境的情歌，一定會被我的愛的吶喊深深打動，最終離開喬治與我長相廝守。因此，一天下午，我打電話給她，問她要不要過來我這裡喝茶，聽聽我的新專輯。當然，這擺明是情緒勒索，注定要失敗的。到這個時候，我已經給過她很多壓力，這次只不過又添一樁。話雖如此，專輯的音樂品質是純粹的，我確實也需要跟人分享，而還有誰比她更適合？無論如何，她過來聽了，我相信她看到我為她寫了這麼些歌曲，心裡是很感動的，但與此同時，這濃得化不開的情感大概也把她嚇得退避三舍。不用說，這一招完全無效，我又回到原點。

接下來的幾個月，我像無頭蒼蠅般一味苦勸佩蒂離開喬治搬來和我同居，但毫無結果。直到有一天，在又一輪徒勞的苦苦哀求之後，我說假如她不離開喬治，我就要每天吸海洛因。事實上，我那時已經幾乎每天吸海洛因好一陣子了。她朝我慘然一笑，那一刻，我知道我們之間結束了。除了有一次在倫敦機場匆匆見了一面之外，我在這之後好幾年都沒有再見到她。

第七章

Lost Years

迷失的歲月

用吸毒來威脅佩蒂是既徒勞又幼稚的行為，而且完全是虛張聲勢，我會染上海洛因毒癮和這件事無關。毒癮也不是說染上就能染上，我知道也認識很多人嗑的藥、喝的酒和我一樣多，卻從未上癮，這種現象真的很神祕。除此之外，我絕不可能有意走上這條路，因為從鮮奶油合唱團時期開始，我對海洛因的危害就有所警惕，金格時常像大哥哥一樣教訓我，說要是被他發現我在吸食海洛因就會揍扁我，而我相信他說到做到。

我只是以為自己不會受影響，不可能上癮。然而，毒癮不會跟你商量，它會慢慢滋長，像溫水煮青蛙。有差不多一年的時間，我嗑得很開心，但不常吸，至於古柯鹼等其他藥物和酒精則毫無節制。然後，突然之間，我從每兩個星期一次，變成每星期一次，到每星期兩三次，再到每天一次。整個過程不知不覺，在我還沒來得及覺察之前，毒癮已經控制了我的生活。

在漸漸染上毒癮的過程中，我一直以為很清楚自己在做什麼，絕不可能變成無助的受害者。我會吸食海洛因，主要是喜歡那種輕飄飄的感覺，但回想起來，有一部分也是為了忘卻單戀佩蒂和失去外公的痛苦。此外，我以為這就是樂手的生活。我沒有理會艾哈邁德的忠告，陶醉在關於查理・帕克（Charlie Parker）、雷・查爾斯這些偉大爵士樂手，以及羅伯・強生等藍調歌手的神話裡，對於自己也能過上讓他們創作出偉大音樂的生活方式抱有浪漫的幻想。我還想證明自己即使吸毒，還是可以活得好好的。我的心意非常堅決，不願意接受任何人的幫助。

記得有一天晚上，喬治帶著里昂來找我，里昂看到我的狀態非常生氣，問我到底在搞什麼。我告訴他我正在進行一趟黑暗之旅，我得走完它，才知道另一邊有什麼。我無法想像他們聽完這些話心裡是什麼滋味，這些都是跟我很熟、很關心我的朋友，但毒癮使我完全無法體會別人的感受。我根本不在乎別人的關心，因為我感覺好得很，而只要有白粉，我就可以繼續感覺好得很。

我嗑的是烈性很強的貨，都是從蘇活區的爵祿街弄來的，品質很純正。我第一次意識到自己已經徹底上癮，是在答應愛麗絲會開車去威爾斯看她之後。由於突然間想到，要在嗑藥後的惚恍狀態下開著法拉利跑 300 多公里是不可能的事，我告訴她差不多三天後會到，因為這是海洛因藥效消退所需要的時間。

還記得突然戒斷的最初二十四個小時，感覺簡直是地獄，我好像被下了毒，體內每條神經和肌肉都在抽筋，痛苦得蜷縮成一團，發出陣陣哀嚎。這種痛苦是我從來沒有經歷過的，就連小時候得猩紅熱也沒這麼難受，完全無從比較，而且這種感受持續了整整三天，那三天裡沒合過一下眼。最糟糕的是，毒品藥效消退之後，感覺並沒有好到哪裡去，皮膚變得很敏感，全身寒毛直豎，我迫不及待想要再嗑，再回到舒服的感覺裡。但因為已經答應愛麗絲，我咬牙熬了過去，那時的我還沒有完全失去理智，還可以做出理性的決定並貫徹到底。

那一次，我僥倖戒斷，重新回到正常的生活，但從那以後，隨著吸食的頻率又再增加，我通常嘗試戒斷都不成功，因為實在太難、太痛苦了。愛麗絲又搬回來和我住，一旦跟我在一起，她也開始吸毒，還充當起弄到毒品的角色。我們很快發現，只要在貨還沒用完之前先弄到新的，就不怕落入斷貨的窘境。這在我們待在家時都不是問題，但只要有需要出遠門，事情就難辦了。

一九七一年夏天，此時的我自我放逐已經超過一年，有一天喬治打電話給我，問我願不願意飛去紐約參加他八月初在麥迪遜廣場花園舉辦的一場演唱會，為孟加拉饑荒的災民募款。他太清楚我的毒品問題，也許把這當作拯救我的任務，不管真實原因是什麼，我告訴他除非能保證我的供貨無虞，我才會去。由於最初規畫的行程是一星期左右的排練，緊接著就是演出，他相當有把握應付得來。我們最後說好的是，要在紐約找到貨源不是問題，就算到時有困難，他們有認識的人可以幫忙打點。

這趟旅程一開始就不順利，我和愛麗絲去到機場，發現佩蒂竟來送我。我不記得究竟為什麼會有這樣的安排，但見到她很開心，同時也是災難一場。愛麗絲氣炸了，一口咬定我還在偷偷跟佩蒂見面，雖然我並沒有，誰又能怪她這樣想？我大多數時候的意識都很模糊，這種狀況已是司空見慣，我可以跟人約好在某個地方見面，過兩分鐘就忘得一乾二淨。幻想和現實都住在我腦子裡的同一個地方，那裡面成了塞滿半成形的計畫和想法的迷宮，但沒有一個是我能認認真真貫徹到底的。不管情感上還是精神上，我都徹底淪落，因此什麼都不在乎了，對於這些狀況也不怎麼擔心。只要有足夠的毒品讓我撐過眼前的航程，我就滿足了。

終於抵達紐約的飯店時，毒品的藥效已經開始退散，但正如事先說好的，我的房間裡有充足的供應。我試了一些，沒有任何反應，原來他們幫我弄到的是街頭貨，海洛因含量非常低，而且混了一些糟糕的東西，像番木鼈鹼，因此強度大概只有我平常嗑的十分之一。結果我頭兩三天出現戒斷反應，完全沒辦法參加排練，只能待在飯店房間，躺在床上像瘋子一樣發抖，口中喃喃自語，偶有朋友前來查看狀況只好不停道歉，而愛麗絲則毫無怨言地四處奔波，幫我張羅正貨。

所幸，當時披頭四的經紀人艾倫・克萊恩（Allen Klein）在幫喬治製作麥迪遜廣場花園的演唱會，他聽說我的問題，給了我一些他正在服用的治潰瘍的藥。我吃了一些，神奇的是，到了第十一個小時，我感覺好多了。我在最後一刻趕到現場試音，然後快速地把我要彈的部分跳著練了一遍，儘管我對這段過程以及接下來的正式演出還有一點模糊印象，但事實上，我是在一種失神的狀態中，同時也羞愧得無地自容。這麼多年來，無論我怎麼想要合理化自己的行為，那天晚上我就是讓很多人失望了，而最失望的人莫過於我自己。那場演唱會的影片我只看過一次，但只要我想提醒自己那段「往日美好時光」的滋味，看這支影片就對了。

結束行程回到家，我把自己關在赫特伍德，有很長一段時間足不出戶，讓愛麗絲去處理買東西和做飯等大小事，還有最重要的：弄到毒品。她和住在諾丁丘的一個傢伙建立了關係，這人名叫亞歷克斯（Alex），既是毒販，也是作家和登記在案的癮君子，這表示他每天可以拿到做成藥丸的處方毒品，當他從街頭弄不到貨，我們就會跟他買這種藥丸，但還是比較喜歡真貨，因為純正，效果強得多，仿製的藥丸效果比較溫和。

最好的海洛因看起來就像紅糖，是一小塊、一小塊，顏色和質地跟冰糖一樣，裝在透明塑膠袋裡，上面貼著紅色標籤紙，印有中文字和一隻小白象。我們會用杵和研缽磨碎，磨成將近三十公克的粉末，按理說夠我們使用一個星期左右。但我們是揮霍的癮君子，寧可像吸食古柯鹼那樣用鼻子吸，而不是注射，主要是因為我怕打針，這種恐懼是小學時期就種下的。

有一天，我們毫無預警地被帶出教室，來到里普利的大禮堂打白喉預防針，那是一次恐怖的經驗，又怕又痛，我到現在都還記得他們用來煮針頭的消毒藥水味道。正因為這種恐懼，我從來沒有注射過毒品，真是不幸中的大幸。但這也表示我們得吸食大量的海洛因，是使用注射方式的五到十倍。不僅如此，往往吸食不到幾分鐘，即使效果可以維持至少五到六小時，我還是會想「再多來一點」，然後又補吸了一劑，用這種方式來獲得飄飄然的感覺，成本真的很高。

在那段迷失的歲月裡，我很少跟家人見面，沒有給蘿絲任何精神上的支持，外公的去世肯定令她哀慟萬分，她即使不知道我染上毒癮，一定也懷疑我大概發生了什麼事。我後來才知道她決定不過問，只默默盼望和祈禱不管是什麼問題，最終都會過去，一切又會好起來。

我甚至連多年的老朋友都避而不見，赫特伍德的鐵門總是敞開，不時會有人進來找我，不斷敲門卻沒人應，最後只好離開。

有一天，班・帕瑪特地從威爾斯一路開車來看我，我躲在樓上，從頂樓的窗子看著他坐在車裡，只等他離開。有一次，金格甚至想好了綁架我的計畫，要開他的荒原路華載我去撒哈拉沙漠，因為在那裡我絕對不可能弄到毒品。電話響了我也不接，在屋子，我白天幾乎都在睡覺，近黃昏時分才起床，起床後就一直彈吉他，用卡帶錄下來，但大多數都很難聽。由於沒有給卡帶貼上說明，很多時間都花在用錄音機播放卡帶，找出上一次進行到一半的歌曲。我也很常畫畫，用繪圖針筆畫類似版畫藝術家艾雪（Escher）風格的圖；除此之外的唯一消遣，就是製作飛機和汽車模型。

我這段期間見過的少數人之一，是誰合唱團的主吉他手兼團長彼特・湯森（Pete Townshend）。有一陣子，我難得想要工作，請他來幫忙完成之前和德瑞克與骨牌合唱團一起錄的幾首歌。然而，等他來到的時候，我已經沒有興趣做下去，為了向他解釋我什麼都不想做的原因，我坦承自己正面臨一些問題，當他告訴我他其實已經知道好一陣子，我驚呆了。原來我們雖然沒有見到面，但他來過幾次和愛麗絲懇談，他說他很想幫我，我聽了只覺得難堪，開始憎恨自己把愛麗絲也拖下水。這個時候才良心發現也許有點晚，但我的良心畢竟還在，而朋友的關心和擔心，都令我感到羞愧和不知何以自處。

有一天，彼特告訴我他和愛麗絲的父親想出一個計畫，要幫我重新站起來，那就是辦一場復出演唱會，邀我的朋友都來一起演奏。愛麗絲的父親哈列赫男爵大衛是一位了不起的人物，他身材魁梧，鼻子很高，聲音徐緩從容，是甘迺迪總統最要好的朋友，在甘迺迪總統任期間擔任英國駐華盛頓大使。我和他一見如故，我們之間的關係充滿愛與尊重，他很能體諒我，感覺就像我的繼父一樣。

我認為我們會這麼投緣的原因之一，是彼此對音樂的熱愛。他告訴我他年輕時在倫敦，還有後來在華盛頓，認識了好一些著名的爵士樂手，這些樂手是我們之間經常談論的話題。他似乎也很喜歡我在音樂上的嘗試，正因如此，也因為我對他的尊敬，我對於自己和愛麗絲的狀況更感到無地自容。但到那個時候，我們已經是自我禁閉的囚徒，走不出毒癮的魔咒，確實需要有像他這樣的人介入。

他們的計畫是讓我加入彼特為了倫敦彩虹劇院舉行的一場演唱會臨時組建的樂團，這場演唱會是慶祝英國加入歐洲共同市場的「號角齊鳴迎歐洲」（Fanfare for Europe）系列活動之一，大衛認為讓我重返公眾舞臺，可以激勵我下決心戒毒。這是我絕對沒辦法自己扛起來的任務，但因為有彼特在，我答應了，後來也做得很開心。我在自我禁閉的那段期間，每天都會聽音樂、彈吉他，但要讓技藝更成熟，你需要跟別人互動，而自從為孟加拉募款的演唱會之後，我就沒有再跟任何樂手一起演奏過。

我們開始在朗・伍德（Ronnie Wood）的家排練，我很努力地練習、演奏、作曲——雖然貢獻可能很有限。感謝老天，史帝夫也來支持，這給了我很大的信心，因為其他人一定可以明顯感覺得出來，我的演奏功力嚴重不足。所幸，我腦子裡還知道自己想做到什麼，和應該做到什麼，問題只是怎麼把這股能量傳達到我的指尖。

一九七三年一月十三日演出當晚，我和愛麗絲精神恍惚地趕到彩虹劇院，但已經遲到，彼特和史提伍急得如熱鍋上的螞蟻。我們遲到的原因是，愛麗絲必須幫我放寬我的白色西裝的褲腰，因為我那陣子吃太多巧克力，胖得褲子都穿不下了。艾哈邁德就坐在觀眾席上，此外還有喬治、林哥、吉米・佩奇、艾爾頓・強（Elton John）、喬・庫克（Joe Cocker）等人，而臺上，我們的樂團取名心悸樂團（Palpitations），成員有彼特、史帝夫、吉米・卡爾史坦（Jimmy Karstein）、吉姆・卡帕迪（Jim Capaldi）和里克・格列奇。

我們以〈蕾拉〉開場，演唱了〈勛章〉（Badge）、〈一瓶紅酒〉、〈喇叭褲藍調〉和〈上帝的存在〉等歌曲。能跟這麼出色的樂團一起演奏，我的潛力發揮到當時狀態的極致，雖然算不錯，但後來重聽錄音帶，就明白自己還有很長的路要追上，因為聽起來真的就像一場慈善演唱會。不過，整個過程我都很開心，臺下觀眾給我的熱烈鼓舞很令人感動。彩虹演唱會結束後，我又回去過足不出戶的生活，儘管知道彼特很在乎我，拉我重回音樂界就是想幫我，但我真的還沒準備好。

緊接著下來的一段時間，我跌落更深的谷底，愛麗絲也差不多。我開始每天吸食大量海洛因，癮頭大到愛麗絲把設法弄到的海洛因幾乎全給了我，她自己沒得吸，就靠喝純伏特加來撐過去，一天可以喝上兩瓶。這時她也隱遁起來，不願意和任何會妨礙我們的人聯絡。門繼續緊閉，信件沒有拆開，我們只吃巧克力和垃圾食物過活，沒多久，我不但過胖，臉上還長滿青春痘，身體很不健康。海洛因也完全毀了我的性慾，我們之間沒有任何性生活；此外，我還長期受便祕所苦。

我們的生活方式不僅讓身體付出巨大代價，經濟上也開始捉襟見肘。我每個星期差不多花一千英鎊在海洛因上，相當於現在的八千英鎊。剛開始的一段時間，我設法瞞住史提伍這筆花費的實際金額，但他漸漸明白是怎麼一回事後，我收到公司的訊息，說我的資金已所剩不多。再這樣下去，我很快就得開始變賣東西，才有錢買毒品了。

如果說這是使我反省的一個契機，那麼另一個契機就是我收到大衛的一封信，信中毫不含糊地表明，我若再不停止糟蹋自己——更重要的是糟蹋他女兒，他會毫不猶豫地向警察檢舉我倆。他的信很不留情，同時又充滿憐憫，信中這麼寫道：「我是多麼疼愛你們，不忍心看你這樣糟蹋自己。為了你的大好人生，請讓我幫助你吧。」他最後寫道：「親愛的艾力克，我大概永遠不會知道這需要多大的勇氣，但為了你自己好，請務必採取行動。」

他顯然不是說著玩的，而且我內心深處知道，自己正對一個天真無邪的少女造成嚴重的傷害，我實在無權這樣作踐人家的閨女。是時候踩剎車了，就算不為自己，也要為她。我終於下定決心踏出這一步，於是打電話給大衛，說：「你說得對，我們需要幫助，但要怎麼做呢？」這時他告訴我，他遇到一位了不起的蘇格蘭神經外科女醫師梅格・派特森（Meg Patterson），她在香港工作多年，在那裡開發了一套利用電療來緩解鴉片類戒斷症狀的方法，她稱之為「神經電療法」。她最近回到英國，和先生喬治一起在哈雷街上開了一家診所，他們已經和大衛談過，為我和愛麗絲規畫好一個療程。

我知道自己必須接受療程，也完全相信大衛的判斷，心知他不是隨隨便便走到這一步。我們同意去派特森夫婦位於哈雷街的住家面談，當天照例是精神惚恍地去到那裡。我第一眼就對梅格有好感，她很有魅力，長得嬌小迷人，有紅褐色的頭髮和漂亮的臉蛋，給人的感覺像一位慈母，充滿愛心和關懷。她是個好人，在香港和中國生活和工作，幫助當地街頭吸毒者的經歷十分精采，看來她很有信心可以幫我戒毒。喬治也很有趣，在西藏花了很多時間了解當地反抗中國政府的游擊隊。

他們的療法是用一臺中國製造的電刺激器進行針灸，那是梅格在香港買的，外觀是一個黑色小盒子，從裡面接出多條電線，電線尾端有小夾子夾著一枚細細的針，治療時這些針就扎在耳郭內的幾個點。由於療程中每天需要做三小時的針灸，派特森夫婦至少在第一週得住到赫特伍德來，我們小心翼翼地答應了。

起初，我很不習慣。喬治是虔誠的基督徒，喜歡大力宣揚上帝、基督教和耶穌的理念，我有點受不了，感覺自己特別脆弱。從某方面來說，我覺得他是在趁人之危，所以開始對他們兩人有點戒心。我當然探索過宗教，但一向對教條反感，我人生到那時為止的靈性經驗都要抽象得多，不是任何公認的宗教可以涵蓋。在我的生命中，最可靠的靈性工具一再證明是音樂，它無法被操縱、被政治化，就算被操縱或政治化了，也很容易看得出來。當然，我那時沒辦法向他們解釋這些——但我一定試過——所以只好接受治療，姑且看看會有什麼結果。

梅格向我們說明的第一件事，是我們從第一天開始就不能再碰海洛因，我非常驚訝，因為本來以為會是漸進式地慢慢戒斷。她在客廳旁邊的書房架好電刺激器，把夾子像夾式耳環一樣夾在我耳朵上，針就扎在我耳垂的幾個施壓點，當電刺激器打開，就會有微量的電流通過細針，調節電流的旋鈕開到最大，針扎的地方就會發麻，調到最低則只有微微的感覺。

電療到最後會產生一種興奮感，患者甚至可能進入半睡眠狀態。他們把海洛因叫做「盹兒」，因為會令人昏昏欲睡，而電刺激器就是要複製這種效果。因此，整個療程其實就是在心理上和情感上設法使你戒掉海洛因，同時用電刺激器來減輕身體上的戒斷症狀，使用電刺激器的時間理論上會隨著療程的進展逐步減少。

過了五天左右，梅格說我和愛麗絲必須分開接受治療，否則很難取得進展。主要問題在夜裡我們兩人都無法入睡，把全部人都搞得筋疲力盡。我對療程也有很大的疑慮，起初，我的感覺是他們在向我們示範這臺儀器可以做到什麼，漸漸地發現這就是實際的治療，除此之外沒有別的內容了，我開始感到恐慌。為了讓事情比較好處理，他們認為我應該去哈雷街跟他們住，愛麗絲則去另一間療養院治療，她因為酗酒，問題又更複雜。我很不願意他們把我倆分開，也很納悶，若說我們之中有一人必須送到某間陌生的療養院治療，為什麼是愛麗絲而不是我。這點我至今依舊感到困惑，會不會是他們把我視為難得的機會，一個倘若成功治癒，肯定對診所名聲有很大幫助的知名患者？他們的診所從開業後似乎一直生意平平。

要獨個兒去陌生且極端保守的家庭生活，著實令人感到不安，但我知道自己只能接受他們安排的一切。現在回想起來，我想所謂的「療法」，只不過是物理性的治療，配上滿滿的溫柔關愛和飲食監督，再加一點喬治的基督教倫理。他們那看上去緊密健全的家庭也是一種示範，兩個兒子和一個女兒都是好孩子的絕佳榜樣，就好像是在說：「看，大家和樂融融有多好。」然而，這只會讓我更加難受。

記得有一次，他們讓我自己出去，我去見了一些朋友，弄到一些美沙冬糖漿，那是用來幫助癮君子戒斷海洛因的替代藥物。我偷偷帶回梅格家，藏在衣服堆裡。我不知道原來她會檢查我的東西，第二天午飯的時候，她在孩子面前拿出那瓶糖漿，說我背叛了她，行為令人不恥，說完把糖漿倒進水槽裡。不管理由有多充分，我一向無法認同羞辱人的做法，不能理解這怎麼會成為療程的項目之一，這種做法完全無效，只會讓人感到丟臉。正是從那一刻起，我默默把自己封閉起來，心裡暗自決定不要再跟他們有任何瓜葛。

我確實在他們那達到了某種形式的康復，事實上，他們很鼓勵我重拾聽音樂和彈吉他的愛好，也確實給我帶來很大的幫助，因為這讓我重新找回自己的感覺，而且是排山倒海而來。回過頭去看，我真心相信梅格和喬治在他們的能力範圍內已經盡力，但這真的不夠，幫我擺脫海洛因也許是做了好事，但事後沒有任何有效的後續照顧計畫，任由我在外面亂跑，是很沒概念又危險的事。他們似乎對戒酒無名會或戒毒無名會這些機構普遍使用的十二步驟課程毫無所知，要不就是不感興趣，這個課程自一九四〇年代中期以來，就在倫敦和英國各地興起並蓬勃發展。我的療程結束後，他們想到的所謂康復計畫，是在大衛幫忙安排下，送我去大衛的小兒子法蘭克・奧姆斯比—戈爾（Frank Ormsby-Gore）在奧斯威士垂郊外經營的農場休養。他們的盤算是，我在那裡應該就會把身體養好，身心也會安頓下來。實際上，我一去到那裡，就用另一種上癮的東西代替了毒品。

第八章
461 Ocean Boulevard
海洋大四六一號

法蘭克・奧姆斯比—戈爾比我小九歲，我在一九七四年初去他們家位於士羅普夏的農場做工時，他才二十歲。雖然我在他十四歲就認識他，那時只把他當愛麗絲的小弟弟，這次重逢卻是一拍即合。我從赫特伍德開著喬治・哈里森送我的 Mini Cooper Radford 過去，這是一輛定製的 Mini 豪華轎車，車身上有喬治請來一位導師兼畫家畫的印度密宗符號。我帶了一把空心吉他和一些唱片收藏，結果原來法蘭克是超級樂迷，我們馬上找到共同的愛好。他是一起聽音樂、激盪想法的絕佳人選，很快成了我要如何重返演奏舞臺的測試人。我們住在一間小農舍，有幾間臥室、一間廚房和一間客廳，環境有點髒亂，但法蘭克的廚藝很棒，我們大多數時候都待在廚房裡。

過了三年什麼也不做，大多數時候只躺在沙發上對著電視打盹的日子，我的身體很虛，所以我們說好，一開始我就依自己的狀態幹活。農場上的活兒非常多，法蘭克幾乎是獨力經營，也才剛好收支打平。他有一位朋友麥克・柯朗奇（Mike Crunchie），加上另一位叫做岱（Dai'）的傢伙，是我在農場上唯一見過的幫手，給我指點要領的人正是柯朗奇。很快的，我開始天一亮就起床，馬不停蹄地捆乾草、砍木柴、鋸樹木、打掃牛舍。自從跟著外公到建築工地打工之後，我就沒再做過這種粗活，我由衷喜歡，而且沒多久就變得很壯，即使在冬天，因為風傷的關係皮膚還是曬得很黑。在我賣力幹活的同時，法蘭克四處遊走買賣卡車和其他重型車輛，他自詡為生意人，喜歡高談闊論他正在進行的貨車或曳引機之類的大宗交易。

到傍晚五六點左右，他會來接我，我們一起到奧斯威士垂鎮上的酒吧，聽點唱機、喝酒喝到站都站不穩。我們喝醉後，有時會醜態百出，而且是在公眾場合公開出洋相，過了那麼久隱居的日子，這對我倒是身心有益。然後我們回到農舍，法蘭克會弄晚餐，我們繼續再喝。我很久沒有這麼開心過，法蘭克為我做了一件很重要的事，他讓我再度感覺自己還不賴。在派特森家，我總覺得有點羞恥，就好像自己是接受改造的罪犯一樣，而跟法蘭克在一起，儘管主要也是酒精作祟，我至少感覺充滿自信和幽默感，好像終於走出陰影的人，整個人都活了過來。他對我非常好，充滿關愛，最重要的是，他沒有任何預設立場，我相信他是真心喜歡和我作伴，也完全無條件地接受我的一切。

和法蘭克一起生活那段期間，我開始為新專輯收集歌曲和想法。各種不同形式的音樂我都聽，也嘗試寫下一兩行曲調，不消說，藍調仍是我的首選，我已經等不及想趕快開始做點什麼。從離群索居到走回人群，跟我想要再做音樂有很大關係，在這一點上我很感激大衛和派特森家，他們要我把精力集中在這方面，是完全正確的做法。除了我心目中考慮的素材以外，一支醞釀中的樂團也已準備就緒，卡爾・雷德爾給我寄來他和一群土爾沙樂手一起演奏的錄音帶，附上字條說：「你一定要聽聽看，我覺得你會喜歡和這些人一起演奏。」卡爾擔任貝斯手，鍵盤手是迪克・西姆斯（Dick Sims），鼓手是傑米・奧達克（Jamie Oldaker），他們的演奏很棒，一聽就知道很有天分。

卡爾本身就是個精采人物，他是德裔土爾沙樂手，樣子很像歐洲人，總是戴一副橢圓形眼鏡，額頂髮線很高，後腦勺卻留著長長的散髮。他只比我大三歲，但看起來飽經風霜，處事既有經驗又有智慧，是天生的哲學家，也是音樂學家，世界各地的音樂他都聽，涉獵很廣。我們無所不談，話題從電影到獵狗，一聊就是好幾小時，他是我真正的知音。當然，最深得我心的，是他的貝斯彈得很出色，以極簡和優美的風格彈出強烈的節奏。

在骨牌合唱團時期，我和卡爾變得很要好，後來樂團解散，他一直很想再和我合作。他可以看透我所有的荒唐行徑，知道我的能力在哪裡。儘管大衛願意伸出援手令我非常感動，但卡爾這種方式對我才是更大的鼓舞，因為身為一個渴望到美國發展的樂手，被困在英國一個鳥不生蛋的地方簡直是地獄，我的偶像全都在美國，而卡爾傳達出「我們在等你」的訊息，是使我想要復出的莫大動力。這支小樂隊就此深印在我腦海裡，我在法蘭克那裡開始拼湊新專輯的素材時，想像一起演奏的，就是這支樂團。

我寫歌的時候，喜歡完成度愈低愈好，這樣跟我一起演奏的人就有機會透過他們的演奏方式來影響歌曲最後的樣子。以這張專輯來說，我在心裡準備了一小組、一小組的想法，到時可以帶去給卡爾、傑米和迪克，跟他們說：「我們來演奏看看。」希望在我們的演奏之下，一首歌曲就這麼自然而然地接近完成。我當時進展得相當順利的一首歌是〈讓愛成長〉（Let It Grow），還頗為自己在歌詞中的創意感到自豪，直到幾年後才發現，我完全剽竊了齊柏林飛船（Led Zeppelin）的神曲〈通往天堂的階梯〉（Stairway to Heaven）的概念，這是遲來且殘酷的正義，虧我還一向把他們批評得體無完膚。

有一天，我在農場上接到彼特・湯森的電話，問我想不想在松林製片廠（Pinewood Studios）正在開拍、根據誰合唱團的概念專輯《湯米》（Tommy）改編的同名電影（中文片名叫《衝破黑暗谷》）中客串演出，他希望我在裡面演奏一首桑尼男孩威廉森的老歌〈盲人的視界〉（Eyesight to the Blind），飾演的角色是一位崇拜瑪麗蓮・夢露的牧師。我雖然覺得整部電影聽起來很扯，但還是忍不住想試一下，想重返演奏、唱歌和灌錄唱片的工作。他們派了一輛車來接我，把我載去製片廠錄影一天。那天的感覺很超現實，我一整天都在跟誰合唱團的鼓手基斯・穆恩（Keith Moon）喝酒喝得醉醺醺，看到他毫無節制的豪飲方式，我就覺得自己一點問題都沒有，跟他比起來，我頂多只能算輕量級酒鬼罷了。

我在法蘭克的農場休養到一半，愛麗絲也從療養院出院，到農場來找我。這次見面的氣氛很緊張不安，因為梅格嚴禁我們同睡一房，也不能有任何親密關係，理由是有可能導致我們故態復萌。這其實正合我意，因為隨著我的感官重新活過來，過去這三年都在沉睡的對佩蒂的思念又回來了，在喬治和佩蒂突然跑來威爾斯找我，想看看我過得怎麼樣的時候正式點燃。儘管被他們的情誼感動，我記得當時心想，多希望只有佩蒂一個人來就好。我們大家一起去酒吧喝一杯，他們倆看起來仍像一對夫妻，但我很清楚地感覺出來，佩蒂看我的眼神不僅僅是出於朋友的關懷，往日情懷猶如洪水決堤全都回到我心中。

離開法蘭克的農場時，我已是個身強力壯、沒有任何毒癮的人，對未來的各種可能性充滿了興奮的期待。為了感謝梅格，我把我的二十四克拉金古柯鹼湯匙寄給她，附上一張手寫字條，寫著：「梅格，謝謝你。我再也不需要這東西了。」我的心情好極了，因為生活又開始變得美好。我發現自己從來沒有停過聽音樂和彈吉他，即使在最低潮的時候，仍然維持著某種程度的專業技藝，我確實有一份可以重返的工作。我也做了和愛麗絲分手的痛苦決定，這是梅格一直建議我們做的事，她擔心我們彼此最後會毀了對方。這段關係如今就只剩下依賴，我的心已全被佩蒂占據。

在我染上毒癮期間，史提伍始終相信我有一天會挺過去，這對他來說是很大的賭注，但他沒有放棄我，而我重出江湖所做的第一件事，就是安排和他會面。

「你想做什麼？」他問我：「因為我很清楚我想要你做什麼。」

我說：「我啊，已經想好很多點子，我想要出唱片。」

他說：「那太好了！我想要你做的就是這個。這是去邁阿密的機票，我已經定好錄音室，湯姆．多德會負責製作和錄音，如果你願意跟他合作的話。」

就這樣，一切都安排好了，就只等我就位。記得我當時心想，他真有先見之明，竟已事先策畫好唱片計畫，讓我可以直接開始工作。他也幫我們租好房子，就在邁阿密海灘，是臨海第一排的豪華住宅，地址是海洋大道四六一號，我二話不說馬上飛到那裡。

抵達之後，來接我的是卡爾，他直接載我去見傑米和迪克。他們是很有朝氣的年輕人，既聰明又有自信，完全沒把我當一回事。在他們面前，我感覺自己好老，即使我當時才不過二十九歲。我們的想法是以一支四人樂團的形式演奏，在錄音室裡則可以加入其他樂手，讓聲音更豐富。直覺告訴我，這張專輯的成功與否，完全取決於我們四人之間的化學作用，而我的首要任務就是在和正規樂手一起合奏時，想辦法恢復我的演奏能力。我們最後找到一個折衷方式，他們配合我的能力，盡量不作過多演奏，這使我們的合奏很簡單質樸，有一種特殊的魅力

史提伍引介來加入我們的樂手之一，是曾在百老匯音樂劇和電影《萬世巨星》（Jesus Christ Superstar）中飾演抹大拉的馬利亞（Mary Magdalene）、傑出的年輕歌手伊凡・愛莉曼。她有愛爾蘭和夏威夷血統，披著一頭深色長髮，長得非常漂亮，很有異國情調，史提伍很希望我們能合作。我過了幾年基本上沒有性生活的日子，不難想像在邁阿密錄音室醉人的氛圍中發生了什麼事，我和她互相吸引，很快開始打情罵俏，玩在一起，兩人之間打得火熱。她很愛玩，喜歡喝酒、嗑藥，基本上就是愛和我們一群男生出去玩，我們成了很好的朋友。她優美的聲音也讓我驚為天人，不用多久，我就邀她加入我們的樂團。

我復出後灌錄唱片選用的第一把吉他，是自己製作的一把黑色芬達 Stratocaster，我暱稱

為「小黑」。巴迪・霍利和巴弟・蓋都是 Stratocaster 的愛用者，我雖然很欣賞他們，但早期使用的主要是吉普森 Les Paul 吉他。有一次跟骨牌合唱團巡演，看到史帝夫・溫伍德用一把白色 Stratocaster，受到啟發，走進位於納士維的 Sho-Bud 琴行，他們的儲藏室裡有成堆的 Stratocaster，當時這種型號已經完全退流行，我用很便宜的價錢買了六把，一把不超過一百美元，現在這種經典老式吉他大約是這個價錢的一百倍。回到英國後，我送了一把給史帝夫、一把給彼特・湯森，還有一把給喬治・哈里森，其餘三把拆解開來，用每把最好的部件組裝成一把。

骨牌合唱團都是賣力演奏的樂手，樂聲響亮又強勁有力，相較之下，以這種輕輕鬆鬆的方式即興合奏，感覺很不一樣，我連續彈幾個小時都不厭倦。然而，聽著這些伙伴的演奏，我明白自己還落後一大截，得趕快追上。蟄伏了這些年，和外界完全脫節，我想知道大家都在聽什麼、音樂界都在流行什麼。我知道自己的演奏還是發自內心，不管聽起來有多陽春、多鬆散，情感卻都是最真的，而這就是我的長處。此外，我也對所謂的「吉他大師」頭銜很厭倦，只想融入樂團裡，彈更多的節奏。我開始學 **J. J.** 卡爾的演奏方式，他是我在一九六〇年代末期，在德萊尼介紹下接觸到的樂手，而這些傢伙居然認識他，卡爾甚至在他的唱片中演奏過。這種種都讓我覺得，我的復出專輯是和這群極簡風格的樂手一起演奏，真是再合適不過，因為這正是我想要努力的方向。

除了我獨自完成的〈讓愛成長〉之外，這張專輯大部分是翻唱曲，例如〈Willie and the Hand Jive〉、〈Steady Rollin' Man〉、〈I Can't Hold Out〉等我已在腦海構思許久，只等演唱機會出現的歌曲。〈Get Ready〉唱出當下發生的事情，還有我對伊凡的感覺；〈Mainline Florida〉則是邁阿密音樂人喬治・泰瑞（George Terry）寫的歌，他是阿爾比・加盧藤（Albhy Galuten）的朋友，不知怎樣加入了我們這個快樂的團隊，而阿爾比・加盧藤則是我在灌錄《蕾拉》期間認識並常一起混的另一位邁阿密音樂人。〈給我力量〉（Give Me Strength）是我在一九六〇年代初，跟倫敦的夫妻朋友查理和戴安娜・雷德克里夫一起住在富勒姆路時初次聽到的歌，這首歌非常適合我當下的心境，也給了我難忘的機會跟樂壇傳奇人物、曼菲斯樂團（M.G.'s）的鼓手小艾爾・傑克森（Al Jackson Jr.）一起演奏。

有一天，喬治・泰瑞帶著巴布・馬利與痛哭者樂團（Bob Marley and the Wailers）的專輯《燃燒》（Burnin'）進錄音室，我從來沒聽過這個團體，但泰瑞一放唱片，我就著迷了。他特別喜歡〈我射殺了警長〉（I Shot the Sheriff）這首歌，一直對我說：「你要錄這首，你要錄這首，我們一定可以奏得很好聽。」但這首歌是紮紮實實的雷鬼樂，我沒把握大家能把它的韻味充分展現出來。不管怎樣，我們還是錄了一個版本，我雖然當下沒說，但其實不是很喜歡。斯卡（ska）、藍拍（bluebeat）和雷鬼都是我熟悉的音樂形式，由於英國日漸增加的西印度群島族群，這些音樂我從小到大就在廣播中、俱樂部裡聽到，但美國人覺得相當新鮮，對於這類音樂應該怎麼演奏也不像我這麼挑剔。不是說我懂得怎麼演奏，我只是知道我們演奏得並不到位。

專輯錄製接近尾聲，開始盤點我們錄好的歌曲時，我說我認為〈我射殺了警長〉不應該收錄進來，因為我們沒有演奏出痛哭者版本那種味道。但每個人都說：「不行不行，一定要收，這首歌真的會賣。」果真，專輯發行後，唱片公司選了這首歌作為單曲推出，瞬間躍居排行榜冠軍，讓我大大跌破眼鏡。我一直要到多年後才有機會見到巴布・馬利，但單曲發行時他打了電話給我，聽起來對結果相當滿意，我問了他歌詞的內容究竟是在講什麼，他的回答我聽不大懂，但他喜歡我們翻唱的版本，我已經鬆了一口氣。

《海洋大道四六一號》專輯在一個月內錄製完成，結束後我回到英國，決定再一次對佩蒂展開行動。透過共同的朋友，我知道她和喬治之間的關係很糟，簡直像在修士莊園公開宣戰，喬治在房子的一頭懸掛梵咒「嗡」的符號旗，佩蒂就在另一頭掛起海盜旗，但朋友給我的建議大多是：「耐心等候時機吧，她遲早會離開他的。」一天晚上，我和彼特・湯森在錄音室給我在《湯米》中演奏的歌曲錄音做收尾，收工的時候，突然有一股衝動想去找佩蒂。我說服了彼特載我去亨利，理由是喬治很想見他，而且我們不會待太久，就快閃一下。到了那裡，喬治帶彼特去他的錄音室參觀，同時彈幾首他正在寫的歌給彼特聽，我逮到機會和佩蒂卿卿我我，並勸她痛下決心離開喬治。我後來沒有等到她的決定，就離開了，但那次見面，竟成了我倆關係中重要的轉捩點。

我去見了史提伍，此時他除了經紀我的演藝事業，手上還有很多案子在進行，舞臺劇有《萬世巨星》、《噢！加爾各答》（Oh! Calcutta!）和《毛髮》（Hair），電影《湯米》也由他負責製作，此外他還是比吉斯合唱團（Bee Gees）的經紀人，但他認為我的事業需要有專人全職照顧，因此指派了另一個人給我。他選的這個人是羅傑・弗雷斯特（Roger Forrester），一位犀利風趣的北方人，已在他的經紀公司RSO工作過一段時間，負責演出預訂業務。我和羅傑早已認識，他安排過我的一些巡演，由於他總是戴一副電視機形的有色大眼鏡，一身瀟灑的西裝、寬大鮮豔的「醃魚領帶」、由兩側往頭頂梳的髮型，我一直視他為一號人物。

傑克和金格老是想盡辦法要把他惹毛——比方說，金格喜歡帶他的狗進羅傑的辦公室，慫恿牠們把能咬的東西都咬爛——但他們很少得逞，羅傑總能以他的舌粲蓮花和俏皮話把他們打發走。他不是演藝界的新手，入行一開始是幫工人俱樂部的摔角賽做宣傳，之後曾跟蜂巢樂團（Honeycombs）和皮克提巫樂團（Pickettywitch）等流行樂團體合作。他會變成我的經紀人真是意想不到的事，我們是完全不同的人，性格簡直截然相反。我喜歡小眾的東西：藝術、電影、街頭時尚，他則喜歡把自己塑造成每天吃香腸配薯泥的典型工人階級形象，不管怎樣，我們總是能找到折中方式，彼此相處得很不錯。

在〈我射殺了警長〉單曲大獲成功後，一九七四年七月，《海洋大道四六一號》專輯正式發行，又是時候上路巡迴演出了。史提伍策畫了一個為期六週、巡迴北美二十八座城市體育場的大計畫，羅傑顯然很不同意這種做法，認為應該讓我以溫和的循序漸近方式復出，在小一點的場地做行程較短的巡演。不知他們之間是怎麼達成共識，總之最後史提伍的計畫勝出，我們大張旗鼓地上路了。

羅傑在加入史提伍經紀公司之前，在倫敦東區建立了一些有意思的人脈，其中包括羅利・歐萊瑞，也就是曾經幫柯雷兄弟管理過「愛思默瑞達的穀倉」的「地下酒吧」老闆。羅傑找來羅利的兄弟阿爾菲，擔任我的私人助理兼保鏢。阿爾菲是個令人印象深刻的人物，身材壯碩，至少有一百九十三公分高，燙著一頭捲髮，脖子的動作很不自然，好像曾經折斷過似的，由於幾乎沒辦法轉頭，他看旁邊的人的時候，會整個上半身轉過去，給人一種凶惡的感覺，雖然看上去有點嚇人，但這都是偽裝，他其實是個既溫柔又有深度的人。然而身為我的隨行人員，他常常不得不做出一些會令人於心不安的事情，例如強行把不應出現的人驅離現場，他會因此自責好幾天，但都只往自己肚裡吞，然後繼續擺出一副凶神惡煞的樣子。實際上，他絕對是溫柔的巨人。

羅傑或許對我的巡演行程有疑慮，我卻不擔心，我已經封閉自己夠久了。更何況，我大部分時間都醉得無從察覺這次巡演是不是對我的心理造成了負面影響。酒後的我成了最糟糕的惡作劇大王，比方說有一次，史提伍決定讓我們到巴貝多進行巡演彩排，於是在當地海邊給我們租了一棟大別墅。抵達那裡時，工作人員已為我們準備好美味的義大利肉醬麵當晚餐，我連坐都還沒坐下，就拿起盤子扔向某人，把對方糊得全身都是，沒多久，食物在廳裡飛來飛去，牆壁和家具都沾滿義大利麵和肉醬。

在我酗酒的那些年裡，最快樂的時光就是跟史提伍那幫人在一起的時候，我們常常惡作劇玩得很大，簡直無極限，有時會玩得太過火，最終必須有人出來宣布停戰，否則再玩下去會有人受傷。史提伍喜歡扮演憤慨的受害者的角色，被整得過了頭就會突然猛烈反擊，而且手下毫不留情。聽起來很幼稚，也真的就是幼稚，但我們玩得很開心。除了我之外，還有兩個人最喜歡整史提伍：艾哈邁德，還有經營滾石合唱團的唱片公司的厄爾・麥格拉斯（Earl McGrath）。我聽說有一次，他們在機場的大庭廣眾之下，把他脫得只剩內褲，他公事包裡的東西都被倒出來，散落一地。

有一年聖誕節，我訂了一隻全尺寸的絨毛駱駝送到史提伍家，他則回敬三頭乳牛，送到赫特伍德給我，諸如此類。有一次，我、艾哈邁德和厄爾一起去巴貝多他租來的別墅找他，到了那裡，我們開始亂丟屋裡的東西，把整間房子弄得亂七八糟，他坐在屋外的吊床上，哭哭啼啼地說：「你們好大膽！我這輩子從來沒有這樣被羞辱過。」我們就像小孩子一樣，而只要有一個人換邊站去幫史提伍，局面馬上一百八十度扭轉過來，受害者就會變成發動攻勢者。回想起來，我們能夠這樣玩、玩得這麼大，其實需要很深的情誼和信任，而不管酒醉還是清醒，在我們之間，這種情誼和信任絕對是存在的。

《海洋大道四六一號》的巡迴之旅於一九七四年六月二十八日，在康乃狄克州新哈芬市可容納七萬觀眾的耶魯碗美式足球場揭開序幕，樂團成員跟專輯中的演奏者完全相同：卡爾・雷德爾、傑米・奧達克、迪克・西姆斯、喬治・泰瑞和伊凡・愛莉曼，但演唱曲目還包括我在鮮奶油合唱團時代的〈勛章〉和〈十字路口〉、盲目信仰合唱團時代的〈上帝的存在〉，以及骨牌合唱團時代的〈蕾拉〉和〈你可曾愛過一個女人？〉（Have You Ever Loved a Woman?）。畢竟，這次是我的復出之旅。

我們的演出很熱鬧，作開場表演的是英國喜劇團體邦佐狗樂隊（Bonzo Dog Doo-Dah Band）的鼓手、綽號「美腿」的賴利・史密斯（Legs Larry Smith），他經常表演穿著芭蕾舞短裙，從爵士鼓後面跑出來跳踢踏舞的哏。在我們的巡迴演出中，他的戲碼是以古羅馬軍隊百夫長的裝扮上場，配合誰合唱團的歌〈我的世代〉（My Generation）假裝彈烏克麗麗。我們沒有給他好日子過，會站在舞臺邊向他丟東西：水果、餐包，或任何手邊的東西。有時候，我們會在他上臺前把湯倒進他的烏克麗麗，使開場這幕顯得很不尋常，觀眾不知該如何反應，最後總是把他噓下臺，他則假裝一副難過屈辱的樣子，這也都是表演的一部分。

我和美腿成了哥兒們兼酒友。他在大熱天還是喜歡穿很多，例如七月中在紐奧良，我記得他穿著三件式的哈里斯毛料西裝，外套的袖子往上翻摺到小手臂。他非常時髦，曾用假日酒店的毛巾縫製成一套精美的西裝，他對衣服的品味也漸漸影響了我，我的標準服裝成了一件在二手店買的破舊 Lee 連身吊帶褲，外披一件透明塑膠雨衣，上面縫了幾百個徽章。

我不大擔心別人怎麼想，反正大多數時候都喝得醉醺醺，跟伙伴們一起胡鬧，玩得很開心。我通常喝白蘭地，但沒辦法喝純的，和我從那時開始碰到的許多酒鬼一樣，我不喜歡酒精的味道，所以會和甜的飲料混在一起喝，例如加薑汁汽水或七喜。我從早到晚都在喝，也不管當天晚上是不是有演出，因為我總相信自己應付得來。當然，其實很多時候我醉得唱不下去，這時我會逕自離開舞臺，有人就會苦口婆心勸我回到臺上，這個人通常是羅傑。

在迷幻風潮退去後的一九七〇年代初，娛樂圈彷彿人人都在買醉，要登臺演出，不帶點醉意反倒顯得不尋常。記得有一次，我在臺上躺著唱完整場，麥克風架就放倒在我旁邊，大家都面不改色，也沒有接到太多觀眾投訴，大概他們都跟我一樣醉。當然，那時圈內也有一些明燈，像史提夫・旺達（Stevie Wonder）、雷・查爾斯、比比・金這些有高道德標準和專業精神的藝人。我要是能有多一點勇氣，或清楚的頭腦去理解他們所樹立的榜樣，也許就會開始正視自己正在逐漸走下坡，但酗酒問題可不是這麼簡單，我早已深陷在罔顧事實的心理，拒絕承認自己的人生正走上了歧路。

私底下，大家愈來愈擔心我的狀況，但沒有人對問題有正確的理解。我身邊的人只懂得做一件事：努力維持現狀，而羅傑成了其中的主力。看來，史提伍給他的指示是，盡量維持一切正常運轉，於是他成為我的幫凶，我要什麼都盡量滿足我，適時鼓勵我，整天陪我一起狂歡、逗我笑。我們變得很親近，我漸漸把他當父親一樣，他跟著我到處去，從頭到尾在一旁照看我，逢人就問：「艾力克呢？他在搞什麼？他還好嗎？快跟我報告。」至於我，則陷在酒醉的迷茫歡樂中，沒有注意到幫我工作的每一個人，現在都在幫羅傑工作，權力的平衡悄悄發生了變化。

羅傑真正厲害的一件事，是生出佩蒂，這也是我們的關係變得這麼密切的關鍵。這是他第一次真正揮舞魔杖，我長久以來的願望竟然就此成真，讓我完全臣服在他的魔法之下。羅傑打聽到佩蒂真的離開了喬治，目前住在因為嫁給米克・佛利伍而搬到洛杉磯的妹妹珍妮(Jenny）家中。他建議我打電話給她，邀她來跟我一起巡迴演出。

這一切都是臨時起意，但我鼓起勇氣打電話給佩蒂，而她答應了。以過去三年裡我幾乎跟她毫無接觸來說，這無疑是巨大的轉變。她於七月六日在水牛城加入我們，當天我們在戰爭紀念體育場面對四萬五千名觀眾演唱，那不是個吉利的開始，我和伊凡・愛莉曼的關係還持續著，被她傳染得了嚴重的結膜炎，眼睛幾乎看不見，又因為太醉了，在臺上整個人撲到一大棵盆栽植物上。然而當天晚上，當我演唱〈你可曾愛過一個女人？〉，歌中的一字一句，都有了很不一樣的意義。

第九章

El and Nell

艾兒與妮兒

我和佩蒂終於可以在一起了，但我倆的關係並不像外界所描繪的這麼浪漫，這根本不是一段成熟、清醒的關係，而是醉後闖入的未知境地。以我現在對自己情況的了解，就算我們當初真能早些在一起，也很難說就會有比較好的結果，因為我的成癮問題始終會是阻礙。話雖如此，我們確實彼此相愛，在一起的日子過得十分開心，但當時畢竟是在巡演的旅途中，雖然終於能夠光明正大地在一起的感覺很棒，現實遲早還是要面對。

我拒絕認清這段關係的心態，有一部分體現在我需要以某種方式來界定佩蒂，叫她佩蒂等於承認她仍是喬治的妻子，因此我潛意識裡的迴避策略，是給她起一個暱稱，叫她「妮兒」，或者「小妮」，有時也叫「妮妮」。她似乎並不介意，即使這表示她新生活中的每個人都這樣叫她。我幫她取這個名字有可能是向我最喜歡的姨婆致敬，又或者藉此把她降級到類似酒吧女侍的地位，好讓自己不這麼怕她。這都很難說，我那時的想法和行為舉止很難理解，連我自己都搞不懂。無論如何，這名字頗適合她，也就這樣叫下去了。

一九七四年的下半年幾乎就在《海洋大道四六一號》的巡迴演唱中度過，我們在美國、日本和歐洲唱了四十九場，場場爆滿，表演場地幾乎都是大型體育場，但那段期間在我腦海中幾乎是一片空白。回想起來，羅傑不贊成讓我在這些大場地演出，他的擔憂或許是對的，我脫離這個圈子太久，在臺上既緊張又生硬，會盡量避免獨奏，但這正是歌迷付了錢想聽的東西，我的現場吉他演奏也還沒跟上水準，要到隔年在美國小一點的場地表演才算恢復。妮兒跟著我們跑完美國巡演的第一階段，就先回家了。

她前腳才走，我就開始有一夜情，拈花惹草，行徑荒唐，我的道德觀變得很可怕，而且隨著酒喝得一天比一天多，只會愈變愈糟。我好像已經在努力破壞和佩蒂之間的感情，彷彿既然已經到手，就不想再要她了。身邊還跟著我一起胡鬧的伙伴，只剩下美腿賴利，卡爾有時還會加入，其他人大多盡量避開我們。有時候，羅傑會勸我少喝一點，我可能會想一下，然後再給自己倒上一杯，把這個主意澆熄；又或者發脾氣，叫他少管我的事。

巡演結束後，由於〈我射殺了警長〉的成功，湯姆和羅傑認為我們應該前往加勒比海地區，進一步開發雷鬼曲風，因此安排了一趟到牙買加錄音的行程，希望我們去雷鬼發源地探索一下，也許能受到一些薰陶。湯姆很相信從根源汲取養分這回事，我也樂於接受這個主意，因為這表示我和佩蒂可以來一趟「蜜月」之旅。在京斯敦工作的感覺很棒，無論走到哪裡，到處都聽得到音樂，每個人隨時都在唱歌，連飯店女傭也不例外，我愈聽愈上癮，但跟牙買加人一起錄音，又是另一回事。

我完全跟不上他們抽大麻的量，我要是抽跟他們一樣多或一樣頻繁，早就昏死過去，要不就是出現幻覺。我們在京斯敦的 Dynamic Sound Studios 錄音，各種人物進進出出，大家互敬一大根叫做「喇叭」的大麻菸，錄音室裡煙霧瀰漫，我連誰在裡面、誰不在都看不清楚。我們跟痛苦者樂團的彼德・陶許（Peter Tosh）一起錄幾首歌，他多數時候都萎靡不振地癱在椅子裡，一副不省人事的樣子，但一開始錄音，他就會起來神乎其技地彈奏，展現他的「哇哇」雷鬼技巧，而一停下來，他又回到昏睡狀態。

我對雷鬼音樂非常感興趣，但巴布・馬利與痛苦者樂團也已經認識了，下一步不知道還可以往哪裡去。現在來想，士司與梅托樂團（Toots and the Maytals）會是理想的對象，他們已成為我最喜歡的樂團之一，但那時候我們還沒有建立起聯繫。最主要的問題是，在終日酒醉的狀態下，我多數時候是被湯姆、甚至羅傑牽著鼻子走，由他們幫我妄下音樂上的判斷——有時是挺糟糕的判斷。單單只去牙買加是不夠的，沒有具體方法卻要建立起雷鬼和搖滾之間的橋梁，更是不容易。〈我射殺了警長〉以一種天真的方式做到了，但做的時候並沒有認真去想這件事，等到我們真的開始去想，卻為時已晚，因為我們演奏的音樂，不是純雷鬼就是純搖滾。我們在接下來這張專輯中收錄了一首喬治・泰瑞寫的〈別怪我〉（Don't Blame Me），可以說是〈我射殺了警長〉的續篇，但聽起來就是不妥，感覺像在套公式，事實上我們的做法可以說就是在套公式，而結果幾乎注定是適得其反。我們最後做出來的專輯——我給它取名《到處都有》（There's One in Every Crowd），於一九七五年三月發行——雖然仍有許多可取之處，但它只是又一張搖滾專輯，跟牙買加音樂或雷鬼扯不上邊。

事實上，這個階段的我正努力尋找方向，同時也開始發現，聽了愈多厲害的樂手和歌手，我就愈不想站到第一線。例如，我們在這張專輯中請來底特律美麗的女歌手瑪西・李維（Marcy

Levy）一起合作，她跟德萊尼和邦妮，還有里昂・羅素一起演唱過，為了給她更多演唱機會，我開始盡量減少自己的貢獻。我發現自己比較喜歡當配角，很樂意把別人推上主角的位置，畢竟樂團是屬於我的，大家還是很清楚老大是誰。我最終邀請瑪西全職加入樂團，這把里昂給氣壞了，他本來已經指控我搶走另外兩位和他一起演奏的年輕樂手：傑米・奧達克和迪克・西姆斯。但以他們兩人的角度來看，跟我一起工作、到世界各地巡演，大概要有吸引力得多。

我和妮兒計畫的「蜜月」之旅，最後變得非常短暫。她直接飛到歐喬里約斯跟我會合，幾天後，我因為跟她打鬧，她把自己鎖在浴室，我在踢開浴室門的時候撞斷了腳趾，得送到京斯敦醫院包紮。緊接著又接到消息，我同母異父的弟弟布萊恩在加拿大因摩托車事故喪生，雖然我從青少年時期過後就很少再見到他，我們也不算親，聽到消息還是很難過，因為我一直很喜歡他。

我要求妮兒陪我去參加葬禮，不過對那次行程沒什麼印象，有這個藉口我更是堂而皇之地喝得酩酊大醉。可以想見，陪我去這樣的場合對她來說不是容易的事，她從來沒見過我的家人，我那些年也很少見到我母親。我記得葬禮是天主教儀式，從來沒參加過天主教典禮的我完全不知道正在發生什麼事。我記得的另一件事是，我感受不到自己的悲傷，也許是因為母親的悲傷太過巨大，布萊恩的驟逝對她打擊太大了，而我太過麻木，沒辦法適當地安慰她。

跟妮兒在一起的第一年，我們一直四處奔波。《海洋大道四六一號》讓我賺了很多錢，羅傑一定要我們搬去巴哈馬群島住一年，以避免繳高額的所得稅。這才是我們真正的蜜月，我們在拿索主島東北端以橋相連的一座美麗小島——天堂島上，租了一座莊園。知名影星李察・哈里斯（Richard Harris）在島的一端有一棟房子，另一端則是一間大飯店。我們租的莊園就不偏不倚，坐落在島中央，而且橫跨整座小島的縱深，屋主無獨有偶，名叫山姆・克萊普（Sam Clapp），是國際金融家伯尼・康菲爾德（Bernie Cornfeld）的合夥人。莊園裡有一棟邁阿密風的大房子，另一棟比較小的是玻里尼西亞風，每個地方都蓋得既漂亮又現代，我很喜歡，尤其還有中央音樂系統連接到每個房間，我從沒見過這樣的設計，一切看起來都很有新意。

天堂島上的生活，首先就是悠閒自在，我們盡情享受陽光、大海、白沙，以及只有我倆的二人世界。我不再酗酒或一個人喝悶酒，一天最多只喝幾瓶啤酒。這樣的日子沒有維持多久，一旦習慣了天堂島，我也變得又黑又結實以後，我愈來愈喜歡待在有空調的室內，再也受不了戶外的環境。我不想跟人交流，而且又開始喝酒，主要喝白蘭地和伏特加。這裡的酒非常便宜，喝烈酒已是當地居民的習慣。幾乎就在一夜之間，我的酗酒問題開始惡化，在那一年的過程裡，我正式變成了百分之百的酒鬼。

住在天堂島的時候，我從那裡出發和樂團一起去澳洲巡迴演唱，我酒後亂性的樣子似乎很符合澳洲的文化，就好像這種行為舉止在那裡是受到鼓勵似的。記得其中的一種行為模式是，我變得超愛跟人比腕力，會找酒吧裡的人單挑，對方通常會壓倒我的右手，但我的左手特別有力，從來沒有人能比贏我的左手，就連大個子也不例外。這種行為還算無害，但我時不時會變得很過分，在妮兒面前當眾做出很不恰當的事情。

記得我曾在一場規模不小的晚宴上捅了婁子，因為我大聲問主人的太太想不想跟我共浴，當下可能只是覺得好玩，但聽在妮兒和當事人耳裡可一點都不好笑。一直以來，我體內彷彿住了個狂人，不斷想冒出頭來，而酒精讓他得到了許可。在我一九七〇年代中期的日記裡，有一段在希臘度假的遊艇上寫下的文字這麼寫道：「我坐在這裡喝伏特加調檸檬汽水，一個人獨酌。我很傷心，也很生氣……不斷想著要怎麼對付待會第一個拿我的吉他來盤問我——或者更糟糕，碰我的吉他的海關人員。」

我生氣時的反應就是想要挑戰權威，常常就會對海關人員、警察、門房，或任何穿製服的人講難聽的話，然後羅傑或阿爾菲這些人就得幫我收拾殘局，或保釋我、賠不是、賠錢等等。有時候，我會自己創造劇情來尋釁鬧事，我會說：「你侮辱我太太。」藉故對我看不順眼的無辜受害者大吼大叫。

有一個臭名昭彰的類似事件，就發生在我們住在天堂島那段期間，我當時受邀到俄克拉荷馬州的土爾沙，在卡恩歌舞廳（Cain's Ballroom）的週年慶表演中跟其他樂手即興合奏，卡恩歌舞廳是很有名的舞廳，從十九世紀的雜耍表演年代開始營業，是當時樂團的熱門表演場地。我跟土爾沙音樂人的關係很深，於是決定應邀前往，先飛到邁阿密，再轉機到土爾沙。抵達當地的時候，我早已醉得進入好戰狀態，在飛機上就跟人發生了口角，機組人員當下先打電話向土爾沙警方報案，因此飛機降落的時候，警察已在那裡等著逮捕我。

去到郡監獄，一名警員在對我作出指控的時候用了我的中間名，他說：「你是不是艾力克・派崔克・克萊普頓？」我答他：「從來沒人叫我派崔克，你沒有權力用這個名字叫我。」我對他連珠砲開罵，結果就被關進專門關酒鬼的牢房。我不斷告訴他們我是誰，他們不信，於是我說，去拿一把吉他來，我證明給你們看。他們果真拿來一把吉他讓我彈，聽完就放我走了。第二天早上，當地報紙《土爾沙論壇報》的頭版登出一大張照片，我正從牢房裡隔著鐵條往外看。

飛到別的地方跟其他樂手合奏，是逃避天堂島的好藉口。我跟滾石合唱團一起演出了兩次，一次在紐約，一次在洛杉磯，都是他們的美洲巡迴演唱場次。接著在八月，我飛去紐約參與巴布・狄倫的唱片錄音，他正在錄製新專輯，也就是後來發行的《願望》（Desire）。記得接到跟他一起演奏的邀請時，我興奮極了，但到了現場卻發現，那是一個很奇怪的狀況：已經有兩三個樂團在那裡等著進錄音室跟他一起演奏，其中包括一支叫做 Kokomo 的英國樂團，而每隔一段時間就有一群樂手從裡面出來，每個人就會問：「怎樣？裡面是什麼情況？」還真像在候診室等著看醫生的感覺。現場包括我總共有五位吉他手，進到裡面錄音時，狄倫也不大跟人溝通，我陷入那種不知道別人期望我做什麼的尷尬時刻，也沒有人提彩排的事，狄倫演奏一首歌一兩遍，就會跳到下一首。

我估計那天晚上有二十四位樂手在錄音室裡，各種極不協調的樂器同時演奏，例如手風琴和小提琴，聽起來雖然很不錯，但我完全搞不懂是在做什麼，再一次感覺自己就像「瓊斯先生」，也想起我們在倫敦第一次見面的情形。這次見面，我還是跟上次一樣搞不懂他，只能盡力而為跟著彈，但要跟上並不容易，因為他總是飛快地彈完一首又一首。突然，錄音說結束就結束，他也走了，我等不及離開那裡，走出去大口呼吸新鮮空氣。他後來告訴我，他把所有歌曲重錄了一遍，這次只找一名鼓手和一名貝斯手伴奏，他的新專輯會採用重錄的版本。

我最終還是有機會跟狄倫一起錄了一首歌，收錄在我們的下一張錄音室專輯《不成理由》（No Reason to Cry）裡，這張唱片是一九七五年冬天，在樂隊合唱團位於加州馬里布的香格里拉錄音室錄製的。這是一張又醉又亂的專輯，大家都不知道自己在幹什麼，起初連製作人都沒有，只有錄音師拉夫・莫斯（Ralph Moss），我們完全迷失了方向。之所以會這樣的原因之一，是錄音室的環境和當時的情境太悠閒詩意了，我個人就沒辦法收心好好寫歌。試錄了幾天，我已經待不下去，只好打電話請樂隊合唱團的製作人羅布・弗拉博尼（Rob Fraboni）來幫忙，樂隊合唱團的理查・曼努爾（Richard Manuel）也給我們寫了一首〈美好感覺〉（Beautiful Thing），這是我們錄的第一首歌，總算起了個頭。

當時，巴布・狄倫就在錄音室的庭院裡搭起帳棚住宿，他時不時會突然現身，進錄音室來喝一杯，又一陣風似地消失無蹤。我問他要不要為我們的專輯貢獻點什麼，寫、唱、演奏，什麼都好。有一天，他走進來向我提議一首歌，歌名是《手語》（Sign Language），在紐約錄音的那次他曾經彈過給我聽。他告訴我，這首歌他是一口氣寫完的，要表達什麼連他自己也搞不清楚。我說我不在乎歌曲是在表達什麼，只知道歌詞和旋律我都很喜歡，和弦進行也很棒。既然狄倫不會局限自己用特定方式演奏一首歌，我們用了三種不同方式錄製我和他的二重唱，這首歌也給了我機會在樂隊合唱團吉他手羅比・羅伯森（Robbie Robertson）的原帶上疊錄，我很喜歡他的「顫音搖桿」演奏方式，在這首歌中終於有機會嘗試。總而言之，這是專輯中我最喜歡的一首歌。

這段時期我做過最不尋常的一場客串演出，是九月在愛爾蘭南部那場。當時龐德電影《霹靂彈》（Thunderball）的愛爾蘭監製凱文・麥克格羅瑞（Kevin McClory）找上我，他打算以名人馬戲團的形式，在他家——位於啟達郡的斯特拉凡大宅——舉辦一場慈善盛會，除了我，他還邀了史恩・康納萊（Sean Connery）、約翰・休斯頓（John Huston）、布吉斯・梅迪斯（Burgess Meredith）和沙莉・麥克琳（Shirley MacLaine）等明星同臺演出。羅傑很贊成我去，加上電影《蝗蟲之日》（Day of the Locust）的演員布吉斯・梅迪斯是我的偶像，於是我答應參與演出。結果，這次演出的經驗十分難忘，還把我帶上一條有趣的岔路。

第一個晚上，我認識了約翰・休斯頓，跟他同坐一桌，同桌的人全都如癡如醉地聽他回憶往事。第二天，布吉斯、沙莉和我被召集在一起排練搞笑短劇。自從在《愛瑪姑娘》（Irma la Douce）中看過沙莉・麥克琳穿一件小小的連衫襯褲，我就一直很迷戀她，好一雙美腿！我很有興趣認識她，因為一向聽說她是個火爆女子。我們的短劇大致以卓別林的鬧劇為藍本，布吉斯和我打扮成小丑，戴上假髮和滑稽的大鼻子，腳踩超大鞋子，沙莉則扮演流浪漢卓別林，基本構想是她會在馬戲場上走動，我們跟在後面，手中各拿一大塊卡士達派藏在身後，再伺機偷偷潛上前去，目的是一人一邊把卡士達派糊到她臉上，但偏偏就在準備行動的時候，她彎下腰去綁鞋帶，我們兩個就越過她彎下去的身子，把派糊到了彼此臉上。

演出共有兩場，第一場是開放給殘障兒童免費觀賞的表演，節目進行得很順利，我和布吉斯把對方糊了滿臉的鮮奶油，觀眾看了都哈哈大笑。晚上那場才是募款的演出，門票一張要價五千英鎊，而到了晚上，除了沙莉以外，全體表演者都已喝得醉醺醺——別忘記我們身在愛爾蘭。可憐的康納萊先生本來應該騎在馬背上繞場，卻因坐不穩變成了倒掛在馬肚下，但這比他原來的表演要有趣十倍，我和布吉斯接收了這個提示，當沙莉彎下腰去綁鞋帶，我們沒有把派扔出去，而是等她站起來，一人一邊把派結結實實糊了她滿臉。她氣壞了，大聲叫罵著把我們追出場外。羅傑告訴我，那之後她偶爾會打電話到公司，針對媒體對我的負面報導大發議論，火氣還大得很，真是迷人的女子。

我們被招待住宿的地點，是在斯特拉凡村一間叫做巴柏斯通堡的迷人小飯店，部分建築可以追溯到十三世紀。我立刻就愛上那地方，有可能是因為住進去的第一個晚上，我沒花半毛錢就喝了個痛快。基本上，我那一整晚都站在吧檯前喝酒，卻沒有看到任何金錢交易，當下心裡就想：「這裡簡直是天堂。」第二天，我打電話給羅傑，跟他說：「你一定要來這裡看看，真的很不可思議。」幾個星期後，我們一起去玩，在那住了一晚，跟當地人一起買醉，度過最美好的時光，那些當地人在我們倆的情人眼裡，似乎都是了不起的人物，又很會唱歌。那間飯店給羅傑的感受和我一樣，於是我們決定一起買下它。

接下來的幾年裡，我們有不少機會好好利用那間飯店，那裡發生過很多非常有趣，甚至有些離奇的事情，通常是在酒吧裡。餐廳才是飯店真正的收入來源，酒吧則是我和當地人每晚喝得酩酊大醉的地方。通常經過一個熱鬧的晚上之後，酒吧裡就像颱風掃過一樣，到處是碎玻璃、破家具、地毯下面醉倒的軀體，還有吧檯後面不省人事的我。早上會有清潔女工來打掃，不到十分鐘，整個地方就像新的一樣，已經準備好迎接中午的客人。當我終於擺脫酒精清醒過來後，我們決定把它賣掉，到那時我已經很少去那裡，事實上，去那裡也變成了一件危險的事。但那裡有許多了不起的伙伴，讓我留下畢生忘難的回憶，例如我們的經理布蕾坦（Breda），還有她的前男友、也是我的酒友喬・奇爾杜夫（Joe Kilduff）。那是一段美好的時光。

一九七六年春天，在巴哈馬群島住了一年，其間到澳洲、美國和日本巡演過後，我終於回到英國，和妮兒開始過真正家常的幸福日子。赫特伍德當時的狀態很糟，多年來沒有上過一點油漆，也沒有任何形式的保養，打從怪獸修復它那天起，我和愛麗絲就疏於照顧，完全沒在整理。整間屋子骯髒至極，之前我們養了兩隻狗——一隻叫吉普的威瑪犬，那是我長大後養的第一隻狗；還有一隻叫陽光的黃金獵犬——我們讓牠們在屋裡大小便，因為嗑藥嗑得精神惚恍，根本沒辦法清理。屋內的窗簾、沙發面料和裝飾織品都已開始腐爛，妮兒立刻投入全副精力，把房子重新整理得舒適漂亮，首先就是給廚房添置了一組 Aga 爐具。她是個喜歡社交生活的人，想讓房子可以接待客人。她和我一樣，也喜歡喝酒，雖然不會喝到像我那種程度，但喝酒成了我們生活中不可或缺的一部分，我們的活動就以此展開。我之前和愛麗絲過的是海洛因的生活方式，除了吸毒之外，大部分時間都在看電視或電影。接下來則開始過一種圍繞著酒吧的生活，先從我們屋前小路路底的風車酒吧開始，慢慢延伸到去里普利看板球賽，跟朋友在板球俱樂部歡聚暢飲。

妮兒見了我的小學同學蓋伊和戈登，他們也再度成為我經常聯絡的朋友。我們是一對外向的情侶，會去收集其他情侶或夫妻，住在附近的夫妻漸漸成了我們的社交圈，其中有些愛喝酒的人，有些人則只是喜歡來吃飯聊天。我的生活方式突然從封閉內向，變成這對舉辦晚宴派對、參加各種首演的金童玉女中的男主角。妮兒之前和喬治在庭院深深的修士莊園隱遁多年，情況也和我差不多。我這段時間過得非常愉快，重新認識了我那群里普利朋友，大家還組成所謂的里普利湯匙樂隊，我們會聚集在板球俱樂部，由克里斯・史坦頓（Chris Stainton）彈鋼琴，大約十到十五個人用湯匙敲擊節奏，大家齊聲合唱。有那麼一陣子，我和妮兒都感到是村裡的一分子。

這段期間，妮兒問我可不可以去見一位正在和她的小妹寶拉交往的男生，因為身為代理一家之主，我應該去給這個傢伙檢定一下，確認他值不值得交往。這剛好符合我狂妄自大的心態，於是我跟對方約在市區共進午餐。他名叫奈傑爾・卡羅爾（Nigel Carroll），一見面我就很喜歡他，我們有很多共同點，很快就成了好朋友。不用說，他通過了我的檢定。

他很愛寶拉，而且看得出來是個能幹又可靠的人，可惜他運氣不好，寶拉還沒準備要定下來。結局很悲慘，因為寶拉有一個兒子威廉（William），奈傑爾和他感情非常好，跟寶拉的感情結束時，奈傑爾心都碎了。我問他想不想跟我一起去巡迴演唱，好讓他淡忘失戀的痛苦，於是接下來的幾年中，他成了我的私人助理。

我和喬治仍然會見面，他一直沒有改掉一寫好新歌就跑來彈給我聽的習慣。有一年聖誕節前夕，他跑來了，我去開門，他手中拿著一支水槍就往我嘴裡射，灌了我一嘴白蘭地。有一段時間，我們之間有一點緊張，他經常說一些佩蒂離開他的風涼話，不會假裝這件事不存在，我們有時會大笑一陣，有時卻會很不舒服，但這是唯一能讓我們一起走下去的方式。某一天晚上，我們坐在赫特伍德的開放空間，他突然說：「我想，我還是跟她離婚的好。」我答他：「這個嘛，你如果跟她離婚，就表示我一定得跟她結婚了！」那情境就像伍迪・艾倫的電影。多年來，我們之間漸漸發展成一種盡在不言中的兄弟情誼，當哥哥的當然是他。我們對彼此的關愛是毫無疑問的，但真正聚在一起，有時卻變得爭強好勝、關係緊張，而通常最後都是他說了算。

一九七六年底，我收到參加樂隊合唱團盛大告別派對的邀請，感到相當震驚。我完全不曉得他們要解散了，但記得在香格里拉錄音室的時候，羅比確實不斷抱怨跑不完的巡演行程。受邀參與演出真是莫大的榮幸，許多備受崇敬的樂手也會獻唱，包括范・莫里森（Van Morrison）、穆蒂・華特斯，更不用說一直僱用樂隊合唱團擔任伴奏樂團的巴布・狄倫。因《計程車司機》（Taxi Driver）當紅的大導演馬丁・史柯西斯（Martin Scorsese）會把演唱會拍成影片，樂隊合唱團將做最後一場表演，許多嘉賓也會上臺合奏或合唱。演唱會在舊金山的溫特蘭（Winterland）舞廳舉行，那是非耳摩禮堂之外，在整個一九六〇年代盛極一時的大型搖滾表演場地。我和佩蒂提前幾天飛過去，開始盡情跑趴。很高興再見到羅比和理查，不用說，我跟理查很合得來，他和我氣味相投，我也很喜歡樂團裡的其他人，他們就像我的家人一樣。演唱會上，在〈前方的路〉（Further Up the Road）一開頭，我的吉他背帶鬆脫，還好我在吉他落地之前及時接住，除此之外，整場演唱會都很棒，范和穆迪大出風頭，不過以演唱會錄影來說，我由始至終最喜歡的還是《那一夜，他們壓下了南方聯盟的氣焰》（The Night They Drove Old Dixie Down）。

有一天，一輛破舊的巴士開進赫特伍德的私人車道，下來的是羅尼・蓮恩（Ronnie Lane）。我在小小臉合唱團（Small Faces，又譯：清秀才子合唱團）還沒解散時，曾在倫敦西區的一間吉他專賣店初次遇見他們，大家開始攀談，他們邀我去他們當時練團的錄音室，我記得一邊看他們演奏，一邊心想他們好厲害。以個性來說，我最喜歡的是羅尼，他既犀利又風趣，很會穿衣服，也很有音樂天分。後來，在朗・伍德那裡為彩虹演唱會排練的時候，他有時會過來，我記得當時就想，以後要找機會多跟他接觸。

羅尼剛剛度過一道人生的難關，他離開了第一任妻子蘇（Sue），現在跟一位名叫凱特・藍伯特（Kate Lambert）的女人在一起，凱特很喜歡流浪、活動房屋這些東西，嚮往過吉普賽人的生活，所以羅尼正走上一條我由於奧姆斯比—戈爾家族的關係早已熟悉的道路。我當下對他們很感興趣，更何況我一直知道羅尼和我有很多共同點，我們應該遲早會走到一塊。他們把巴士停在屋外，跟我們一起生活了一段時間。他們說，他們在威爾斯邊界買下一座占地四十公頃、名叫「魚池」的農場，和一群音樂人和朋友一起住在那裡，我聽了心癢癢，迫不及待想去拜訪他們。

我會對羅尼描述的生活充滿嚮往，要回溯到之前從史帝夫・溫伍德那裡接觸到的想法，當時他正籌備組建交通合唱團，我正要組建鮮奶油合唱團，我們一起討論各自的理念。史帝夫說他想要的感覺，是不費吹灰之力，就只是跟朋友一起演奏，融入大家奏出來的音樂裡，這跟所謂的精湛技藝正好相反，我深有共鳴，因為我正拚命想要擺脫自己有分創造出來的虛偽的高手形象。

羅尼也有同樣的想法，但更加曲折難懂，因為他居然把音樂和經營馬戲團結合起來，弄出一個叫做「羅尼蓮恩路過表演」的形式，內容除了特技雜耍、吞火、跳舞女郎等馬戲團節目之外，還有他組建的樂團「機會渺茫」（Slim Chance）的演唱，樂團成員包括布魯斯・羅蘭茲（Bruce Rowlands）、凱文・韋斯萊克（Kevin Westlake），以及加拉格爾與萊爾二人組（Gallagher & Lyle）。他們會找地方搭起大帳棚，然後到村子裡懸掛海報，做法十分隨便。真正的馬戲團一般需要提前一年申請用地，他們則是趁沒人知道就把帳棚搭好，希望能蒙混過關。當地居民會有一定數量來看表演，運氣好的時候，他們賺的錢剛好夠打平，但這種情況並不常見，最終馬戲團也經營不下去。

我和妮兒開始不時去威爾斯拜訪羅尼和凱特，通常沒有事先安排，都是臨時出現，然後跟著他們一起生活，雖然農舍裡的房間不多，但這似乎一點都不重要。我喜歡和羅尼一起消磨時光，因為我們都愛喝酒，隨著我們在一起的時間變多，他的音樂品味開始影響我。我和他一樣，音樂上正經歷一段很不一樣的時期，我注意到 J. J. 卡爾已有一段時間，也對鄉村音樂、對純粹只為好玩而演奏愈來愈感興趣。我們曾經租一艘船沿地中海沿岸航行，在伊比薩島和巴塞隆納等地上岸表演，樂團成員有我和羅尼、小提琴手查理・哈特（Charlie Hart）、鼓手布魯斯・羅蘭茲和貝斯手布萊恩・貝爾索（Brian Belshaw），我們有時會在碼頭邊找個地方，像街頭藝人一樣表演，妮兒和凱特則穿上康康舞的服裝在一旁跳舞。那些表演都慘淡收場，當然沒賺到什麼錢，但真的很好玩。另外有一次，在一九七七年的情人節，我們在赫特伍德附近的克蘭利村禮堂，以艾迪地牛與微震（Eddie Earthquake and the Tremors）的團名做了一場祕密演出，演唱〈艾伯特〉（Alberta）、〈晚安艾琳〉（Goodnight Irene）等歌曲，並鼓勵當地人跟著音樂跳舞或一起唱。

追根究柢，我其實是為了盡情喝酒，逃避當一名樂團團長的責任，這樣我就可以每天閒混，純粹為了樂趣才演奏。我這時期的音樂也反映了這一點，簡單樸實，以原聲不插電為主，〈美好的今晚〉（Wonderful Tonight）這首歌就是在這種狀態下寫的。這首歌的歌詞是在赫特伍德完成，當天晚上，我在等妮兒穿戴好去赴晚餐約會，那時候我們的社交生活很忙碌，而妮兒總是因為出門前的準備遲到。我在樓下等她，一邊彈吉他打發時間，最後等得不耐煩了，到樓上臥室找她，她竟然還在猶豫要穿哪一件衣服。

我記得當時對她說：「好了，你已經很美了，不要再換了，好嗎？再不走我們就要遲到了。」這是家家戶戶都會有的經典畫面，我早已準備好了，她還在慢吞吞。我回到樓下繼續彈吉他，歌詞很快湧現，大約只花了十分鐘就完成，而且還是帶著怒氣和焦躁寫的。我並沒有特別喜歡這首歌，只把它當隨手的小品，隨時有可能寫完就扔。第一次彈是在羅尼那裡，大家圍坐在篝火旁的時候，我彈給妮兒聽，也順便給羅尼聽，結果羅尼很喜歡。我記得當時心想：「看來還是應該留著。」

〈美好的今晚〉最終收錄在《慢手》（Slowhand）——我在一九七七年春天灌錄、第一次由格林・約翰斯（Glyn Johns）擔任製作人的專輯。多年來，「慢手」這個綽號被叫開了，我樂團裡的美國成員尤其喜歡這樣叫我，也許因為這個說法帶有西部的味道。格林的音樂製作成績輝煌，在英國以製作滾石合唱團的專輯聞名，此外也跟老鷹合唱團（Eagles）合作，非常了解美國樂手。他很講求紀律，不喜歡人胡鬧或浪費時間，一旦進了錄音室就得認真工作，如果有人偷懶，他會十分光火，我們雖然都在醉醺醺或精神恍惚的狀態下，卻都很識相。他把我們最好的一面發揮出來，因此這張專輯的演奏十分精采，氣氛也很棒。

我、妮兒和戴夫・史都華（Dave Stewart）一起負責專輯的美術設計，署名「艾兒與妮兒設計」（El and Nell Ink），唱片封套內頁有幾張照片，其中一張是我和妮兒在親吻，還有一張是被撞得稀巴爛的法拉利，一看到就想起一宗差點要了我的命的車禍。我收集法拉利，那是早年受喬治影響養成的嗜好，一九六〇年代末期的某一天，他開著一輛深藍色法拉利 365 GTC 到我家，我從來不曾親眼見過這樣的車子，心都融化了，就像看到世界上最漂亮的女人一樣，當下就決定即使不會開手排車，我還是要買一輛。喬治給了我經銷商的電話，我打過去，他們派人來接我去艾罕的展示中心，我在那裡訂了一輛和喬治一模一樣的365 GTC新車，要價四千英鎊。他們到赫特伍德交車的時候，問我要不要試駕，我淡淡地回道：「不用，我忙死了。停著就好，非常感謝。」於是他們就把車子停在屋前。

我沒有駕照，而且只開過自排車，於是我在赫特伍德的私人車道上學開那輛法拉利，熟悉怎麼打檔。我很喜歡那輛車，在骨牌合唱團時期都開它去巡演，那輛車載著我和卡爾走遍了英格蘭。接下來我買的是一輛 **Daytona** 跑車和法拉利 **275 GTB**，再來是法拉利 **250 GT Lusso**。那時候我的車庫只放得下兩輛車，所以我買了新車就會把舊車賣掉。

照片中的車禍發生在我們從澳洲巡演回來後不久。我在飛機上就一直喝酒，幾乎從頭喝到尾，到家後酒意還沒全消。而一回到家，我就鑽進那輛法拉利，很快就加速到時速一百四十多公里，此時一輛洗衣店貨車突然出現，我迎面撞了上去。貨車整個被我撞翻，我留下的煞車痕是一條直線，現場找到我的時候，我的頭垂在車窗外，警消人員必須鋸開車子才有辦法把我救出來。我有嚴重的腦震盪，耳膜也被刺穿，這之後有兩個星期，我不知道自己身在何方，這次真可說是大難不死。

我的酗酒問題日益嚴重，漸漸會在風車酒吧惹事生非，通常只是口角，但有時也會鬧成肢體衝突。然後，我會在開車回家的路上，撞上路邊的圍籬，其實赫特伍德離酒吧才短短不到三百公尺。酒精也影響到我的表現，一九七七年四月在倫敦的一場演唱會上，我上臺唱了大約四十五分鐘後，就逕自離開舞臺。那是在一次英國巡迴演唱的尾聲，我們在彩虹劇院加演了最後一場，我的身體實在受不了了。

演唱到一半的時候，我開始覺得很不對勁，而且感覺愈來愈糟，當下心想：「我看再不退下的話，我就要倒下去了。」於是，我跌跌撞撞離開舞臺，羅傑帶我到外面呼吸新鮮空氣，對我說：「你不一定要回去臺上，孩子，你不一定要回去。別擔心，既然不舒服，我們今天就到此為止。」我在更衣室坐了一會，來客串演出的彼特・湯森走進來，很生氣地說：「這就是你所謂的演藝事業嗎？」最後，我在彼特唱完後回到臺上，基本上靠跟著他的演奏和演唱來撐過剩下的時間。

回顧過去，我簡直不敢相信自己玩命的態度。一九七七年秋天，結束日本巡演後，我們回程途中在檀香山停留演唱幾場。某一晚，我無意間發現我們樂團的鼓手傑米・奧達克搭上一個女孩，把她帶回了房間，我決定要破壞他們的好事，同時把傑米嚇一跳。剛好身邊有一把儀式用的武士刀，是觀光紀念品，不是真的，於是我穿上睡褲，不知怎地把武士刀塞了進去，光著上身，爬到飯店房間的陽臺外面，沿著陽臺與陽臺之間、飯店外牆上突出來的橫梁徐徐前進，翻過一座又一座的陽臺，爬到了傑米房間的位置。我最終從窗口爬進去的時候，傑米氣壞了，我們所在的樓層是三十樓，更別說我還喝醉了，那可憐的女孩嚇得說不出話來。

我有點失望，看不出這有什麼好大驚小怪的，只覺得我這個玩笑很高明，但更糟的事情還在後頭。

我們被敲門聲嚇了一跳，傑米去開門，外面是兩名大漢，以半蹲姿勢舉槍指著門口。原來有人看到我在外牆的橫梁上，以為我是殺手，打電話報了警。警方發現原來只是個喝醉酒的白痴在胡鬧，心不甘情不願地把我放了，但也費了羅傑一番唇舌好說歹說，此時他已非常精通此道。然而，這種行為對我的聲譽沒什麼好處，就在一九七八年十一月，當羅傑出於技術原因不得不取消我們在法蘭克福的一場演出，一家全國性大報刊出了斗大的標題：艾力克・克萊普頓——醉得無法演出。

那次巡演是羅傑想出來的小旅行，一方面宣傳我們的新專輯，一方面拍成一部呈現巡迴演唱旅途奔波的紀實片，片名預定為《艾力克・克萊普頓的滾動旅館》（Eric Clapton's Rolling Hotel）。羅傑的構想是，樂團將乘坐火車巡迴歐洲，而且不是普通火車，而是曾經當作納粹元帥赫爾曼・戈林（Hermann Göring）私人火車的三節車廂，羅傑從歐洲某處把它找了出來，包括一節起居室、一節餐廳，和一節臥舖車廂，到時會掛到正好要開往我們的目的地的火車上。羅傑認為這會很好玩，大家應該都能玩得很開心，我也這麼覺得，就同意了。況且，我本來就喜歡火車，私人車廂上又可以盡情暢飲和當大爺，不會冒犯到公眾。也許羅傑會有這個構想，也正是這個原因，想要把我保護在安全的地方。

這部影片是由因紀錄片《Akenfield》打響名聲的英國廣播公司製作人雷克斯・派克（Rex Pyke）負責製作，幸好最後並沒有發行，我在裡頭的形像非常差，大多時候都喝醉了，顯得狂躁錯亂。其中有一段在巴黎拍的片段，史提伍來演出現場探班，我在酒精的刺激下，搶過攝影機對著他，用挑釁的態度不斷質問他一個老掉牙的問題：我懷疑鮮奶油合唱團的大部分利潤都被他中飽私囊，用來資助他的其他案子，例如比吉斯合唱團。史提伍表現得相當淡定，用他那冒牌的純正英國腔輕聲回答：「現在不是談這個的時候，我們再找時間聊這個問題。」我則狂躁地大喊：「這是我的紀錄片，我就是要錄這個。」

我記得那次巡演，我們有一位很棒的宣傳人員，丹麥人，名叫艾瑞克・湯姆森（Erik Thomsen），他是羅傑的朋友，在惡作劇方面，和史提伍是屬於同一掛的。他會故意激我或羅傑，用濃重的丹麥口音大聲但蹩腳地辱罵我們，非惹得我們出手不可。我們下手通常相當溫和，例如把他的鞋子扔出火車車窗外，或者把他愛惜的鋁製公事包丟到卡車輪子底下。但有一次，我們做得太過火，剃光他的頭、用藍色墨水塗在他頭皮上、剪掉他的褲管，然後明知他隔天早上要跟小山米・戴維斯（Sammy Davis Jr.）開會談事情，卻三更半夜在漢堡把他身無分文地丟下火車。遺憾的是，他最近永遠離開了我，我很懷念他。他是個很有意思的人，超有風度，很難再找到像他這樣的伙伴了。

那次巡演宣傳的專輯，是《慢手》的後續專輯，我們取名為《無背》（Backless），專輯名稱是我們參與狄倫在布萊克布許機場的演唱會後想出來的，因為我覺得狄倫背上好像長了眼睛，隨時隨地對周遭正在發生的事情都一清二楚。這張專輯錄得很不順利，毒品和酒精占據了大家的心神，連格林也束手無策，大家的嫌隙也愈來愈浮上檯面。我認為專輯中唯一值得一聽的一首歌，是〈金戒指〉（Golden Ring），描寫我、妮兒和喬治的關係。會寫這首歌，一方面也是由於妮兒對喬治再婚消息的反應，她受到相當大的打擊，而我的傲慢自大令我無法理解她的情緒，於是我寫了這首歌，講述我們之間微妙的三角關係，最後兩句是這樣唱的：

我如果送給你一枚金戒指，
你會快樂起來嗎？你會開始歡唱嗎？

事實上，不管原因是什麼，我和妮兒過得並不快樂。我在一九七八年九月六日的日記中寫道：「目前性生活相當貧乏，我們處得不大好，也沒什麼特別理由，就只是各走各的路，除非要說是星座的關係。」我的大男人主義讓情況變得更糟，例如我在十月十六日寫到：「晚上，妮兒……在廚房裡開導西蒙的前女友，講了兩個小時，我的晚餐從烤箱拿出來又放回去，等到送到我面前，已經燒焦又乾巴巴，所以我把她大罵了一頓，但她似乎毫無悔意，害我喉嚨也痛起來。」

在羅傑的合謀下，我在巡迴演唱的時候會找女孩發生關係。十一月五日，我在馬德里寫道：「羅傑在哄騙我說有幾個非常漂亮的小妞來看我們的演唱會。」那天稍晚，我又寫道：「我跟羅傑打賭一百英鎊，說他一定沒辦法弄到一個單純正常又好看的小妞給我……他最好是有辦法，我放眼望去看不到一個五十歲以下的。」然後，到了十一月十九日，妮兒終於來布魯塞爾探班幾天，我在日記中寫道：「我是和衣睡著的，現在妮兒來到我身邊，我卻提不起興致，我們真是悲哀，但巡演就是巡演，家就是家，兩者不應混在一起。」

妮兒其實很少有機會在我巡演時來探班，因為我和羅傑從很久以前就說好，嚴格禁止女伴跟著跑巡演行程，這項規定涵蓋所有人，從樂團團長以下全都要遵守，而且它完全透明，每個人都知道真正的用意是什麼。妮兒當然很不滿，認為這種規定很大男人主義，我倆經常為了這件事起爭執。她常常告訴我，她覺得十分孤單、寂寞。讓情況更糟的是，我在跑巡演行程的時候，總是對她不忠，而且會毫不隱瞞地告訴她，以為只要對她據實以告，承認自己做了什麼，一切就會變得不是問題。她偶爾會向我發難，但我猜她最主要還是希望盡量維持現狀，期待我最終會有所改變。她有什麼選擇呢？離開我，再找別人重新開始嗎？

一切在我發現自己愛上其中一個這樣認識的女孩——至少可以說是我自以為墜入愛河的時候，終於到了嚴重關頭。我在十一月二十八日的日記中寫道：「呵，我不需要再灌龍舌蘭酒了。醒來時，身上衣物都在——我又戀愛了，心揪得隱隱作痛。」那女孩很年輕，名叫珍妮·麥克林（Jenny Mclean），而我做的最不可原諒的一件事，是在隔年年初的某一天，被妮兒當場捉到我們在赫特伍德幽會。她當下哭成了淚人兒，收拾衣物，打電話叫妹妹珍妮來接她走。

幾天後，她飛去洛杉磯，暫住在羅布·弗拉博尼和太太梅耶（Myel）的家。到那一刻，我還沒打算跟珍妮斬斷情絲，反而在愛爾蘭巡演時，讓她飛來找我。三月十七日是妮兒的生日，我當天的日記中寫著：「演唱會很順利，可愛的珍妮飛過來，讓今天更完美。我們聊個不停，談各自的創傷。」那則日記最後這樣結尾：「我是個壞人，我想這個世界還是沒有我一陣子會比較好。在愛情中，一切都是公平的。」

諷刺的是，挽回我和妮兒的感情的人也是羅傑。結束愛爾蘭巡演後，有一次在他家玩撞球，他勸我跟珍妮見面的時候要懂得掩人耳目，以免被狗仔偷拍，我們的照片會被登得到處都是。我說他講的都是狗屁，最後還在醉意下很荒謬地跟他打賭一萬英鎊，說他沒辦法把我的照片登在報紙上。第二天早上，我看到報紙大吃一驚，《每日郵報》奈傑爾·鄧普斯特（Nigel Dempster）的八卦專欄刊出標題：搖滾巨星艾力克·克萊普頓將迎娶佩蒂·波伊德。

羅傑給我來了個迅雷不及掩耳，我跳上法拉利，開到他的辦公室，對他大吼說，他沒有權力幫我的個人生涯做出這麼重大的決定。等我稍稍冷靜下來，他問我是不是也該決定是要和妮兒在一起，還是就此和她分手。我回他：「那要怎麼挽回她？」他說妮兒一定還沒看到報紙，我應該趁現在打電話給她，向她求婚。我打電話到羅布在洛杉磯的家，妮兒不在，去了馬里布海邊，我請羅布帶一個簡單的口信給她：「嫁給我吧。」她稍晚回電的時候，我對她發誓我已經跟珍妮斬斷情絲，並向她求婚，她喜極而泣地答應了。

婚禮最後在一九七九年三月二十七日舉行，地點是美國亞利桑那州土桑市的基督信心使徒教會，隔天我們會在該市舉行美國大型巡演的首場。為我們主持儀式的是一位墨西哥牧師丹尼爾・桑切斯（Daniel Sanchez）牧師，彈管風琴的是一位長得有點像比利・普瑞斯登（Billy Preston）的黑人。我的樂團成員和工作人員全穿上租來的燕尾服，我穿一套外套滾上黑邊的白色燕尾服，戴一頂兩百美元買來的白色牛仔帽，腳踩牛仔靴；妮兒則穿一件奧西・克拉克（Ozzie Clarke）設計的米色緞面連衣裙。羅傑把她交到我手中，她有兩位伴娘：梅耶・弗拉博尼和克里絲・奧德爾（Chris O'Dell），我的伴郎是羅布・弗拉博尼。牧師唸了《哥林多前書》裡關於愛的真諦的章節，整個儀式簡短溫馨、不落俗套又充滿感情，正是我們喜歡的樣子。

婚禮結束後，全部人回到飯店，在飯店的宴會廳舉行婚宴。桌上毫無例外地擺著大結婚蛋糕，約有五層高，羅傑請了一位攝影師來拍照。切完蛋糕後，攝影師行禮如儀地過來幫我和妮兒拍合照，我朝他扔出一塊蛋糕，糊在他漂亮的尼康相機上，他完全不知所措，因為又不敢興師問罪。接下來，一場扔食物大戰開始上演，沒多久，每個人身上都糊滿了蛋糕，我們的蛋糕不是拿來吃的，而是拿來穿上身。第二天晚上，我們在土桑的社區中心舉行為期三個月的巡迴演唱的首演，在演唱〈美好的今晚〉的時候，我把妮兒牽上臺，對著她唱這首歌，臺下觀眾聽得如癡如狂。

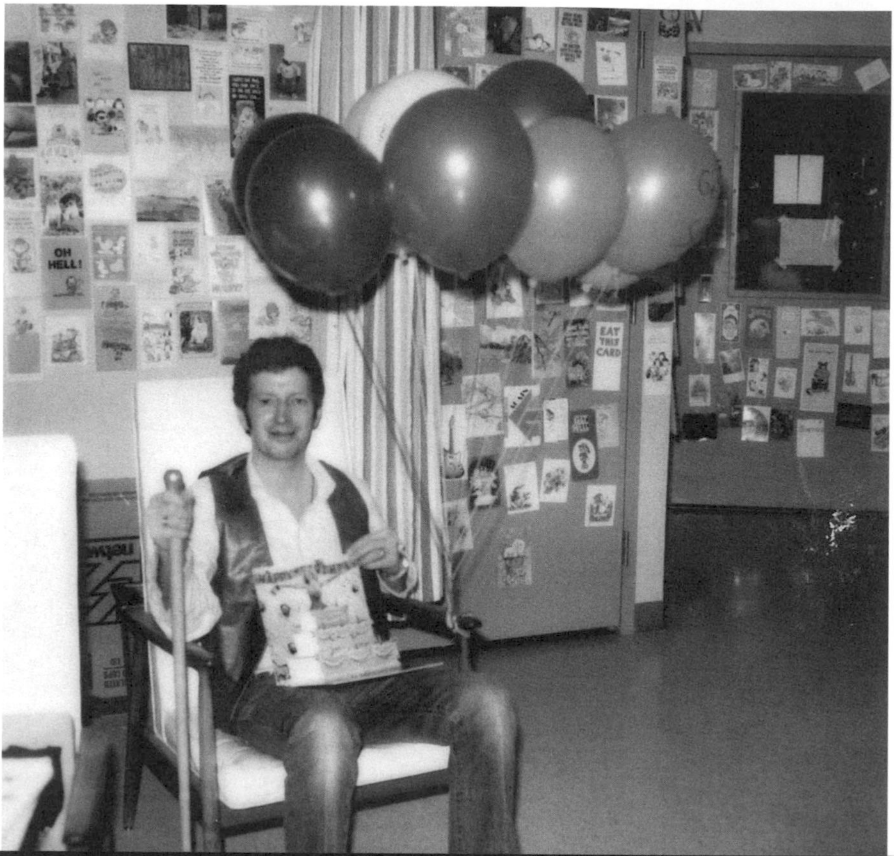

第十章
The End of the Road
走到路的盡頭

不管當時我自以為有多愛佩蒂，實情是，我唯一不能沒有、沒有就活不下去的東西是酒精，這真的讓我沒什麼需求或能力去投入或忠於任何事物，連婚姻也不例外。無論如何，再度援引「巡演行程禁攜女伴」禁令只是遲早的事，那之後我又可以肆無忌憚地拈花惹草。佩蒂跟著我去了新墨西哥州的阿布奎基巡演，然後是德州的帕索，一路跟到聖安東尼奧。每場演唱會我都牽她上臺，對她唱〈美好的今晚〉。但在聖安東尼奧的演唱會過後，我告訴她，她必須回英國，接下來又要回到只限男人時間，我受夠家庭的幸福了。她非常不高興，而一等她離開，我當然又故態復萌。

佩蒂回到英國後做的第一件事，是籌備一場結婚派對，宴請我們所有的英國朋友。日子挑在五月十九日的週末，那時我的巡演行程會有一個空檔，地點就在赫特伍德的院子，到時會搭起一個大帳棚。我們在邀請函上請賓客「下午三點左右」到場，不需要特別帶禮物，「你如果有空，務必要來，一定會很好玩」。派對沒有什麼特別形式，賓客想要幾點到、穿什麼衣服出席都悉聽尊便，只要大家玩得開心就好。

第一位到場的我記得是朗尼・多尼根，到得實在太早了，才上午十點左右，緊接著喬治・費姆也來了。我不知道該拿他們怎麼辦，最後只好帶他們到樓上的一個小房間，喬治・費姆就開始捲起大麻菸。我後來大部分時間都待在那個小房間裡嗑大麻，隨著賓客陸續到場，心裡感到愈來愈慌，我真的很不會當主人，完全應付不來，所以本應在樓下向每個人打招呼、招待他們喝飲料，我卻躲了起來。等天都黑了以後，我終於下樓來到帳棚裡，此時一場盛大的派對正在進行，來的人有成百上千，從我那些知名的樂手朋友，到雜貨店老闆、肉鋪老闆，到所有里普利的親友，閒蕩的閒蕩、聊天的聊天、吃喝的吃喝，還有好些在灌木叢裡親熱，看起來還真的就像我會想參加的那種派對。

帳棚內搭建起一座舞臺，沒有固定樂團，誰想上去演奏就自便。到了更晚的時候，許多優秀的樂手輪番上臺即席合奏，包括喬治・費姆、朗尼・多尼根、傑夫・貝克、比爾・懷曼（**Bill Wyman**）、米克・傑格、傑克・布魯斯、丹尼・連恩（**Denny Laine**）等等。我記得丹尼的太太喬喬（**Jo Jo**）上去唱歌，一唱就不肯下來，剛好在混音臺邊負責調控的人只好不斷關掉她手上的麥克風，而她就會去找另一支來唱。

喬治、保羅和林哥也上去演奏，就少了約翰，後來約翰打電話來跟我說，他如果事先知情，一定也會到。我永遠無法知道這是怎麼回事，只能說邀請的過程我幾乎沒有參與，可惜的是，披頭四就此錯失一次重新聚在一起做最後表演的難得機會。佩蒂還犯了一個錯誤，把我們的臥房讓給米克・傑格，他當時剛開始和潔芮・霍爾（**Jerry Hall**）交往，結果弄得我們沒辦法睡覺，我覺得這太荒唐了，於是決定騷擾佩蒂的朋友貝琳達（**Belinda**），我很確定她隨時願意被我騷擾。我躲進櫃子裡，打算等她經過時撲倒她，最後卻在裡面睡著了，醒過來的時候，面對滿屋子凌亂不堪，後來花了兩個星期才總算清乾淨。

我母親派翠西亞也參加了這場精采的派對，她在我的同母異父弟弟布萊恩去世之後，又回到了我的生活圈。喪子之痛使她和麥克的關係變得非常緊張，婚姻逐漸變質，為了擺脫這所有的痛苦，她回到里普利，慢慢重新找回了與童年好友的情誼，最終決定留下來。起初，她和蘿絲住在一起，後來我在村子的大街上給她買了一間小房子，就在一家叫做 **Toby Jug** 的餐廳隔壁。我一開始有點怕她，她是個急躁的人，我們的關係又充滿了風風雨雨。我從小到大見到她的機會太少了，對她的了解大部分是聽來的，但哪些是真、哪些是假從來就無法確定。

然而，人生走到這個階段，我覺得這些都不重要了，與其不斷惹起事端，不如學會怎麼跟她相處，好好享受在一起的時光。我還滿喜歡我從表面上看到的派翠西亞，她其實跟我很像，尤其是我們的笑點，於是我決定利用里普利的生活和社交圈，作為我們重新認識的途徑。她也喜歡喝酒，所以我們會一起去酒吧喝兩杯、跟朋友交際，透過和其他人聚在一起的時候認識彼此。這種方式或許很迂迴，因為我很少有機會單獨跟她相處，但效果很不錯，而事實上，我也已經是個身心不健全的酒鬼，根本不懂得如何處理更深層的感情。

回到里普利不久，派翠西亞和兒時玩伴席德・佩林變得感情很好，席德是一位很有魅力的俊男，不是影星艾洛・佛林（**Errol Flynn**）那種帥氣，而比較像費爾茲（**W. C. Fields**）的類型。席德在里普利深受愛戴，幾乎有點像村子裡的巨星，因為他板球打得好，足球也很厲害，但最主要是他是里普利備受歡迎的歌手。他的演唱風格是像馬利歐・蘭沙那樣的男高音，情感誇張，幾乎可以說是聲音版的諷刺漫畫，但他其實能用豐沛的情感把一首歌演繹得很好。他很愛熱鬧，也享受成為公眾的焦點，但只能到一定規模，因為我不時給他機會登上大舞臺，例如我們在附近的基爾福市政廳的演唱會，他都會嚇得臉色發白。但只要是他熟悉的環境，在村子裡的酒吧或板球俱樂部，他就會表現得非常出色，令派翠西亞十分傾心。我看了也很開心，因為他是我從小崇拜的偶像，我這段時間經常和他們聚在一起。

我和媽媽的關係日漸改善，一方面也是由於她和佩蒂相處融洽，兩人成了密友。和我一樣，她們倆都有一種不留情面的幽默感，嘴巴有時很毒，但不帶任何惡意。這種幽默感是里普利的特質，我的童年玩伴如蓋伊、戈登和史都華，在這方面就都充滿了機智，他們之間的應答常常妙語如珠，又快又狠，當中充滿調侃揶揄，你如果有辦法駕馭這種場面，很快就能融入他們。

在我和佩蒂開始過比較家居的生活，漸漸融入里普利親友的圈子後，我的英式幽默被充分發揮出來，可惜在這方面，其他樂團成員和我格格不入。他們都來自俄克拉荷馬州，表達幽默的方式很不一樣，雖然也很冷，但比較地方性和牛仔風格，通常跟他們家鄉的事物有關，而我們則比較綜藝、比較插科打諢。在英國喜劇團體蒙提派森（Monty Python）在美國走紅之前的年代，兩地的幽默文化幾乎沒什麼交集。這些都是我在一九七九年初漸漸體會到的事，剛好當時喬治・泰瑞因為之前另有承諾，退出了我們的樂團，於是我找了英國吉他手艾伯特

・李來接替。

艾伯特是很棒的吉他手，我在約翰・梅爾時代就認識他，當時他是克里斯・法洛威的樂團成員。我那時就認為他是個厲害的吉他手，但比較屬於爵士或鄉村搖滾風格，所以我可以欣賞他，不把他當競爭對手看待。他後來加入頭手腳樂團（Head, Hands & Feet），多年來我們成了好朋友，偶爾我或他因故沒辦法演出，另一個人就會臨時頂替。然後他搬到美國，成了炙手可熱的錄音室樂手。喬治・泰瑞退出我們的樂團時，羅傑認為我應該找英國吉他手加入，不要一味只跟美國樂手一起演奏，並建議我考慮艾伯特。我覺得這個主意非常棒，不過以我對羅傑的了解，他大概早就把一切都安排好了。

跟艾伯特在一起，我馬上覺得很親切，我們有共同的幽默感，都喜歡蒙提派森和斯派克・米利根（Spike Milligan）的喜劇。在某種程度上，音樂反而變得次要，因為我們彈奏的音樂──藍調和節奏藍調──有太過深厚的傳統，不可能只因彼此風格的差異就受到破壞。我和他會假裝是一支二人組「鴨子兄弟」，利用巡演旅途中的閒暇時間，用難得找到的幾只Acme Bakelite鴨哨吹奏曲調自娛，那些鴨哨的音聲都很棒。可惜，這些玩笑對美國人完全發揮不了作用，他們根本不覺得有趣，更糟的是，我和艾伯特都是酒鬼，卡爾、傑米和迪克則是比較孤僻的癮君子。一道鴻溝漸漸在我們之間形成，一邊是我和艾伯特，另一邊則是樂團的其他三人。

到了一九七九年春天和初夏，我們在美國巡演宣傳最新專輯《無背》的時候，這道鴻溝更發展成明顯的不滿和嫌隙，相處的氣氛中充滿了猜疑，像極了骨牌合唱團快要解散時候的感覺。我們也沒能在頭腦清醒的狀態下多花時間彼此相處，好好化解這些感覺，大家就只是漸漸接受了這種狀態，我走我的路，跟艾伯特一起自顧玩我們的，其他人則各忙各的事。

我們的關係甚至惡化到大家各有不同的時間表，在臺上演出的時候，一切都還很正常，但除此之外沒有一件事情不受到影響。我不曉得卡爾已經染上嚴重的海洛因毒癮，而我也好不到哪去，每天至少要喝兩瓶酒，只要是烈酒，哪一種都無所謂。到了六月巡演結束的時候，情況已經糟到我覺得非改變不可，於是，懷著惴惴不安，我指示羅傑把樂團處理掉。他以發電報的方式解僱他們，我則把頭埋起來裝作沒看見。

接下來的兩年中，酗酒問題使我的人生跌落谷底，酒精滲透了我所做的每一件事，就連我的新樂團也是在酒吧裡誕生的。加里・布魯克（Gary Brooker）是我在雛鳥樂團時期認識的老朋友，他當時是派拉蒙合唱團（The Paramounts）的鍵盤手，我們曾經一起巡演，彼此很合得來，他後來另組普洛科哈倫合唱團（Procol Harum），我偶爾會碰到他，多年來我們彼此敬重，交情不錯。一九七〇年代中期，他開始在離赫特伍德不遠、格林森林鎮上的鸚鵡酒吧（Parrot Inn）演奏，每週兩到三次，我如果在家，有時會過去加入即席合奏。我和佩蒂結婚後，這種機會變得更多，同時喬・庫克出色的鍵盤手克里斯・史坦頓也加入其中。漸漸地，我們形成新的組合，成員有：我、加里、克里斯、艾伯特、貝斯手戴夫・馬基（Dave Markee）和鼓手亨利・斯賓尼提（Henry Spinetti）。

在克蘭利村禮堂向本地觀眾初試啼聲過後，我們開始上路巡演，去了歐洲和亞洲，在東京武道館那場更錄製成《就在今夜》（Just One Night）現場專輯，於一九八〇年五月發行，成為我們共同錄製的第一張專輯。然而，我很想念卡爾，心中充滿了內疚，因為他在我困頓的時候寄給我那卷錄音帶，讓我重新振作，而我卻棄他於不顧。我從此沒有再見到他，一九八〇年五月，我接到消息，他因為濫用酒精和毒品，引發腎衰竭過世，我深深覺得自己要負起部分責任。

收到卡爾的死訊時，我們剛剛結束一場在英國的演唱會，那是為期十八個月的英國巡迴演唱的首場，因此接下來有很大一陣子，我大部分時間都在家。我的情緒變得很低落，在酒精中迷失了自己，平日整天只坐在電視機前，誰來找我或者要我幹活，我的態度就會很惡劣。我對所有事情的態度都很消極，只想關在家裡喝個爛醉，把佩蒂當成伴侶兼免費勞工。我那時喝很多特釀啤酒，偷偷在裡面加了伏特加，這樣表面看來就只是在喝啤酒而已，喝了酒之後還會嗑古柯鹼，佩蒂只有在這時會加入我，她喜歡純嗑藥，不混酒，所以這成了我們一起從事的活動。

我們每天一定會去酒吧一趟，有時候去風車酒吧，跟老闆聊天，有時候去船屋酒吧，和里普利的親友聚首。即使佩蒂在場，我照樣和酒吧女侍或任何走進店裡的女客人調情，然後我會號召大家去我們家，常常是些完全不認識的陌生人。我最喜歡做的一件事是撿路上的流浪漢，我稱他們「行路人」，認為這些人才是最「真實」的。只要看到有流浪漢沿著馬路邊走，我就會停下車來邀對方上車，他們通常瘋瘋癲癲，胡言亂語，但我會把他們帶回家，而佩蒂就只好做飯給他們吃。過不了多久，我們外出時她都得告訴別人不要請我喝酒，她看得出來我的情況已經愈來愈糟。

卡爾的身影在我腦中縈繞不去。我們樂團在九月和十月間，到北歐進行了一趟較短的巡演，期間，他的驗屍報告出來了。第二天，我的日記這麼寫道：「我（不經意地）給卡爾・迪恩寫了一首歌，結果導致我現在喝得太多，沉醉在掌有他的命運之繩的榮耀裡，大家都愛這麼說……難道沒有人想過，我和他是一起站在最前線的嗎？我連報告說什麼都還沒看到，為什麼就這麼傷心、這麼憤怒？我告訴你為什麼——我愛他卻拋棄了他，往後沒有一天我的心中會沒有他……假如我是罪人，神自會懲罰我，一切都會被原諒，就連那些安撫我、告訴我這一切只是個噩夢的人也會被原諒……這首歌已經錄製完成，很動聽，應該取名〈艾力克・卡爾〉。」

到了一九八一年初，我們出發去美國展開一趟總共有五十七個演出日的大型巡演時，我除了酗酒，還大量服用一種主要成分為可待因的鎮靜劑 Veganin，因為我當時有嚴重的背痛問題，原因我猜是幾個月前去巴柏斯通堡，跟愛爾蘭酒友喬・奇爾杜夫喝酒的時候，他重重拍了我一下。起初，我一次只服用九顆，每天幾次，後來背愈來愈痛，痛得無法入睡，就開始愈吞愈多，一天可能服用多達五十顆。結果，就在三月十三日星期五，巡演的第七個演出日，我在威斯康辛州麥迪遜唱完下臺時，痛苦地倒下了。我們飛到明尼蘇達州的聖保羅，羅傑把我緊急送醫，我被診斷出有五顆正在出血的潰瘍，其中一顆竟有小柳橙那麼大。羅傑本來還想讓我飛回英國就醫，但醫生告訴他，我隨時有可能掛掉，因為其中一顆潰瘍壓到我的胰臟，而且隨時可能破裂。

我立刻被送進聯合醫院，第二天，羅傑花了一個早上取消剩下的巡演行程，總共是五十場，對保險公司勞合社來說，無疑是一場大災難。我在醫院待了大約六個星期，醫生給我服用的藥叫做「泰胃美」。我記得他們問我的第一個問題是：「你每天都喝多少酒？我們覺得問題可能出在這裡。」我答：「別傻了，我可是英國人，我們那裡都是這樣喝的啊，這是生活方式，我們喝的是艾爾啤酒，才不喝百威啤酒呢。」他們只好說：「好吧，那你可以盡量少喝一點嗎？」我答：「那當然。」說來奇怪，我印象中在醫院那段時間並沒有少了酒精的感覺，也許是因為吃太多藥了，院方也允許我在走廊上或室外抽菸。身體一天天好起來，再度感覺自己是健康的，我其實還滿開心的。

終於可以出院的時候，我感覺如獲重生，因為身體的毛病全都恢復了。然而，我的心智問題完全沒有解決，醫生用藥物治好了我的潰瘍，修復了我的身體，但我的精神狀態依然如故。我對酗酒問題完全無知，雖然願意承認自己是個酒鬼，但只是以一種開玩笑的態度，並沒打算承認這真的是個問題，我當時還在那種會說「我哪有問題？你看我一滴都不會濺出來」的階段。

醫生確實有稍微處理我的狀況，建議我出院後最好徹底戒酒。我跟醫生討價還價，大意是說：「那我少喝一點，減到每天兩三杯蘇格蘭威士忌，這樣可以嗎？」醫生欣然說好，沒有意識到這個病患是長期酗酒的人，兩三杯蘇格蘭威士忌只不過是早餐罷了。終於回到家後，為了讓佩蒂滿意，我心不甘情不願地盡量少喝，但其實頂多只是告訴自己：「今天中午就不喝特釀，改喝葡萄酒吧。」幾個月後，我又回到每天兩瓶烈酒，根本不管身體怎麼樣。

有一個人無意間讓我驚覺自己的酗酒問題可能帶來嚴重的後果，那就是席德・佩林，他的健康狀況在過去一年迅速惡化，令我母親痛苦萬分。首先，他必須動結腸造口術，這對他打擊很大，整天掛著糞袋使他倍感尊嚴掃地。然後，他的肝和腎都出現問題，全都跟酒精有關，至此他完全失去了求生意志。我最後一次見他，是和派翠西亞一起去醫院探望他，他已經出現幻覺，會跟不在房間裡的人說話，這樣的情景我還是第一次看到。

席德於十一月初去世，在某種程度上，我心中的里普利也跟著消逝，美好的年代結束了。我和亞德里安舅舅在他的葬禮上喝得酩酊大醉，在眾人面前醜態畢露，還找藉口說這是席德希望我們表現的樣子。這真的很不應該，母親當場氣得臉色鐵青。席德的逝世令我非常難過，也可以說，我因此看到自己正在走的路，心中不禁自忖：「不用多久，這些事都會發生在我身上。」可是我不但沒有少喝，反而喝得更凶，不顧一切想靠酒精來把這些煩惱忘掉。

然而，酒鬼的謬見就是，當他說喝酒是為了遺忘，事實上問題只會變得更嚴重。我會為了趕走煩惱喝一杯，喝完了煩惱還在，就再喝一杯，所以到了後期，我喝得非常誇張，一直抱著希望以為酒精能把我帶到另一個地方。我會到處藏酒，偷偷帶進帶出，藏在我覺得沒人會注意的地方，例如我通常會在車內踏板旁的墊子底下偷藏半瓶伏特加。

在我跌到谷底之前，一些警訊開始慢慢浮現，第一次出現是在某個週末到鄉下拜訪朋友的時候。我們受邀到誰合唱團的錄音師鮑伯・普里登（Bob Pridden）那兒過夜，鮑伯娶了根茲伯勒伯爵的女兒瑪莉亞・諾爾夫人（Lady Maria Noel），住在拉特蘭郡艾斯頓莊園老家的房子。我答應佩蒂在這趟旅程中都不喝酒，逞能好勝的我，還不知道自己給自己挖了什麼坑。我們開車上路，快要抵達目的地時迷了路，我看見路邊有電話亭，就停下來打電話給鮑伯問路，跟他說話說到一半，突然一陣頭暈目眩，身體跌靠在電話亭的牆板上，還好血液很快回到頭部，我站直身子，匆匆結束跟鮑伯的談話，心中隱隱感到不安。

抵達目的地後，鮑伯和瑪莉亞把我們迎進屋裡，再帶我們去客房安頓，然後大家一起吃點東西。我留意到桌上沒有任何酒精飲料，突然覺得事有蹊蹺，因為我知道鮑伯其實喜歡小酌，顯然他們事前已被告知要把酒都藏起來或鎖起來。我記得半夜起來在屋子裡四處尋覓，打開每個櫥櫃找酒，卻一無所獲。第二天，鮑伯要去獵鴨，我跟著去幫忙拿東西，到獵完回來的時候，我已經因為一段時間停酒而感到焦躁不安，身體開始出現酒精戒斷症狀。

當天晚上，我們去附近的斯坦福喬治餐廳用餐，那是個盛大的場合，聚集了很多當地的名流鄉紳，但晚餐前先到酒吧坐坐的時候，我發現每個人都只喝白開水或柳橙汁，不禁讓我懷疑這些人也全都事前接獲了相關指示。進到餐廳用餐，我坐都還沒坐穩，就感到地面在旋轉，我明明坐得很直，但餐廳裡的一切都是傾斜的，接下來我記得的事情，是醒過來時已在一輛救護車裡。

佩蒂就在我身旁，正害怕得發抖，不明白究竟發生了什麼事。原來我平常大量飲酒，突然在沒有醫囑的情況下停酒，引起癲癇大發作。我被送到倫敦的威靈頓醫院做檢查，不久被診斷出患有遲發性癲癇，可能已在我體內潛伏了很久。醫生開了藥給我吃，我無所謂，反正只是多吃一樣化學品罷了。

不久後的十一月底，我們飛到日本展開共有八個演出日的簡短巡演，首演場在新潟。幾天後，我們抵達東京下榻的飯店，我進到房間，發現他們為我備了一壺清酒，酒裡漂浮著片片金箔，這在日本是表示敬意的禮物。我一口氣把整壺酒喝光，幾小時後，身體起了嚴重反應，全身上下布滿大片大片酒疹，還開始脫皮。總算把當天的演唱會唱完後，晚上我給羅傑看我的酒疹，他重申了這幾個月來常說的那句話：「你有酗酒問題。」我當然不肯承認。

那年聖誕節，很多親朋好友和家人來赫特伍德過夜，老老小小齊聚一堂。我向聖誕老人許願要的禮物是釣魚專用的保暖內衣，平安夜晚上，我喝得醉醺醺，故意等每個人都睡了，想要先拆我的禮物。三更半夜的，我一個大男人坐在聖誕樹下拆禮物，很像頑皮的五歲小男生會做的事。找到我一直想要的亮綠色保暖內衣後，我穿上它，在屋子裡四處遊蕩。幾個小時後，我醒過來，發現自己穿著新保暖內衣躺在地窖裡，看起來就像芝麻街裡的科米蛙，而幾支手電筒正照在我的臉上。原來這時已是聖誕節早晨，大家發現我不見了，都驚慌地四處找我。

佩蒂比其他人又更慌，因為有好幾次，我在半夜裡一絲不掛地走到屋外，想要開車出去。當大家在地窖裡找到我，她已經是六神無主，而我卻在那裡又哭又笑，那情景相當駭人，我還記得那些看著我的人眼神中流露的驚駭。可以想見，佩蒂氣壞了，她扶我上樓，讓我躺到床上，厲聲對我說：「你給我躺著，等大家都走了才出來，我們要好好過沒有你的聖誕節。」她走出房門，把房間鎖上。她真的很聰明、很有智慧，把我關在房裡，只給我剛好夠的食物和酒精，讓我平靜下來。剛剛發生的事令我陷入一片混亂，我對自己闖的禍也感到萬分羞愧，所以沒有抵抗，心知她是對的，我得乖乖屈服一陣子，叫我做什麼就做什麼。

如果這還不夠糟，那麼幾天之後，當客人全都走了，我就真的摔到了谷底。那天清晨，我穿著新保暖內衣，偷偷溜出門去釣魚。我把車子開到威河邊，想到一道水閘附近的水域試試，帶著全新的釣具：兩根 Hardy 鯉魚竿和幾枚 Garcia 捲線器，希望能釣到幾尾狗魚。我是鄉下孩子，一向自認是相當厲害的釣手，但此時對岸有一群搭起帳棚的職業鯉魚釣客，各種配備擺設齊全，在那裡可能已經待上一兩天了，他們都在看我。我帶著醉意，才剛架設好釣具，就腳步不穩，一跤撲到一根魚竿上，魚竿從手柄處折成兩半。對岸的釣客把這一幕看在眼裡，我看見他們尷尬地轉開了視線。

我覺得夠了。在我心目中，能稱得上厲害的釣手是我還能引以為傲的地方，現在連這最後一點自尊也蕩然無存。我收拾起釣具，放進後車廂，一路開車回家，到家後拿起電話打給羅傑，他一接起來，我就說：「你說得沒錯，我有問題，需要尋求幫助。」就在那一刻，我記得有一種大大鬆了口氣的感覺，也混雜著一點恐懼，因為我終於說出一個我一直不肯對自己承認的事實。

第十一章
Hazelden: Picking Up the Pieces
從海瑟頓重新出發

在那決定性的一天，我打電話給羅傑而不是找佩蒂，因為他已經成為我生命中最重要的人。他比誰都清楚地看到我在各種不同情況下樣子，也是唯一敢斬釘截鐵地指出我已經酒精成癮的人。顯然，他研究這方面的問題有一段時間了，因為他已經幫我預訂好海瑟頓（**Hazelden**）的床位，那是當時公認全球最好的酒癮戒治中心。我不知道它在哪裡，也不在乎，我唯一的要求是不要告訴我什麼時候入住，臨出發前讓我知道就行了。

我們是在一九八二年一月一個清冷的早晨出發，羅傑來赫特伍德接我去蓋威克機場，我緊張得不得了，他和我一起搭西北航空的班機到明尼亞波利斯—聖保羅，也就是我半年前治療潰瘍的城市。航程中，我把飛機上的酒都喝光，很怕從此再也喝不到一滴酒。這是酗酒的人最常見的恐懼，我在人生最低潮的時候，之所以沒有自殺，就是因為知道死了就沒辦法再喝酒了，這成了值得我活下去的唯一理由，因此想到就要被禁止喝酒，我害怕得一杯接一杯灌，最後是被抬著進戒治中心的。

原來海瑟頓位在明尼亞波利斯—聖保羅東北方偏遠的申特城，最近的城鎮是像鄉村小鎮一樣的聖克羅伊。中心本身看上去就很肅殺，外觀像諾克斯堡，低矮的混凝土建築如同戒備森嚴的監獄。聽說貓王被帶來這裡時，在豪華座車上往外看了一眼，就拒絕下車，我一點都不覺得意外。大多數住進來的人不是像我這樣喝醉了，就是酒癮發作，再不然就是因為體內酒精濃度太高，已經陷入昏迷而急需解毒。他們甚至不允許我帶吉他進去，這個地方真是讓我第一眼就想逃離。

辦理入住手續後，我第一個星期住在中心的醫院，剛進來的人大多數會先住這裡，因為通常酒癮很深，必須透過醫療方式戒斷。他們給我一種名叫「利眠寧」的藥，幫助我擺脫酒癮，同時保持體內的平衡，吃了之後感覺昏昏沉沉，我不知道自己是誰，或其他人是誰，也不知道自己在這裡幹什麼，很像又回到嗑海洛因後恍恍惚惚的感覺。藥丸用小紙杯盛著，一天給我服用四次，漸漸地幫我戒斷了酒癮。

療程開始前，患者被要求寫下所有服用過的藥物，由於院方一般不會有新患者的病歷，只能仰賴患者據實以告。在我使用的各種藥物中，我少寫了「煩寧」，因為一向覺得這種藥很淑女，結果竟再度引起癲癇大發作，因為他們沒有開避免煩寧戒斷症狀的藥給我。我後來才知道，這種藥其實很危險，藥性常被大大低估了。

戒治中心成立於一九四九年，分成幾個病房，每個病房以和十二步驟課程相關的名人命名，我住的是斯克沃斯病房，取自紐約醫生威廉・斯克沃斯（William Silkworth）的姓氏，戒酒無名會的大書裡引用了他的理論。病房內有一間交誼廳、一間小廚房，還有許多小房間，每間房住二到四人。我初來乍到，坐立難安，其他戒治者都是過來人，所以頭幾天由他們照顧我。我和一位紐約消防員湯米（Tommy）同房，他完全不知道我是誰，也不在乎。

他更關心的是我和他之間的心靈交流，而我完全不知道該怎麼做，因為我一向不是凌駕在別人之上，就是臣服在別人之下，要麼高高在上，是吉他之神克萊普頓；要麼低聲下氣，因為只要拿走我的吉他和音樂事業，我就什麼都不是。我這種害怕失去身分的心態十分嚴重，有可能是從「克萊普頓是神」這句口號種下的，它使我把自己的價值都建立在音樂事業上，一旦要我好好地做一個人，認清自己是個酒鬼，和這裡的其他人得了同樣的病，我就整個崩潰了。

起初，我基本上不跟人交流，根據我的輔導員和其他關心我的人的報告，我在跟他們耍花招，就是不願透露自己的內心世界，但我想我其實是失去了這種能力，而且沒有了吉他，我也不知道該怎麼定義自己，吉他是跟我一起生活了二十來年的伙伴，給我力量和擔當，少了它，我就沒有什麼可說了。我不知道怎麼開始跟其他事物建立聯繫，所以只好不著邊際地瞎扯。後來，我的理智漸漸看清，我必須付出一定的努力，服完我的「刑期」，得到令人滿意的結果，才能跟其他人一樣離開這裡。我會知道是因為他們很明白地告訴大家：如果在正常的一個月戒治期結束後，他們認為你還沒準備好重返社會，不管是因為仍未放下成癮心態，還是有別的原因，就會建議你轉去精神科病房，叫傑羅尼克（Jelonek），接受各種藥物治療和康復照護。

斯克沃斯跟其他病房一樣，住了二十八名戒治者，基本上由戒治者自己管理，病房內只有幾位輔導員看著大家，以免情況失控。每個人都有各自的職責，不允許做不道德或侮辱人的事，大家都要誠實友愛、互相扶持、以禮相待，我喜歡這樣的相處模式，卻不知從何做起。事實上，這還是我生平頭一遭生活在一個真正民主的群體中，我最接近的經驗大概就是跟長畝街那群朋友一起抽大麻的時候。剛開始那幾天，我真的不懂得怎麼跟人交流，心裡有點害怕，於是再一次選擇相信自己是個害羞的人，還因此變得有一點口吃。

當大家覺得我可以自立自強了，就漸漸分派任務給我，最簡單的就是整理自己的床鋪（我這輩子從來沒整理過），還有保持自身和周圍環境的整潔。接著，我被分派到三餐前幫我的病房擺好餐具的工作，對從來不做家務事的人來說，還真不是簡單的任務。每一組人員都分等級，當中有領導者和管理者，叫做「豬校長」，負責監督每個人確實完成任務，你不大可能偷懶，一偷懶豬校長就會跟你算帳。每天起床會先祈禱，再吃早餐，然後是諸如團體治療、講座、心理測驗、體操運動等等各種活動，把三餐之間的時間填得滿滿，目的就是要讓你精神疲勞得上床倒頭就睡。我變得很容易入睡，以前一向是靠喝醉才睡得著，因此感覺很棒。

一開始，我最害怕的是團體治療，我們被鼓勵互相檢視各自在病房內的日常行為舉止。我從來不懂得誠實面對自己，實際上，為了捍衛喝酒的嗜好，更是不能誠實。所以在團體治療中，我好像被赤裸裸剝開，感覺特別脆弱，根本不知要從何探討自己現在變成的這個人。但這就是我們來這裡的目的，沒有人能逃避，團體治療的用意看來就是要透過彼此面對面的互動，讓我們看清自己變成的那種人，誠實地認識到團體的共同缺陷，藉此幫助彼此找出疾病的症狀。

大家的頭號症狀是拒絕接受事實，接下來是自我中心、自尊心太強和不誠實。我發現要我誠實幾乎是不可能的事，特別是對自己誠實，撒謊和避重就輕已經成為我的習性。但比這些更大更重要的問題是：我真的接受自己是個成癮的酒鬼了嗎？因為除非我真心接受，否則很難有什麼進步。這種挖掘內心的功課充滿了痛苦掙扎，很難想像如果沒有外力協助要怎麼達成，因此團體治療真的很有必要。我們互相幫助，有時手段很殘酷，但都是為了發現自己的真相。

過了十天左右，我開始喜歡上這裡，環顧四周，看到一些很了不起的人，有些是已經住進海瑟頓四、五次的頑強分子，我的故事跟他們比起來實在不算什麼。我漸漸和同區病友建立起感情，記得多少年來第一次大笑不止，廚房裡永遠有一壺熱咖啡，我們有時會「酗咖啡」，聊到三更半夜，談自己、談理想、談失去的一切，那是一種既充實、又充滿愛的體驗。

這裡幾乎天天都有鼓舞人心的講座，演講者是花了很長時間才康復的人，他們通常就只是講自己的故事，有時會以康復過程中的特定因素為重點，例如誠實或接受事實，但毫無例外的是，他們會強調不再酗酒之後，生活變得多麼美好，而你知道這不是在胡扯。有時候，講座內容會偏科學性，呈現疾病在不同階段的特性。這類講座真的很不錯，甚至可以說有必要，例如我就從中了解到，至少在美國，酗酒是被當作疾病，而不是道德上的墮落。明白自己患上的是醫學界公認的一種疾病，並沒有比患上糖尿病更可恥，對我來說是一大解脫，我不再感到這麼孤單。

這些講座深深打動我，尤其那些已經不再酗酒二十年以上的演講者，過往的故事往往令人屏息，有時更充滿不幸，他們讓我受到很大的激勵。但我們當中有些人就是冥頑不靈，我後來聽說我們這個病房有很多人在吸毒。星期天是家人探訪的日子，也是家人朋友可以偷偷帶毒品進來的時候。我在裡面沒有使用任何毒品，只因為我不認識任何能幫我帶進來的人。

我的問題是另一種類型。海瑟頓不是單性別機構，但嚴禁兩性間的交往，任何人看到有人破壞規矩都必須舉發。然而，在這裡打情罵俏是家常便飯，私通也並非罕見，我就有過幾次機會和女生親熱而沒被捉到。我之所以有辦法這麼做，是因為想辦法說服了輔導員我要自己住一間房，一旦有了自己的房間，我就想方設法找女生來探訪我。我確實僥倖沒被捉到，但其他知情的人很可能被我拖累，要是被發現他們沒有舉發我，我們全都會被趕出去。

海瑟頓是最早有家庭輔導計畫的戒治中心之一，在我快要結束戒治的時候，佩蒂飛過來參加為期五天的課程，主要是教導配偶和家人可以預期什麼狀況，以及當酒癮患者終於清醒地回到家中時，該如何重新面對彼此的關係。課程也鼓勵家人檢視自己在家庭中的角色，看看他們會不會也需要尋求幫助。在這方面，專家已普遍認為，沒有人拿槍指著跟酒癮患者關係糾纏不清的伴侶或家人，他們會牽連在內幾乎都有自己的原因，很多時候是自己也有成癮問題，即使可能只是對照顧者角色的上癮。

如果是這樣的話，當酒癮患者積極邁向身心康復，他們的地位和角色往往會搖搖欲墜，因為再也沒辦法滿足當照顧者的癮頭。海瑟頓家庭輔導計畫的重點之一，就是要家庭成員誠實地認清跟酒癮患者的關係，學會辨別和轉移自己的需要，這樣才有可能跟已經不需要照顧的家人一起生活。

這些課程後來對佩蒂非常有幫助，特別是她有機會認識許多跟她處境相同的人。我相信她一定覺得自己大半輩子都在當媽媽的角色，從小照顧弟弟妹妹，在感情關係中又繼續扮演這樣的角色。跟我在一起後，我相信她很渴望能有自己的身分，然而大家的焦點永遠在我身上，她很少有機會表現自己。多年來，她只會聽到：「我們該拿艾力克怎麼辦呢？」或「艾力克真的很討人厭」、「艾力克做到這個，艾力克做到那個。他多棒啊！他多厲害啊！」在她來到海瑟頓之前，從來沒有人問過她：「妳是誰？為什麼會和他在一起？」

當然，過程中我有時覺得自己一定熬不過一個月的戒治期，確實也有人半途而廢，有一個很有錢的傢伙叫他的妻子開直升機到附近的草坪，在半夜裡逃走。我第一次住進海瑟頓（後來還有一次），是有技巧地熬過去的，後來才知道這種技巧叫做「踢踏舞」：我摸清楚他們想要我怎麼樣，然後做樣子給他們看；我也仔細觀察輔導員，依樣畫葫蘆地去關心病房內的其他人，幫助他們挖掘自己的問題，藉此轉移本應放在自己身上的注意力。結果我不多不少剛剛好做到出院的要求，終於把戒治期給熬過去。

海瑟頓的一大特色就是有很好的出院後護理計畫，在我出院前，他們先聯繫我的居住地附近的戒酒無名會，安排一位學長來見我。被指派來照顧我的學長住在多琴，名叫大衛，他們的建議是我先跟「被指派」的第一位學長住在一起，累積一點重返社會的經驗，再根據我的需求選擇另一位帶我的學長。（順帶一提，已有很多人指出，需求是什麼當事人往往是最後一個知道的。）他們也向我強調，一年內最好不要做任何重大決定，也不要展開大型的工作計畫，理由是我的頭腦需要時間恢復清晰，我也最好能慢慢重返現實。不消說，我通通反其道而行。

不過，在那之前，我得面對重新融入原有朋友圈的問題。記得我有一位酒友，不算很熟，但他每個週末都會從切辛頓下來，跟我一起在附近逛酒吧喝酒，通常是週六早上從風車酒吧開始。所以我從美國回來的第一個週六，他一如往常出現了，完全不知道我這陣子去了哪裡，我發現這將是我第一次必須告訴外人這件事。

我當然很緊張，但還是硬著頭皮走到門外對他說：「不好意思，我恐怕不能跟你去酒吧，我戒酒了。」他不解地看了我好一會，然後說：「好吧，去你媽的！」說完就上車開走了，我從此沒有再見過他。我一點都不認為他的反應有惡意，我們平常就會這樣講話，但這多少讓我可以預期其他朋友大概會有的反應，尤其是一起喝酒的老朋友。

大多數的里普利親友都為我的成就感到驕傲，例如跟我認識最久、最真誠的朋友蓋伊．普倫，但這並不表示他們會為了配合我而少喝。我不得不做出一些艱難的抉擇，有些人、有些地方和事物對我是有危險的，我必須從一長串過去往來的人和經常去的地方之中，仔細分辨哪些沒有危險、哪些會對我保持清醒構成危害。然而，我根本沒有判斷能力，價值觀也完全顛倒，我以前的人生清單上的優先選項——刺激和冒險——現在根本沒有立足之地。

有一段時間，我盡量只跟那些對我有益的人來往，但這並不容易，我變得脾氣很壞，很難相處，而且不喝酒後多出大把時間，我也不知道該用來做什麼。我去參加十二步驟聚會，有時候一星期去五、六次，坐在那裡想：「我跟這些人不一樣，沒辦法融入。」我需要的是別人對我感興趣，但現在的我只不過是酒鬼艾力克，我不確定自己是否已經全然接受了這一點。

從海瑟頓回來後，我必須面對的最困難的一件事，就是努力重拾跟佩蒂在一起的生活。我完成戒治回到家，卻不知道該如何再度進入親密關係，我們在療程中完全沒有觸及這個層面，我感到很遺憾，不是因為只要療程涵蓋了這點，我和佩蒂就不會這麼辛苦——會或不會容或可辯論——而是這是很現實的問題，這類戒治計畫都應該要觸及才對。

總之，我們不曉得該怎麼辦，我已經太久沒有在清醒的狀態下做任何事情，完全不知該從何開始。我倆都很難過，佩蒂是多麼期待戒掉酒癮、年輕力壯的丈夫終於回到她身邊，而我卻像越戰退役軍人一樣，不完整了。在床上，我會蜷縮成一團躺在她身邊，羞愧得不願多說，因為在我眼中，我倆關係的基礎就是性愛，而我本來以為一回到家，一切就會水到渠成。

差不多就是在這個時候，我開始把什麼都怪到佩蒂頭上──「我戒酒還不都是為了她，她怎麼一點都不知感恩？」我開始會這麼想，而另一邊廂，她一點都不忌諱適量喝點酒、嗑點古柯鹼，多少有點想要繼續我們往日的生活，但誰又能怪她呢？而我卻得完全戒絕這些享樂，清醒漸漸成了一件枯燥乏味的苦差事，我懷念喝酒的感覺，嫉妒她能適度地做所有這些事情。我其實並沒有真正接受自己的真相。

由於我倆關係中的裂痕，我更加封閉起自己，開始很常去釣魚。這麼多年來，我一直是個初級釣手，主要在里普利一帶的水域釣鱸魚、鯉魚和狗魚，不過，最近加里・布魯克教會我飛蠅釣的拋投技術。比起飛釣鱒魚，釣狗魚是很麻煩的事，要搬運的東西多得不得了，籃子裡裝滿一堆東西，釣竿架之類的，還得穿上綠色保暖衣，而真到了釣點，能做的事情卻不多，只是坐著乾等，所以我每次看到加里只帶一個裝毛鉤的小背袋，加上釣竿和捲線器，就覺得很好笑，他竟然可以一身輕裝、輕鬆自在地走來走去。有一天，他在他家草坪上教我怎麼拋投，我一旦能把釣線筆直拋出三公尺以外，就開始覺得這是一項技術，或許我能好好把它學精。

戒酒後的那個夏天，是我印象中最美的夏天，也許因為此時的我身體健康、頭腦清醒，又常常獨自一個人去釣鱒魚。我主要是在附近幾處魚產特別豐富、吸引本地釣客的水域飛釣，例如克蘭登莊園一帶、威靈赫斯特的湖泊，以及鄧斯福爾德附近的惠特利農場。釣魚是一種令人陶醉的消遣，帶有一點禪味，很適合想要多思考、把問題想清楚的人，這也是鍛鍊身體的好方法，因為需要走很多路。我通常在破曉時分出門，釣到天黑才回家，有時候帶回來一大袋魚，自豪地交給佩蒂清洗烹煮。難得一次，我居然擅長一樣跟彈吉他或音樂毫無關係的事情，這是我長久以來第一次從事這麼正常、這麼平凡的活動，對我個人意義著實重大。我沒有察覺到的是，佩蒂的孤獨感也因此日益加深。

由於相信工作會是我最好的療方，從海瑟頓出來不到四個月，我就和我的英國樂團上路巡演。這完全違反輔導員的建議，我猜他們大概早已習慣，但這個決定真的太輕率了。事實上，我的狀態還不適合工作，在愛荷華州西達雷匹滋的派拉蒙劇院（Paramount Theatre）第一次站上臺的時候，我心想：「這真是難聽。」但我不知道問題出在哪裡。跟性生活的問題一樣，我很久沒有在清醒的狀態下演奏，早已經習慣耳中聽到的一切都是隔著一層酒精或毒品的面紗，少了這層面紗的聲音，我反而不習慣。我在全美各地巡演，卻不知道自己在幹什麼，不過我仍然繼續參加戒酒團體的聚會。在邁阿密的最後一場演唱會，穆蒂．華特斯是特別嘉賓，我們一起合奏《Blow Wind Blow》，這是我最後一次跟他合奏，隔年四月他就去世了。

這趟巡演結束後，我們回程途中在巴哈馬停留，到 Compass Point 錄音室灌錄新專輯的歌曲。這些歌曲有一種酒吧搖滾的感覺，我個人認為是跟羅尼．蓮恩在一起那段時間的風格的延續。起初，我跟這些團員一起演奏得很開心，我們是為了好玩、為了彼此的情誼和對音樂的熱愛聚在一起演奏，在我看來都是正確的理由。但羅傑和湯姆不大以為然（湯姆又回來當我的製作人），而說句公道話，我們進錄音室已經兩個星期，卻一首歌都沒錄成，錄音室裡人心惶惶，看來這張專輯很有可能胎死腹中。另一方面，我和加里・布魯克變得很要好，他變得很常給樂團出意見，而他的意見不知怎地，就是不受經紀人和製作人歡迎。

這樣過了兩三個星期，湯姆・多德來找我攤牌，表明除非把大部分樂手換掉，否則新專輯會錄不成。他建議除了艾伯特・李之外，現有樂手全部解僱，我們從頭開始，又說他可以找知名錄音室樂手唐納德・鄧恩（Donald "Duck" Dunn）和羅傑・霍金斯來頂替，甚至提到雷・庫德（Ry Cooder）有興趣來跟我一起錄音。他說如果解僱樂團成員我下不了手，他可以幫我出面。他提到的那些名字令我很興奮，都是我多年來一直很推崇的樂手，我決定走他建議的這條路。

要是在酗酒的那段日子，我一定叫羅傑來幫我當壞人，但我從海瑟頓的療程中學到，這些事情我必須自己扛起責任。當天晚上，我和樂團成員共進晚餐，席間告訴他們：「很抱歉，我有個壞消息。我們這樣下去不會有任何結果，他們建議我試試別的辦法，所以我要麻煩各位收拾行李回家，之後如果還需要各位一起巡演，我會再跟你們聯絡。」我說這話時，大家都驚愕得說不出話來，現場一片靜默。

解僱樂團對我來說是一件大事，而且非常痛苦。亨利・斯賓尼提和加里・布魯克的創傷要花很長時間才平復，戴夫・馬基和我從此沒有再見過面，至於克里斯・史坦頓，他是最幸運的一個，後來被重新僱用，一直留在我身邊。親自解僱他們對我有正面的作用，我證明了自己有能力掌控自己的事業，以前是完全任由羅傑擺布，但我也因此有一場小崩潰。這是我戒酒後復出的第一張專輯，我有很大壓力一定要完成，而且還必須交出漂亮的成績。我們還剩下一首歌就錄完的時候，有一次，我面對湯姆突然情緒崩潰，在他面前泣不成聲。

我傷心的原因或許很多，但最主要我想是失去了和酒精的關係，這段關係非常強大，而在這之前我從來沒有好好正視這種感情，它可說是我的第一段關係，在我後來的生命中也扮演舉足輕重的角色。我給這張專輯取名《金錢與香菸》（Money and Cigarettes），因為在我看來，除了這兩樣東西，我已經一無所有。舉行試聽宴的時候，現場有湯姆、羅傑、佩蒂和其他一些人，在大多數藝人來說應該是歡欣鼓舞的慶祝會，氣氛卻像在靈堂一樣。毫無疑問，這張專輯錄得有點勉強，我們在一九八三年為這張專輯跑了大半年的巡演行程，然而觀眾的反應不如預期。

我相信下意識裡，有一部分的我是在反抗，在告訴自己，我只想跟自己在乎的人一起演奏自己喜歡的音樂。因此到了年底，我有機會參加「為多發性硬化症研究而行動」（ARMS）演唱會，可以說是正中下懷。這是由格林・約翰斯籌辦的一系列慈善演唱會，目的是為多發性硬化症相關研究募款，羅尼・蓮恩最近因為這種病倒下了。我常去威爾斯找羅尼、住在他那兒的那幾年，就注意到他彈吉他的手勢愈來愈飄忽不定，到後來幾乎只是在撥吉他前面的空氣，根本沒有碰到琴弦。我當時不知道是怎麼回事，現在一切真相大白。

羅尼找到人給他做高壓治療，讓他躺進減壓艙裡，可以緩解症狀，減輕他的痛苦相當長一段時間。但這種治療費用很高，所以格林想到這個辦法，召集羅尼的樂手朋友舉辦一場演唱會，為他籌募醫療費用。史帝夫・溫伍德、傑夫・貝克、吉米・佩奇、比爾・懷曼、查理・華茲（Charlie Watts）、肯尼・瓊斯（Kenny Jones）以及安迪・費爾魏瑟・羅（Andy Fairweather Low）全都大力支持，我們到格林家排練了幾天，然後在皇家亞伯特廳舉辦一場演唱會。

這場演唱會非常成功，氣氛也很棒。全部人一起同臺演出還是同一遭，而由於大家都是為了羅尼，目的不在賺錢，每個人都把自我放下，結果整場演唱會痛快極了。事實上，我們演奏得太開心，最後決定如果每個人都能配合，我們應該到處去巡迴演唱，幫ARMS賺很多很多的錢。我們真的就展開了一趟非常成功的美國巡演，在達拉斯、舊金山、洛杉磯和紐約可容納兩萬人的場地舉辦演唱會，而且每個人都十分盡興。

第十二章
Relapse
再染酒癮

回首從海瑟頓出院後的那幾年，我現在明白當時完全不該出唱片。比較聰明的重新出發方式會是：那陣子不要出唱片，去做點別的嘗試，花幾年找出自己真正想做什麼，而不是回到過去既定的老路上，可惜這只是事後諸葛。不管出唱片的壓力是有合約在身還是慣性使然，都已經不重要，事實就是我又回到周而復始的循環，不斷在找推出暢銷專輯的公式。

羅傑的建議是跟當時正在走紅的菲爾・柯林斯（Phil Collins）合作，我雖然不是創世紀合唱團（Genesis，菲爾・柯林斯出身的樂團）的歌迷，但跟菲爾認識多年來已成了好友，這份友情在他跟第一任妻子安茱莉亞（Andrea）婚姻破裂時變得更緊密，那時他常常跑來赫特伍德向我和佩蒂傾訴心事。我還幫他的一首歌〈如果離開我很容易〉（If Leaving Me Is Easy）演奏過吉他，收錄在他的第一張單飛專輯《面值》（Face Value）裡。儘管羅傑的點子乍聽就是在耍行銷手腕，我最後還是決定這個主意不算太壞，但這也表示我必須拿出新歌，而我其實還沒有準備好。

在苦思怎麼做比較好的時候，我想起很多年前去威爾斯度假，獨自帶著狗兒在波德斯度假村住了幾個星期，度過一段難忘的時光。看來那裡是值得再去的地方，於是我請奈傑爾・卡羅爾幫我在那一帶找一間小屋，他在布雷康山脈的標拉附近租了一個地方，我帶著一些錄音器材去到那裡，開始潛心創作。實際上，我大部分時間都在劈柴，因為屋裡的熱水和中央供暖系統都來自燒柴的室鍋爐。小屋離有村有店的地方好幾公里，我幾乎沒機會跟任何人交談，就算去鎮上酒吧點檸檬汽水和起司三明治，那裡的人也看都不看我一眼，感覺非常奇怪。

在這次寫新歌之前，我從來不知道幫別人寫歌會是這麼困難。我寫完一首歌，放一遍來聽，覺得滿意了，然後出門去，在車上就會聽到收音機播放菲爾的熱門歌曲，我就會想：「天哪，我離這樣的東西還遠得很。」想要寫出符合他的氣質的歌曲並不容易。從威爾斯回來後，我打電話給菲爾，告訴他我寫了幾首新歌，我們決定去唱片製作人喬治・馬丁（George Martin）位於加勒比海地區蒙特塞拉特的空氣錄音室（Air Studios）一起試試，加入一點即興合奏，看看我們能不能一起創作出一些東西，或許也翻唱幾首老歌，我很想嘗試的一首是〈Knock on Wood〉。

我繼續用原有的樂團，只是原本的鼓手羅傑・霍金斯換成傑米・奧達克，菲爾也請來彼得・羅賓森（Peter Robinson）彈奏合成器，這在我來說是新的嘗試。我們很快就演奏得很開心，這個主意真的有用。我在一九八四年三月十二日的日記中這麼寫道：「從昨天到現在（午夜十二點），我們總共錄了五首很不錯的歌……跟菲爾合作真是太棒了，完成的事情好多，卻好像不費什麼力……彼得・羅賓森也是個天才，很棒的傢伙！說真的，整個過程好開心，我都希望永遠不要停下來了！」我們完成的速度令我驚訝，聲音我也覺得好極了。第二天，我又寫道：「老好菲爾，他真是個寶，不要懷疑。」

只有一件事令我不快，大家好像串通起來，不讓我知道樂團裡每個人都在喝酒嗑藥。他們背著我偷偷做，好像不相信我有辦法面對似的，我很生氣，向他們抗議：「你們有事瞞我，我不是小孩子，有什麼事情我都要知道。」但每當我表達內心的焦慮，他們就會半開玩笑地嗆我：「可是你都戒了啊！」

出門前，我就已經比較少參加十二步驟聚會了，也不記得先查查我要去的地區哪裡有這類團體。抵達後住進度假小屋，我發現廚房的碗櫥裡有一瓶迎賓的本地朗姆酒，卻沒有打開來刻意倒掉，而是收進櫃子裡，心想：「倒進水槽太過度反應了，我收在看不見的地方就是了。」然而，跟樂團鬧不愉快之後不久的一個晚上，我去了小島另一端的一間俱樂部，說服自己喝一點酒不會有事，但回到度假小屋後，竟一口氣喝乾了那瓶朗姆酒。

為了慶祝，第二天我開始勾引錄音室經理伊馮・凱利（Yvonne Kelly），她來自頓卡斯特，父親是蒙特塞拉特的吉他手。伊馮為人風趣幽默，是一位深色秀髮、愛打情罵俏的美女，她似乎也對我有興趣，我們就此展開一段充滿激情、不顧後果的戀情，完全沒有採取防護措施。跟喝酒一樣，我的邏輯是：「在這個鳥不生蛋的地方，做什麼沒人會知道。」另一方面，我又彷彿想被逮到，故意做一些會撼動家庭基石的事情。我對婚姻的幻滅，也表現在我為這張新專輯寫的幾首歌當中，例如〈她在等待〉（She's Waiting），〈就像囚犯〉（Just Like a Prisoner）和〈一樣的老藍調〉（Same Old Blues），都是描述我和佩蒂的關係、非常個人的歌曲。

已經有好一段時間，我發現在努力適應戒酒生活和這段婚姻之間，要找到一個適當的位置愈來愈困難，這兩件事似乎不大能同時並行。我很常參加戒酒團體的聚會，也盡量配合我們的社交生活，但參加晚宴不是容易的事，我覺得自己好像被放在顯微鏡下檢驗，而我們的朋友一樣不容易，他們不得不有所節制，反應跟以前都不一樣了。從蒙特塞拉特回來後，我選擇隱瞞自己又再喝酒的事實，因此努力不再喝，一開始還做勉強得到，沒多久，壓力就大到我快受不了了。

我很常去釣魚，釣魚能幫助我內心保持平靜。一天傍晚，我從河邊開車回家，看到路邊有一間酒吧，當時天快黑了，從窗口可以看見裡面有一群人正在飲酒作樂，那一刻，我完全沒有抵抗力。我對喝酒的選擇性記憶告訴我，夏日傍晚站在酒吧的吧檯邊，手中高高細細的玻璃杯裡是配上一片萊姆的淡啤酒，這就是天堂；我選擇不要想起某個夜晚，我坐在一瓶伏特加、一撮古柯鹼和一支獵槍之間，腦海裡盤踞著自殺的念頭。

頃刻間，我已經站在吧檯前點了杯啤酒，那杯啤酒帶來的感受一如預期般美妙。由於已經有一段時間沒喝，我的頭很暈，開車回赫特伍德的路上有些吃力。終於回到家時，我決定把剛剛的事當作好消息告訴佩蒂，我的想法是，我們的婚姻因為我戒酒而難以維繫，如果我有辦法恢復適度喝酒的狀態，像她那樣只在應酬時才喝，我們的問題就可以迎刃而解，她也會快樂起來。我找到她，對她說：「我跟妳說喔，我剛剛回來的路上去喝了一杯，感覺真好，我覺得我應該控制得住。」她的臉一沉，我雖然看得出她的焦慮和失望，卻已經下定決心就是要這麼做。

佩蒂的失望跟幾個月前她告訴我很想生小孩有關，我們還因此去了生殖中心一趟。她有輸卵管阻塞的問題，很難受孕，這使她在跟喬治的婚姻中幾乎不可能有小孩，因為那時候還沒有體外人工授精的技術。

我們剛結婚的前幾年忙忙碌碌，人生以飛快的速度進展，沒有去討論這些事。直到一九八四年二月八日，我在日記中寫道：「妮兒給我看她從不孕症醫生那裡帶回來的廣告傳單……她好像突然間很想生小孩……」我明白小孩是剩下能維繫我們婚姻的最後一件事，心中卻暗暗希望這件事行不通，因為儘管我仍深愛她，體內的流浪細胞已在蠢蠢欲動。我有點心灰意冷了。

此時，我開始努力嘗試有控制地只在應酬時喝酒，我看很多人都是這樣。我仔細觀察這些人，於是有一段時間，我每天會去風車酒吧吃午餐，喝一兩杯淡啤酒，晚餐再配一杯葡萄酒，或者餐後一杯蘇格蘭威士忌。然而，不管我多努力想要像其他人那樣過正常日子，實情是，我在一天兩次的喝酒機會之間，拼命想要時間快點過去，通常就是睡一整個下午的覺。這種作息完全是以酒精為重點，也完全是往酗酒的方向發展，我們的生活因此變得一塌糊塗。

從蒙特塞拉特回來，新專輯的大部分歌曲已經錄製混音完成，羅傑對成果相當滿意，把錄音寄給華納兄弟唱片公司。另一方面，我開始著手為約翰・赫特的新電影《打擊驚魂》（The Hit）創作配樂，跟我一起創作配樂且參與演奏的另一位樂手是羅傑・華特斯（Roger Waters），我從十幾歲就認識他，他的妻子卡羅琳（Carolyn）是佩蒂的好友。他放了一卷卡帶給我聽，那是他正在錄製當中的新專輯《搭便車的利與弊》（The Pros and Cons of Hitch Hiking），伴奏的都是些很棒的樂手，由於我很常和他在一起，也覺得和他混得很開心，到最後竟然跟他一起進錄音室錄製那張專輯。整個過程太好玩了，有一次我半開玩笑地對他說：「你這張專輯實在應該去做巡迴演唱。」他問我願不願意跟他一起去，想到這是逃避家裡煩惱的最佳藉口，我欣然答應。

羅傑・弗雷斯特對此很不高興，他不喜歡我當別人的配角，但還是心不甘情不願地同意把我租給羅傑・華特斯。我終究是弗雷斯特的財產，巡演過後是要還他的。這兩個人之間的互動有點好笑，羅傑・華特斯對羅傑・弗雷斯特很有戒心，羅傑・弗雷斯特因此認為他把對方摸得一清二楚，於是兩人之間常常你來我往、互相打趣，我認為他們其實還滿喜歡這樣的互動。

巡演於六、七月間在歐洲和北美展開，羅傑的演唱會採用多媒體形式，以視覺和音樂的結合突顯他想要講的故事。我必須戴上耳機，因為很多時候音樂必須和螢幕上的影像同步，所以我得跟著節拍音軌彈奏，這是我在舞臺上從來沒嘗試過的。儘管從我站著的位置，從頭到尾其實看不到螢幕上的影像，一切還是感覺很有趣。而沒看到影像大概也還好，因為我聽說都是些很怪的東西。巡演的首晚演出是六月十六日在斯德哥爾摩，我在日記中寫道：「演唱會效果很棒，沒出什麼錯，雖然我的演奏可以再好一些，但已經一點也不差。羅傑在觀眾面前的表現很出色，令我大開眼界……我又再用回小黑，它在臺上就是多帶點勁，但彈起來比較費力是肯定的，也許這正是它更勝一籌的原因？」整場演唱會就像是在呈現成套的節目，可喜的是我跟其他樂手變得很要好，我們都充分利用巡演的機會盡情玩樂，而毫無例外，我搭上一些沒有道德觀的可怕女人，大搞三人同床之類的瘋狂性關係。

來到加拿大，在多倫多的楓葉花園演出時，我的情緒跌到谷底，這是一連串情緒谷底的開始，最終讓我再度回到海瑟頓。我在這趟巡演行程中喝得很凶，發生過一兩次酒精中毒，類似癲癇小發作。而情緒跌落谷底這天，我買了幾手啤酒，大口大口地灌，突後間一股絕望的感覺如排山倒海而來，那一刻心頭清明澄澈，我看見自己當時的人生是多麼墮落不堪。我開始寫〈聖母〉（Holy Mother）這首歌，在歌中向神性的力量求助，那是一位我連分都分不清的女性角色。我至今還是很喜歡這首歌，聽得出那是發自內心深處懇切的求救。

《搭便車的利與弊》巡演行程結束回到英國後，迎來幾件令人震驚的大事。首先是華納兄弟退回了蒙特塞拉特的錄音帶，說歌曲不夠勁，當中具備上榜潛力的曲子不夠多，我們可以重新錄製，刪除一些歌曲，再添加新的，不然就去找別家唱片公司。我感到十分沮喪，當樂手以來還是頭一遭被退貨，有一段時間甚至認為這個結果跟戒酒有關，因為我從海瑟頓回來後沒多久，就被警察攔下車子要求酒測，這是在酗酒時從未發生過的事。忽然之間，被唱片公司退貨就是清醒人生必須面對各種煩惱的又一反映。

氣消之後，我靜下心來好好思考下一步應該怎麼做。我之所以能稍稍振作，是因為聽到華納最近放棄了范・莫里森，當下心想，他們連他都可以放棄，更何況是我，而我又該往哪裡去？我決定跟羅傑商量，他常常能在困難的情況下做出明智的決定，最後我倆都認為，應該問問唱片公司他們認為什麼樣的歌曲具備上榜潛力。他們寄來三首由旗下德州作曲人傑瑞・林恩・威廉斯（Jerry Lynn Williams）創作的歌曲：〈永遠的男人〉（Forever Man）、〈有事發生〉（Something's Happening）和〈看看這愛的力量〉（See What Love Can Do），都很好聽，我喜歡他的演唱方式，於是我回信說願意唱，條件是他們負責錄製這三首歌，樂手也由他們提供。我想，這應該是我職業生涯中第一次不得不讓步。

飛往洛杉磯的時候，我心裡相當忐忑，不確定自己給自己挖了什麼坑，但一見到傑瑞・威廉斯，我們一拍即合。他是個了不起的人物，很與眾不同，長得有點像傑克・尼克遜（Jack Nicholson），唱起歌來聲音像史提夫・旺達。負責製作的是泰德・坦普曼（Ted Templeman）和連尼・瓦倫克（Lenny Waronker），他們找來鼓手傑夫・波爾卡羅（Jeff Porcaro）、吉他手史帝夫・路卡瑟（Steve Lukather），以及合成器鍵盤手麥可・歐瑪蒂安（Michael Omartian）

和葛雷格・費林根斯（Greg Phillinganes），兩位製作人稱他們是「甲級部隊」，都是演奏過一首又一首上榜金曲的錄音室樂手。

我們錄了那三首歌，我雖然覺得很不錯，但最終還是認為原來的專輯會更好，因為更忠於我們本來想要做的東西。這次錄音帶給我的真正收穫，是跟傑瑞・威廉斯一起混的純粹樂趣，不過以音樂上的影響來說，他並不能算是當時最好的人選。他就住在香格里拉錄音室——我錄製《不成理由》的地方，我去那裡住了一陣，在他錄樣本唱片時伴奏了幾首曲子，而不知不覺間，我已完全打回原形，不但嗑處方藥、古柯鹼，還開懷暢飲。

我從羅傑・華特斯的巡演回來後收到的另一個驚天消息，是來自伊馮的一封信，她說她懷孕了，孩子是我的。但她強調希望保密，也完全不期待我做什麼，她已有家室，決定在現有婚姻中撫養這個孩子。她信中也說，她和先生的關係不盡如意，我猜她大概是希望孩子能挽救這段婚姻。

以我自己的行為來說，我好像不應該太意外，在我和羅傑去巡演這段不在家的期間，佩蒂和一位交際圈攝影師展開了一段婚外情。諷刺的是，他是羅傑的妻舅，我後來從我的樂團工作人員彼得・傑克森（Peter Jackson）那裡得知，這在《搭便車的利與弊》巡演團隊中已是公開的祕密，他們倆是在我參與這張專輯的製作時，在社交場合上認識的。我猶如晴天霹靂，後來跟佩蒂有過多次懇談，顯然，我之前完全沒注意到讓她漸漸對我死心的那些原因，也就是我的大男人主義作風、我的酗酒和鬱鬱寡歡。我央求她回到我身邊，但沒有用，最後，我們決定先分居一段時間試試看。我答應幫她在倫敦租房子，她搬進了得文夏廣場的一間公寓。我一九八四年十月二日的日記這麼寫著：「我一直在想，這些事怎麼會發生在我身上。」

我當時正為一趟澳洲巡演作準備，卻完全振作不起來。我早上會去做心理治療，對我頗有幫助，下午開始工作，往往又打回原形。我寫道：「問題是排練的歌曲當中，幾乎都是我這些年來所寫關於佩蒂的歌曲，排練結束，我已經又回到原點，滿腔嫉妒和被拋棄的情緒……」晚上回到家是最難熬的時候，我寫道：「難過、感傷，充滿負面情緒。」腦子裡揮之不去是她和她男友的影子，並覺得她男友是個懦夫。一天晚上，我的情緒「陷入愈來愈深的谷底……終於忍不住上車開去她那……打定主意要把她拖回家，像原始人拖進洞穴一樣。結果，她當然是不在家」。

接下來幾個星期，我繼續為即將到來的巡演排練曲目，精神狀態也一天天走下坡。我在十月十二日寫道：「我覺得好失落、好絕望……太想念她了，不知要怎麼走下去。」一個星期後，我過了「最糟糕的一天！完全回到以前酗酒的日子，充滿恐懼和內疚，最糟的是古柯鹼——不能再嗑了！一整天自殺的念頭愈來愈強烈，到了晚上電話響起，是羅傑・華特斯，他只用溫柔的語氣就把我救回來。我停止喝酒、把古柯鹼扔了，喝了一杯又一杯的白開水，直到慢慢覺得清醒自在。我絕對不能再讓這種事發生……」

在這段黑暗時期，有兩樣東西對我幫助很大，首先是音樂，它永遠都在那裡陪伴我。我的日記中有這樣一段文字：「我要把所有的痛苦都用音樂表達出來，我不想壓抑它，希望我的音樂能撫慰其他身在痛苦中的人，讓他們知道自己並不孤單。」我也開始見一位羅傑・華特斯推薦、很厲害的心理治療師，我在十月十六日寫道：「我今天見了戈登，他對我和眼前的狀況做了一些分析，見解十分獨到——看來我得用頭腦來控制自己的情緒，否則會被情緒給毀了……不管有多慢，他總是給了我向前邁進的力量。我今晚在菲爾家寫下〈太陽之後〉（Behind the Sun），錄了一遍，雖然還很粗糙，但要說的都在裡面了……我打算星期四獻給妮兒。」這首歌充分表達出我內心對和佩蒂分手的悲傷，由我彈吉他和主唱，菲爾彈合成器，歌名取自我最喜歡的穆蒂・華特斯名曲之一〈路易斯安納藍調〉（Louisiana Blues）中的一句歌詞，這首歌也成了我一九八五年初發行的新專輯的主打歌。

十一月六日，出發去澳洲前兩天，我跟佩蒂又見面談了一次。「今天下午，我和妮兒邊走邊聊，她比以前更漂亮了，我想她希望和她的新歡好好過新生活，不想要我再煩她……她說肉體上對我已經沒有感覺，還說喜歡跟他在一起，他是個幸運的人……而我是個笨蛋，但我仍然相信她是愛我的，相信我可以用耐心挽回她。我永遠沒辦法不愛她……我有的是希望和毅力，永遠不會放棄。」在這樣的混亂中，為了不要把事情複雜化，我從美國回來後沒有再跟其他女人發生關係。但飛往雪梨當天，我和一位多年來藕斷絲連、名叫范倫緹娜

（Valentina）的女孩上了床，一時間各種情緒湧上心頭。「范倫緹娜……做午餐給我吃，飯後我們做愛。有人疼愛的感覺真好，我已經渴望了好久……但這並不能抹去我對妻子的深切思念……然而，也許有一天這感覺也會消失，但願她在感覺消失之前趕快回來……再過一個小時左右，我就要離開這裡，離開這些紛紛擾擾。」

以我個人來說，那次澳洲巡演是很不愉快的經驗，不單只因為我的情緒大起大落，舞臺的音響效果也令我十分不滿。我在十一月十二日寫道：「今天的彩排很奇怪，聲音太大了，讓我有一種嗑了迷幻藥的感覺，我很沒信心。」問題出在艾伯特·李這次沒來，他的吉他聲部由彼得·羅賓森用合成器取代，我在錄音室已經習慣合成器的聲音，但在舞臺上還沒辦法適應，它好像會使整場演唱會的聲音太大，導致我的聽力出現問題。我在十一月二十三日寫道：「我想我聽不見的原因可能跟他演奏合成器的頻率有關。」後來又說：「今天的演唱會還可以，但到最後聲音又變太大了……黛則說覺得從一開場就一直是太大聲……真希望能做一場讓大家都滿意的演唱會。」（黛是黛博拉·羅素［Deborah Russell］的縮寫，她是我在雪梨認識的一位優秀的女畫家。）

巡演展開一週，我們在雪梨的時候，羅傑打電話來告訴我，奈傑爾·鄧普斯特在《每日郵報》的專欄中爆了我和佩蒂分手的事。我覺得很受傷，因為直到那一刻，我都不認為這件事跟任何人有關。我在日記中寫道：「這下完了，我跟妮兒提到離婚，她竟同意了。我再度震驚不已，老天幫幫我吧……我懊悔地再打回去，求她和我一起去某個偏遠的地方待上一個星期，好好把事情說清楚。」兩天後，我寫道：「……她同意七號和我去弗羅倫斯一個星期，所以不管怎樣，我想都會有個了結。」

我在一九八四年十二月初回到英國，心中充滿惶惑和沮喪。回到赫特伍德的第一天，我這麼寫道：「在這樣的早晨，你真的需要有個人一起依偎，天色灰暗、空氣溼冷，這就是英國。」我決定不提離婚，如果佩蒂想要的話就讓她提。我也給她男友寫了一封信，毫無保留地說出我的感受，我說希望他了解自己幹了什麼好事，因為佩蒂是我這輩子的至愛，他這下把全部人都弄得不好過。

當天晚上，已在巴黎定居的愛麗絲突然打越洋電話給我，她的問候「讓我心情好一些，她說從以前就一直覺得佩蒂最終會和紈絝子弟在一起，我聽了精神為之一振」。她提議我去巴黎找她，看來不是個好主意，我反倒是去催促佩蒂，因為她對於跟我去弗羅倫斯又開始三心兩意。結果，弗羅倫斯我們只去了三天，而且是一場災難，我這麼寫道：「弗羅倫斯的實驗結果令人大失所望，最難忘的部分是她證明了，或者說確定了她對我沒有『性』趣。」但我並沒有氣餒。

沒多久，聽說我給她男友的信奏效了，他決定退出一段時間，因此我的心意更加堅定。那年聖誕節我們沒有一起過，聖誕節過後，我決定更積極行動爭取復合。佩蒂在這種事情上一定會先問過「委員會」的意見，這是我們給她那群閨中密友取的名字，有時也叫「金髮黑手黨」，是一群經常聚在一起吃午餐交換八卦、不好惹的女人。幸好，她們准她跟我嘗試復合，於是我們一起飛到以色列的埃拉特度假，但這次就跟弗羅倫斯之旅一樣不成功。問題在於我始終認為，只要我們能重拾親密關係，一切就會水到渠成，因此我不是在好好享受跟她在一起的感覺，而是不斷想要更進一步。儘管如此，我還是說服了佩蒂再給我一次機會，讓我好好修補我們的婚姻，於是回到英國後，她又搬回赫特伍德。然而，情況並沒有改善，是我把她放到了神壇上，在心中把她變成一個她永遠不會想成為、只會被我傷害的人。

一九八五年，除了八月和九月之外，我大部分時間都在跑宣傳《太陽之後》專輯的巡演行程。約莫初夏的時候，我接到彼特・湯森的電話，問我有沒有興趣參加由巴布・吉道夫（Bob Geldof）籌辦的一項慈善活動，為衣索比亞大饑荒的災民義唱募款，活動名稱將叫做「拯救生命」（Live Aid），總共會有兩場演唱會，將於七月十三日在倫敦和費城同時舉行，並透過電視在全球現場實況轉播。義唱的日期剛好是我們在北美巡演期間，我們前一晚在拉斯維加斯有一場演出，前一場和後一場則都在丹佛，因此前後都必須飛來飛去。我請羅傑取消拉斯維加斯那場演出，打電話告訴彼特我們會參加。謝天謝地，我們的狀態還不錯，樂團的表現非常好，假如是在巡演剛剛開始的時候，我可能就會考慮不參加了。

我們在義唱前一天飛抵費城，馬上感受到一股濃濃的氣氛，到處一片繁忙熱鬧，從降落那一刻起，每個角落都感受得到音樂。我們住進四季飯店，每間客房住的都是樂手。在這座音樂之城，我跟大多數人一樣，在義唱前一晚幾乎整晚沒睡，因為太緊張而睡不著。我們預定上臺的時間是晚上，整個白天，我幾乎都坐在電視機前看另一場演唱會的實況轉播，這在心理上也許是一大失算，因為看到這麼多厲害的藝人使出渾身解數，我比平常演出亢奮了一百倍，我怎麼有辦法比得上像頂尖四人組（The Four Tops）這種充滿活力、加上摩城（Motown）大型管弦樂隊精采伴奏的表現？

等到出發去體育館時，我已經緊張得連話都說不出來，天氣又熱得要命，樂團裡每個人都頭昏腦脹。事實上，我和唐納德・鄧恩後來互相坦承，我們差點就要昏過去。從更衣室走到舞臺的走道上站滿保全人員，看了就令人不安，更糟的是，臺上的吉他音箱並不是我的助理事先指定的款式，我們走到臺上的時候，他在一旁大聲嚷嚷抗議，總之，神經兮兮已不足以形容當時整個樂團的狀態。還好，在我站上臺的那一刻，看到多年恩師艾哈邁德・厄特根就在舞臺側邊，帶著燦爛的笑容對我比了個豎起大拇指的手勢，使我安心不少。

演唱一開始不是很順利，我湊到麥克風前要唱〈白色房間〉（White Room）的第一句時，被大大地電了一下，我更加不安，這表示我接下來的演唱，嘴巴都不能碰到麥克風，但也不能離太遠，因為監聽喇叭不是很好，我的聲音會出不來。唱完一首，我們接著又唱了《太陽之後》專輯中的〈她在等待〉，以及〈蕾拉〉兩首，然後下臺一鞠躬，一切就結束了。菲爾

・柯林斯在我們之後上臺，再下來是齊柏林飛船，然後是克羅斯比、史提爾斯、納許與尼爾・楊（Crosby, Stills, Nash, and Young），其他我就沒什麼印象了，只記得最後跟著大家回到臺上，加入大合唱〈四海一家〉（We Are the World），我想我一直處在一種驚魂未定的狀態。

一九八五年秋天，我們到義大利巡演。從幾年前第一次去義大利，接觸到當地的建築、時尚、汽車和美食，我就迷上這個國家和它的生活方式，但我從來沒有交往過義大利女人。當我這樣告訴義大利的唱片宣傳，他說他認識一位很有意思的女孩，可以介紹給我。我們在米蘭有幾場演唱會，其中一場結束後，我們一起去吃晚餐，他帶來一位豔光四射的女孩，名字叫做蘿莉・德爾・桑托（Lori del Santo）。蘿莉來自維洛納，出身貧窮的天主教家庭，是家中次女，父親早逝，母親為了養家從早到晚工作，只好把她送去教會寄宿學校就讀。

畢業後，她決心不要再過窮日子，跑到羅馬發展，希望在模特兒和電視圈闖出一番事業，到二十歲時，已經在幾部電影和情境喜劇中演出，同時成了國際軍火商阿德南・葛紹基（Adnan Khashoggi）的女友。七年後，也就是我和她相遇的時候，她正因為在每週一集的熱門電視節目《Drive-In》中擔任要角而紅遍義大利，這個節目相當於美國的《羅溫、馬丁喜劇小品》（Rowan and Martin's Laugh-In）。她有一頭濃密的深色長捲髮，輪廓分明、身材性感，是典型義大利南方美女的樣子，我立刻就被她深深吸引。

蘿莉很有個性，不但充滿自信，也很會調情，她竟然對我有興趣，讓我受寵若驚。事實上，我們之間很來電，那種感覺是只有跟另一個人第一次見面時才會有的，我倆也很愛彼此打趣，而這種情愫在我和佩蒂的關係中已經蕩然無存。巡演結束後，回到佩蒂身邊，我和她有一搭沒一搭地為破鏡重圓繼續努力，但成效不彰，我發現自己的注意力已經轉移了。回到家沒幾天，我突然告訴佩蒂我要走了，我在義大利認識了一個人，打算搬去和她一起生活。我就像風中的火焰，到處去點火，完全不在乎別人的感受或我的行為會帶來什麼後果。我私下說服自己，我剛剛年過四十，正經歷一場中年危機，我所有的行為都可以用這個理由去解釋。

我就這樣沒頭沒腦地飛到米蘭，出現在蘿莉家門口，告訴她我離開佩蒂了，要搬來和她一起生活。有趣的是，她好像也在過一種今朝有酒今朝醉的日子，因為她聽完面不改色，一副「那就搬來住吧，看看會有什麼結果」的樣子。那是我人生中意義非凡的一刻，因為真的豁出去到了那裡之後，我對自己說：「我的人生要在義大利重新開始，而我完全不知道這條路會怎麼走下去。」

我們在米蘭生活了一段時間，蘿莉當上時尚攝影師，正在展開她的新事業，開始為凡賽斯（Versace）和亞曼尼（Armani）等盛極一時的時裝大公司工作，透過她，我和凡賽斯家族變成朋友，跟多娜泰拉·凡賽斯（Donatella Versace）的先生保羅·貝克（Paul Beck）交情尤其不錯。我本來就是凡賽斯創辦人吉安尼（Gianni）的忠實粉絲，買他的東西已經有一段時間，並認為他是世界上最好的服裝設計師，設計充滿開創性，同時又很簡單。喬治·亞曼尼

（Giorgio Armani）和吉安尼我都喜歡，但在那個階段，我個人認為吉安尼是搖滾界的設計師。

有一段時間，我成了蘿莉的模特兒，兩人因為拍時裝照經常在一起。隨著關係進展，我們開始討論一起生小孩，我告訴她我一直很想要小孩，但和佩蒂之間始終無法如願，還慫恿她說，我們兩人的小孩一定會是最完美的。現在回頭去看，這都是幼稚的鬼扯，但當下一切都顯得合情合理。蘿莉同意了，並說她會停止吃避孕藥。

一切假像在我們到了羅馬後開始破滅。蘿莉在羅馬還有一間公寓，有一天，她自己出去，留我一個人在家，我開始東翻翻、西找找，這真不是個好主意。我打開一個櫥櫃，裡面有一疊相簿，就拿出來瀏覽，裡面都是些蘿莉和名人的照片，有足球明星、演員、政治人物、樂手……各種各樣聲名狼藉的人。我發現她在每張照片中都擺出同樣的姿勢，臉上似笑非笑。我好像被人一拳打在肚子上，感到全身冰冷，寒毛直豎。就在那一刻，我知道我們之間完了。

儘管當下很想一走了之，我明白自己已經一腳踩進某種身不由己的境地，特別是我們曾經談到生小孩的事。於是，我把這份感受記在心上，作為這段感情不可能持久的理由，並開始隱藏真心，心理上和情感上都不再投入。我們在羅馬住了一段時間，然後一起飛到倫敦，在康諾特飯店住了幾個晚上，再搬進我在柏克來廣場為我們安排好的公寓裡。

我對自己的人生充滿了疑問，不管是過去還是未來都是，這段時間過得相當辛苦。在鄉間生活了多年，我也受不了城市的喧鬧和擁擠的交通，為了轉移注意力，我在公寓裡安裝許多錄音設備，好讓我能錄製下一張專輯的樣本唱片。我住在那裡的時候寫的其中一首歌叫做〈拆散〉（Tearing Us Apart），寫的是佩蒂的那群閨密「委員會」，這時我開始怪罪是她們破壞了我倆的感情，歌中寫道：「妳的朋友在拆散我們……」除此之外，我就沒什麼靈感了，因此不難想像，和蘿莉一起搬進新家才兩三個星期左右，我就告訴她這段感情我走不下去了，必須回到妻子身邊。她說：「這太糟糕了，因為我懷孕了。」

那個當下，我實在沒辦法接受這個事實。記得我把車開出去，一路開去赫特伍德找佩蒂，自從我離開以後，她一直住在那裡。在我醉意迷茫的心中，以為她可能在那裡等我。我到的時候是晚上，整間屋子亮著燈，我從廚房窗口偷窺，看見佩蒂和她男友正在一起做晚飯，好像我回到了別人家裡似的。我一邊敲門一邊說：「我回來了，我回家了！」佩蒂來開門，冷冷地對我說：「現在不方便，你不能進來。」

「但這是我家啊。」我說，而她回我：「不行，你不能這樣……」突然之間，我的世界完全分崩離析，情婦讓我幻滅，偏偏她卻懷孕了，而妻子已不再回頭。我內心充滿矛盾與迷惘，感覺像打開了一扇門，前面是萬丈深淵。在這段期間，有一次，我覺得眼前唯一的出路就是自殺，剛好手邊有一整瓶藍色的五公絲煩寧錠，於是一口氣全吞下去，很確定不會再醒來了，但出乎意料之外，我睡了十個小時後醒過來，頭腦清醒得不得了，充分意識到自己僥倖撿回了一條命。

蘿莉一旦明白她不可能把我綁住，就隻身飛回米蘭，她在那裡才有辦法謀生。我留在英國，努力收拾自己捅的婁子，首先就是告訴佩蒂有關蘿莉懷孕的事。她本來就很希望我們能有小孩，對於自己沒辦法懷孕失望至極，要向她坦承這樣的事真的很糟糕。她被這個消息徹底打垮，從那時候起，我們在赫特伍德的日子簡直是地獄。

我們勉強一起生活了幾個月，分房睡，基本上各過各的，一直到三月十七日她生日那天，我徹底崩潰，把她趕出家門。這樣做實在很殘忍、很惡毒，過沒幾天我就後悔了。我一遍又一遍回憶我們早年在一起的日子，百思不得其解為什麼那種感覺再也回不來了，但我知道自己這次真的太過分，至少有一段時間不能再去打擾她。佩蒂在肯辛頓找到一間很不錯的公寓，漸漸地，一切居然也安頓了下來，我每星期去探望她一次，彼此之間以禮相待。我繼續住在赫特伍德，做點這、做點那，盡我所能有節制地喝酒，但偶爾還是會酗酒，感覺就像再度陷入停滯狀態，不大確定事情會怎麼發展，或這一切會有什麼結果。

第十三章 Conor 康納

有一天，我在家裡接到一通神祕電話，對方是一位有濃重歐洲口音的女士，聲稱知道我多年來婚姻中的種種問題，還說她有辦法化解。我很好奇，也很生氣，這女人怎麼會有我的電話號碼？又是從哪裡得知這麼多內幕消息？這之後，她開始定期打電話來，告訴我一些讓佩蒂回心轉意的古怪指示，我都一一照做，理由很簡單：「我能有什麼損失？」殊不知我正給自己惹上什麼麻煩。

首先，我必須用各種藥草泡澡，泡完整個人就像黑水潭裡冒出來的怪物。漸漸地，要做的法事愈來愈複雜，也愈來愈讓人毛骨悚然，例如，我必須在指頭上劃出血來，塗在寫上我和佩蒂名字的十字架上；或者在午夜時分唸奇怪的咒語。當然，事後我會滿懷興奮和期待地打電話給佩蒂，看看她對我的態度有沒有轉變，不消說，這種事從來沒發生過。

電話中那位女士語氣充滿同情，最後她告訴我，她必須見到我，當面「施法」，才能讓法力生效。她人在紐約，剛好我不久就要去那裡，於是我同意見她。我知道這很瘋狂，但我的想法還是：「反正又不會少一塊肉。」結果這位女士長得十分怪異，肥胖身材，一頭紅髮，她說我必須和處女發生性關係，才能完成施法。我問：「在紐約上哪找處女啊？」她回答：「我就是處女。」我應該在那個當下就逃之夭夭的，天曉得為什麼沒有，我那時又醉又絕望，而且還幻想著只要能和佩蒂破鏡重圓，一切問題都會迎刃而解，所以就照著做下去。整個過程丟臉極了，我最後確實落荒而逃，可是不該發生的都已經發生了。

我逃到洛杉磯錄製新專輯的歌曲，這張專輯由菲爾・柯林斯和湯姆・多德聯手製作，湯姆是我後來找來的，因為不大有信心菲爾真的充分了解我的音樂背景，擔心他獨力製作會有問題，而有湯姆參與，我就可以監督整個錄製過程。我們在好萊塢的日落之聲錄音室（Sunset Sound Studios）錄音，樂團基本成員有：我擔任吉他手，菲爾擔任鼓手，葛雷格・費林根斯擔任鍵盤手，納森・伊斯特（Nathan East）擔任貝斯手。管樂組另外在紐約錄音，再後製疊錄，成員有薩克斯風手麥可・布雷克（Michael Brecker）、小號手藍迪・布雷克（Randy Brecker）和瓊恩・法狄斯（Jon Faddis），加上長號手戴夫・巴格倫（Dave Bargeron）。此外，我和蒂娜・透娜（Tina Turner）同步合唱了〈拆散〉。

整個錄製過程中，我個人都相當醉，回想起來，真不知道是怎麼完成的。奈傑爾跟著我一起到洛杉磯，他在日落廣場周邊給我們租了個地方，我每天晚上會關起門來偷偷喝酒、嗑古柯鹼，直到早上六點左右。我大約十一點進錄音室，白天裡設法保持清醒，所以從中午到傍晚六點左右，我帶著宿醉工作，盡力而為，直到我覺得可以說出：「好了，今天成績不錯，就到這裡吧。」然後開車回我們租來的別墅，再縱情喝酒嗑藥，幾乎不用睡覺。我當然竭盡全力不讓大家知道我在喝酒，但事實證明並不成功，奈傑爾租了一輛汽車給我用，車子沒有車牌號碼，不知哪位工作人員貼了一塊紙板上去，上面寫著「思美洛伏特加隊長」。

在蘿莉臨盆前的幾個月，我漸漸省悟這可能會是我人生中難得有好結果的一件事，於是努力恢復和她的關係。從洛杉磯錄音回來後，我去米蘭探望過她幾次，由於她認為我是英國人，孩子應該在英國出生，因此生產前幾個星期，她回到倫敦，我在切爾西租了一間小房子給她住，每天過去探望她。

康納（Conor）於一九八六年八月二十一日在帕丁頓的聖瑪麗醫院出生。我一聽說蘿莉開始分娩，就趕到醫院，儘管心裡戰戰兢兢，還是決心要在寶寶出生時在旁陪產。結果，寶寶因為胎位不正卡住了，得緊急剖腹產，病床用屏風圍了起來，有一位護士走到我身旁站定，告訴我男人在這種情況下通常會暈倒。我已經打定主意要全程在場，內心就是有一種奇妙的感覺，這是我這輩子第一次體會這麼活生生的真實經歷。在這之前，我的人生彷彿只是一連串意義不大的事件，唯一感到比較真實的時候，是當我在音樂上給自己挑戰，其餘的一切：酗酒、巡演，甚至和佩蒂在一起的日子，都帶有那麼一點虛假的味道。當寶寶終於出來，護士把他遞給我抱，我根本不懂得要怎麼抱小孩，卻感到如痴如醉，內心充滿無比的驕傲。

蘿莉在醫院住了幾天，她還在住院的時候，我去了羅德板球場看球賽。當天下場比賽的有英格蘭板球明星球員「大塊頭」伊恩・博瑟姆（Ian "Beefy" Botham），他是我透過羅伯史提伍經紀公司的前總裁大衛・英格利許（David English）認識的朋友。球賽結束後，他舉起一杯香檳向我祝賀小康納的誕生，到那一刻，我才開始體會自己當爸爸了，也是時候長大了。過去那些不理性的行為，我自認為都有理由可以原諒，因為都是在成年人允許之下的表現，現在面對這個嬌嫩脆弱的小不點兒，我突然意識到不能再胡鬧下去。但問題是，怎樣才能不胡鬧？

康納出生的時候，剛好我的新專輯也發行上市，為了紀念，我把專輯取名《八月》（August），結果竟成為我到那時為止最暢銷的個人專輯。專輯裡有一首上榜歌曲〈It's in the Way You Use It〉，是保羅・紐曼（Paul Newman）的電影《金錢本色》（The Color of Money）的配樂；此外，也收錄了〈聖母〉這首歌，我把它獻給樂隊合唱團傑出的鍵盤手理查・曼努爾，他在一九八六年三月上吊身亡。有一首歌我最後決定不收錄，那是特別為蘿莉寫的〈維洛納來的女人〉（Lady from Verona），怕佩蒂會承受不了。

蘿莉生完不久就回義大利，我們的想法是，只要我有空就過去探望她和康納幾天。問題是，我已經完全進入酗酒狀態，而且愈來愈控制不住。我真的很愛這個小孩，可是每次去米蘭看他，白天裡和他一起玩的時候，每分每秒我腦子裡想的都是還有多久蘿莉才會回來餵他、哄他睡覺，好讓我再喝一杯。我不會在他面前喝酒，他醒著的時候，我都咬緊牙關保持清醒，一旦蘿莉把他放進嬰兒床，我就會補回平常喝的量，喝到不省人事為止。只要在米蘭探望她們母子，我每天晚上都是這樣度過，直到回英國為止。

我這個階段混的朋友，也只會讓我變本加厲地酗酒。比方說，一九八六年和一九八七年的整個夏天，我經常跟大塊頭博瑟姆和大衛・英格利許在一起，我們三人會一起去喝個痛快。

大衛是我從加入羅伯史提伍經紀公司就認識的朋友，我們和一群喜歡玩板球的樂手及運動員組了一支雜牌軍板球隊，叫做E. C. 十一（後來演變成班柏立板球隊），球隊中有些人相當認真，但我個人只把它當開懷暢飲的藉口。有時候，我會特地開車去看大塊頭代表伍斯特郡出賽，他是個有趣的人，擅長交際又慷慨大方，不但是很棒的球員，也是天生的領導者，開玩笑辛辣不留餘地。可憐的大衛往往成為我們嘲弄的對象，被損得體無完膚，跟史提伍被艾哈邁德和厄爾整的情形很像。我們開起玩笑真的很殘忍，但我也很愛看大塊頭出賽，會特地開車到全國各地觀賞一流的郡際比賽。在板球賽的社交場合，喝酒是很重要的一環，而大塊頭又喜歡喝啤酒止渴，我很容易跟他們打成一片。

這基本上就是我接下來那一年的生活方式，並且在一九八七年的秋天，我到澳洲巡演的時候進入白熱化階段。此時，我的能力已經被酒精嚴重侵蝕，手隨時都在抖。我的人生第二次走到沒有酒就活不下去，但再喝就會沒命的地步，簡直一塌糊塗，至於吉他演奏，幾乎也只是在勉強應付。

有一天，我關在飯店房間裡，離家萬里之外，腦子裡除了自己的痛苦再沒什麼好想，突然間明白我必須重新接受治療。我告訴自己：「不能再這樣下去了。」這其實都是為了康納，因為不管我是什麼樣的人，我都沒辦法忍受自己在他面前是這副德性；無法接受當他長到足以形成對我的印象，我的形象就是現在這個樣子。我打電話給羅傑，請他再幫我申請住進海瑟頓，並於一九八七年十一月二十一日，回到那裡接受治療。

表面看來，我第二次住進海瑟頓的情況跟第一次很類似，但深入探討，兩者其實非常不同。這一次，我對自己為什麼要來毫無保留，我已經試過控制自己的飲酒行為，卻一敗塗地，所以來這裡戒酒不容爭辯、沒有灰色地帶。此外，在酒癮復發這段期間，我的人生變得複雜之極，完全超出我所能應付——我現在有兩個孩子（兩個卻都不在身邊）、一段破碎的婚姻、各式各樣搞不清楚的女友，還有勉強維持卻已失去方向的事業，整個就是一團糟。

我這次的輔導員很不錯，名叫菲爾，他先跟我打好關係，再用一種嘲笑的方式和我相處，我完全招架不住。我早已習慣別人對我畢恭畢敬，也許就只是怕我，這傢伙卻敢拿我的傲慢和自大來嘲笑，讓我不知所措，卻也因此幫助我看到別人眼中的自己，而這個自己一點都不可愛。我佩服得五體投地，盡可能找他做諮詢，但他總是沒空，或者故意讓自己看起來很沒空。我就像風中的蘆葦，昨天才被吹上了天，蔑視一切、目中無人，今天卻又跌落絕望的谷底。但我不斷想到康納，想到他未來的人生和我應當扮演的角色，以及我這次如果再不做對，歷史可能就會重演，這個後果令我感到害怕。想到屆時他會經歷的一切，是最終讓我有所轉變的關鍵，我必須打破這個惡性循環，讓他能夠擁有我從來沒能真正擁有的一樣東西：爸爸。

然而，那一個月的療程我還是跌跌撞撞，跟前一次差不多，只是每天數日子，期望不需要付出什麼努力，改變自然而然會在我身上發生。當療程即將結束，有一天，我突然一陣恐慌，明白自己其實一點都沒有改變，我就要這樣毫無防衛能力地重回外面的世界。腦海裡的雜音震耳欲聾，喝酒的念頭從來沒有斷過，我猛然驚覺，在戒治中心這個應該是安全的環境裡，我卻身陷巨大的危險之中。我內心充滿恐懼，感到徹底的絕望。

就在此時，我兩腿一軟，不由自主地跪了下去。在我房間的私密空間裡，我跪下來求助，不知道自己是在跟誰說話，只知道已經走到山窮水盡，完全束手無策。然後，我想起以前聽過的關於臣服的道理，曾經以為永遠不可能做到，因為自尊心太強了，但我知道單憑自己的力量會走不出來，所以跪下來求助，我臣服了。

幾天之內，我明白有些事已經在自己身上發生。無神論者大概會說，這不過就是心態上的轉變，某種程度來說也沒錯，但絕不僅於此而已。我找到一個可以求助的地方，這個地方我一直都知道在那裡，但從沒認真想要相信，或者說也沒這個需要。從那天起到現在，我沒有一天早上不跪下來禱告，祈求神的幫助，也沒有一天晚上不以禱告感謝我的生命，還有最重要的，我戒掉了酒癮。我選擇跪下來，因為我自覺禱告的時候應該保持謙卑，而以我的自我來說，這是最有效的做法。

你如果問我為什麼要做這些，我會告訴你……因為真的很靈驗，就這麼簡單。從那時戒掉酒癮到現在，我從來沒有真的很想喝酒或嗑藥過。我對宗教沒有意見，而且從小就對靈性方面的事物充滿好奇，不過我的追尋把我帶往內在的旅程，遠離了教會，也不上教堂做禮拜。在踏上身心康復之路以前，我在音樂和藝術中找到我的神，崇拜像赫曼・赫塞（Hermann Hesse）這樣的作家，像穆蒂・華特斯、咆哮之狼、小沃爾特這樣的樂手。我的神一直都在，以某種方式、某種形式存在，只是我現在學會了跟祂說話。

我從海瑟頓回家過聖誕，回到赫特伍德跟蘿莉和康納相聚。要處理的事、清理的爛攤子很多，而蘿莉很幫忙，我猜她直覺地知道我還沒準備好針對我們的處境做一個決斷，看來也還能接受暫時順其自然，看看事情會怎麼發展。說來有趣，我出院後想見的第一個人是佩蒂，我們分手的時候鬧得這麼僵，我想知道我們之間還有沒有火花，就算只是友情也好。我們約了吃午飯，結果氣氛很好，我感覺不出她有一絲怨恨，我們可以誠懇交談而沒有想要操縱對方，以我來說這就像奇蹟一般。

一九八七年快要結束前，那位神祕電話女士又再打來，說她快被趕出公寓，急需用錢。我不記得她有沒有在這次電話中說她懷孕了，總之我犯了寄錢給她的大錯，就像打開潘朵拉的盒子，從那天起，接下來的幾年她死纏著我不放。夢魘從一九八八年春天的報紙上開始，週日八卦小報登出她看上去懷孕幾個月的照片，可怕的新聞標題給我冠上各種名號，新聞持續了一個月左右，直到有一位幫她工作的小姐聯絡小報揭穿這場騙局，那些照片都是她塞了枕頭後拍的，她指控的一切也都是子虛烏有。

後來我才知道，她對其他幾位樂手也用過相同的伎倆，只是沒人上鉤，直到我這個笨蛋出現，真是應驗了「到處都有二百五」這句話。小報登了小小一欄道歉啟事，但我已經深受打擊，畢竟她確實有那麼一丁點懷孕的機率，我對於自己在這種情況下該負責任到什麼程度感到非常困惑，而這些事都緊接在我第二次戒治出院後的幾個月內發生，感覺真是如臨深淵。

接下來的幾年中，電話女士時不時出現，有時就在光天化日的大街上，對我尖叫著「休想甩掉我」、「你逃不掉的」之類的話，我又是個天生容易懼怕異性的人，有時真讓我快精神崩潰。不過，漸漸地，她不大出現了，直到有一天，我再一次跟她在紐約見面，她和我的一個樂手朋友在一起，兩人顯然共組了家庭。我驚得目瞪口呆，覺得應該讓朋友知道她是什麼樣的人、有什麼能耐，但最後還是任由他去。他們好像很幸福，看起來也很正常，我實在不忍心驚擾他們，再說，朋友可能早就知道了。

從海瑟頓出來後，我有好一些工作要投入，首先是延續從一九八六年一月開始的一項計畫，當時我答應在倫敦的皇家亞伯特音樂廳連續演出六晚，這系列演唱會後來變成傳統，演出場次每年增加，到一九九一年達到高峰，一連演出了二十四場。參與演出的樂團成員包括《八月》專輯的納森・伊斯特和葛雷格・費林根斯，鼓手有史提夫・佛隆（Steve Ferrone）和菲爾・柯林斯，再加上吉他手馬克・諾弗勒（Mark Knopfler），演唱會的效果實在太好，以至於我們決定定期演出。

我一直很喜歡這個場地，去那裡看別人的演唱會也很盡興。音樂廳的環境舒適、氣氛好，管理層總是努力保持現場音效的水準。這裡也是少數幾個站在舞臺上可以看到全場觀眾的場地之一，你會看到前後左右都圍滿了歌迷，有的在包廂裡，有的在頂層站位區，有時候連正廳也開放站立，而正廳前排的人就在你腳邊，你真的會感覺就在群眾之中。我記得在皇家亞伯特音樂廳還不開放給搖滾演唱會的年代，有一次法蘭克・札帕（Frank Zappa）的發明之母合唱團（The Mothers of Invention）不知怎麼訂到那裡的場地，那場演唱會很精采，演出結束觀眾要求再唱一曲的時候，外號「唐媽媽」的鍵盤手唐・普雷斯頓（Don Preston）闖進鎖在兩房玻璃門後面的管風琴室，演奏了震耳欲聾的〈路易、路易〉（Louie Louie），讓全場觀眾為之瘋狂。

在我戒酒成功後的頭幾年，最美好的時光就是跟兒子和他媽在一起的時候，我的人生從來沒有這麼正常過。康納長得很好看，有一頭跟我小時候一樣的金髮，眼珠子是褐色的，我看過亞德里安舅舅和我媽小時候在里普利的樹林裡玩的照片，康納跟他小時候長得很像。康納是個可愛的小孩，個性很好、很溫柔，到一歲的時候就會走路了。

他一開始牙牙學語，就常常叫我爸爸。

然而，不管多愛這個孩子，我完全不懂得怎麼帶他，因為我自己也是個大孩子。所以我讓蘿莉撫養康納，而她做得非常好，她會和當她助理的姊妹寶拉（Paula）一起過來住一陣子，偶爾她們的母親也跟著來，於是那幾個星期，我們會過平靜的居家生活。我經常在一旁觀察康納的一舉一動，由於不知道要怎麼當爸爸，我像兄弟一樣跟他玩，在露臺上踢皮球、一起到院子裡散步。他也認識了我媽和外婆，還有羅傑，每個見到他的人都愛死他，他真的就是個小天使，人見人愛。

一九八九年，我開始灌錄我個人最喜歡的專輯之一：《職工》（Journeyman）。這張專輯的製作人是拉斯・泰特曼（Russ Titelman），收錄曲目巧妙結合了翻唱曲和原創曲，但以傑瑞・威廉斯創作的歌曲為主。我很喜歡他的歌，其實他和音樂有關的一切我都喜歡，他本人或許給人很大壓力，但這完全情有可原，因為他太有才氣了。他是個了不起的傢伙，為人風趣，才華橫溢，跟他合作非常愉快，我知道我們會成為一輩子的朋友。我在錄製這張專輯的過程中玩得很開心，在其中演奏的樂手很多，包括喬治・哈里森、夫妻檔塞西爾和琳達・渥梅克（Cecil / Linda Womack），以及勞伯・克雷（Robert Cray）等。拉斯一定要我改編翻唱〈獵狗〉，結果效果真的很不錯；我也翻唱了雷・查爾斯的〈艱難時代〉（Hard Times），但我最喜歡的一首歌是〈舊愛〉（Old Love），這是由我和勞伯・克雷共同創作的一首憂鬱藍調，吉他演奏也由我和他共同分攤。

我們在一九九〇年為這張專輯做巡演，先在英國和歐洲，再跑遍全美各地。正是在這趟巡演的後半段，也就是八月底，我失去了一位好朋友兼音樂偶像。史提夫・雷・范（Stevie

Ray Vaughan）是德州吉他手和藍調樂手，他的哥哥吉米・范（Jimmie Vaughan）是傳奇雷鳥合唱團（Fabulous Thunderbirds）的成員，我因為樂團的關係和他相當熟。一九八六年中，吉米打電話到我辦公室，說史提夫・雷正在倫敦的一家戒酒中心，問我能不能去看看他。我去探訪了史提夫・雷，告訴他我是過來人，所以只要他有需要，隨時可以找我。我們成了好朋友，在接下來的幾年裡，我看過他幾次演出，我們倆偶爾也會即興合奏。我認為他是當時世界上最偉大的藍調電吉他手之一，演奏風格很像他的偶像亞伯特・金。

八月二十六日，我們在威斯康辛州的一個滑雪勝地演出，場地叫做高山谷地音樂劇院（Alpine Valley Music Theatre），就在密爾瓦基和芝加哥之間。史提夫・雷和他的雙重麻煩樂團（Double Trouble）做開幕演唱，我在更衣室螢幕上看他表演，記得當時暗想：「嘿，在這之後出場壓力好大。」他的演奏流暢如水，聽起來沒有模仿任何人，音符毫不費力地從指尖下自然流洩，演奏很有創意，還有他的演唱也很棒。

他真的得天獨厚。

我繼續做我的事情，心裡想著，跟史提夫・雷這樣的樂手比起來，我還真是個折衷派，因為我不只演奏藍調，也演奏民謠、雷鬼和各種不同的曲風，「藍調風」融入了我演奏的每一首曲子裡，也表現在我對每一首歌曲的詮釋中。那天晚上的特別嘉賓還有巴弟・蓋、勞伯・克雷，和史提夫・雷的哥哥吉米，到了節目尾聲，包括史提夫・雷在內，我們全部回到臺上即興合奏十五分鐘版的〈甜蜜的家園芝加哥〉（Sweet Home Chicago）。

演唱會結束，大家擁抱道別，工作人員趕我們去坐直升機，停機坪上已有一排等著，是那種有大面有機玻璃座艙罩的直升機。一坐進去，我注意到駕駛正用一件宣傳T恤擦拭擋風玻璃，上面都是凝結的水氣。機艙外面，大約離地面三公尺高的空中，籠罩著濃濃的霧靄，我記得當時暗忖：「這看起來很不妙。」但我不想多說，以免增添恐慌，畢竟在飛機上，你最不想碰到的就是有一個神經病在那裡嚷嚷：「這下我們死定了。」所以我什麼都沒說，而就在那時候，我還不知道原本要開車回芝加哥的史提夫・雷，已經在另一架直升機上找到多出來的位子，和我的兩位工作人員奈傑爾・布朗（Nigel Browne）和柯林・史密斯（Colin Smythe），還有我的經紀人鮑比・布魯克斯（Bobby Brooks）坐上同一架直升機。

四架直升機陸續升起，飛進了濃霧裡。我記得當時心想：「我最討厭這種狀況了。」突然間，我們已經在濃霧之上，天空一片晴朗，還看得見星星。不一會飯店就到了，我很快上床，睡了一夜好覺。大約早上七點，我接到羅傑打來的電話，說史提夫・雷的直升機還沒回來，沒有人知道發生了什麼事。我去他的房間查看，最後得知那架直升機起飛後轉錯方向，迎面撞上一片人工滑雪坡道，機上人員全部罹難，可憐的吉米必須去認弟弟的屍體。這天接下來的時間都在商議是否要繼續巡演，還是全部取消以示尊重，大家一致的決定是繼續演出。於是我們按原定計畫，當晚在堪薩斯城的砂岩圓形劇場演出，儘管大家都還驚魂未定，但這是我們向史提夫・雷致敬的最好方式。

在錄製《職工》專輯期間，有人介紹我認識一位年輕漂亮的義大利模特兒卡拉（Carla），在我的空窗期間，她成了我的下一任人生導師。介紹卡拉給我認識的是蘿莉的一位朋友，這本身就有點奇怪，也在接下來幾個月中給所有人製造了一堆問題。起初我沒有太大興趣，但她顯然很喜歡音樂，又相當崇拜我，讓我覺得飄飄然，因為她才二十一歲，而且非常性感，留著一頭長髮，身材凹凸有致，年輕的臉蛋有一點東方人的味道，顴骨很高，還有一對杏眼。我們開始約會，很快的，我已經被她迷住。

我錄製這張專輯的時候住在紐約，紐約的氛圍成了我們戀情的背景，節奏很快，也很浪漫。卡拉帶我去一家很棒的餐廳，叫做 Le Bilboquet，我和餐廳老闆菲利普・德格蘭奇（Philippe Delgrange）成了朋友。這裡是所有住在紐約的時髦歐洲富人最喜歡光顧的地方，幼稚的我自認為，我來這裡最合適不過了。在我們的戀情打得火熱的時候，滾石合唱團來到紐約做《鐵輪子》（Steel Wheels）專輯的巡演，卡拉說她是滾石的歌迷，問我能不能帶她去見他們。我們去看滾石的演唱會，結束後我帶她去後臺找他們，記得我當時這樣對米克說：「米克，拜託，別動這位的腦筋，我應該是戀愛了。」他之前曾有幾次想勾引佩蒂，被佩蒂拒絕，而我知道他會喜歡卡拉這種類型。儘管我千拜託萬拜託，過不了幾天，他們已開始暗通款曲。在此期間，我到非洲跑一趟簡短的巡演行程，第一站是史瓦濟蘭，接下來還去了波札那、辛巴威和莫三比克。

巡演回來，我去了卡拉在聖丑佩茲的老家，她對我相當冷淡，但我因此有機會認識她的幾位前男友。他們人看起來都很不錯，對我的窘境深表同情，暗示我卡拉通常男朋友換得很快，有時顯得相當無情。不久，在卡拉放了我幾次鴿子之後，我接到當初介紹我們認識的那位朋友的電話，她告訴我，卡拉確定是在跟米克交往，而且這次是認真的。我早已聽到風言風語，現在看來都是真的。接下來那一整年，這件事成了我的心魔，在幾次擔任滾石合唱團的演唱會嘉賓時，心情更是灰暗到極點，總是隱隱可以感覺到她的存在。

我從卡拉身上學到什麼？當下學到的不多，但隨著時間過去，我學會分辨什麼是情慾、什麼是愛，到後來，更學會分辨什麼是歡愉、什麼是快樂。卡拉也有值得肯定的地方，一旦引誘我上勾以後，她就沒有再繼續誤導我，也從來沒有真正表達過對我有深刻的感情，但失去理智的我卻能說服自己，這就是我生命中的摯愛。她跟米克交往的事一直欺瞞我，導致我和米克之間結下極大的嫌隙，有一陣子只要想到他，我很難沒有恨意。當然，到後來我反倒暗暗感激他讓我逃過一劫，也同情他因為卡拉的關係痛苦了很長一段時間。

由於卡拉和米克的事令我耿耿於懷，我開始認真投入身心康復計畫。首先，我的學長認為我應該練習「第四步驟」，針對我心中對他們兩人的怨恨做一次自我盤點。第四步驟基本上是誠實檢視過去的行為，藉此找出酒癮患者是如何造成自己的酗酒行為，但正常人碰到問題也可以應用，藉以釐清問題的責任。酒癮患者一般都會認為，所有事情都是外力造成，自己只是受害者，完全沒有能力控制自己的生活。以酒癮患者戒酒的能力來說確實如此，但除此之外的每一件事，都是可以透過負起更多責任來改變或調整的。

這就是十二步驟的目的之一。從這樣的自我檢討中，我意外發現自己一開始就沒必要和卡拉發生關係，原以為這是我不得不做的事，是逼不得已。而在練習第四步驟的過程中，我漸漸發現是自己選擇了這樣做，那是我想去的地方、想做的事，我完全沒有看清現實，而憑我當時才清醒了兩年的頭腦，對於什麼是對我有益的事也沒什麼判斷力。

我發現自己的行為有一種固定的模式，已經持續了好幾年，甚至幾十年。我的專長是做出糟糕的選擇，假如有誠實體面的事情出現，我會閃避或往反方向逃開。可以這麼說，我的選擇反映了我的自我觀感，認為自己配不上體面的事，所以只能選擇最終會拋棄我的伴侶，因為我始終相信，母親在多年以前就是這樣對我。

我和康納的關係一開始讓我有一點害怕，但我沒有逃開。我終究是個兼職爸爸，小孩子有時候會很不給大人面子，在無心之中顯得很殘忍，而我常常很在意，認為他是在針對我。不過，隨著戒酒的時間愈長，我跟他在一起愈來愈自在，也愈來愈期待和他見面。一九九一年三月，我就是帶著這種心情，和蘿莉安排好去紐約看康納，當時蘿莉和她的新男友西維奧

（Sylvio）打算在紐約買一間公寓。

三月十九日傍晚，我去東五十七街他們住宿的公寓大樓 Galleria 接康納，帶他去長島看馬戲表演。我還是第一次獨自帶他出門，感到既緊張又興奮。那天晚上我們玩得很開心，康納講話講個不停，看到大象特別興奮。我第一次深刻體會到，有一個小孩和當爸爸是什麼感覺，記得我把他帶回去的時候告訴蘿莉，以後康納回去我那裡時，我要自己一個人照顧他。

第二天，我起得很早，準備從我住的梅費爾麗晶飯店（位於公園大道和第六十四街路口）走去蘿莉的住處接她們母子倆，我們約好要去中央公園動物園，然後再到我最喜歡的義大利餐廳 Bice 吃午餐。上午十一點左右，電話鈴響了，是蘿莉打來，她歇斯底里地尖叫著說康納死了。我心想：「拜託，他怎麼可能死了？」我問了她一個最愚蠢的問題：「你確定？」然後，她告訴我康納從窗戶摔下去了，說完情緒徹底失控。我驚叫一聲，說：「我馬上過去。」

記得走在公園大道上，我努力說服自己不會有事……好像這種事情也會有人搞錯似的。靠近公寓大樓時，我看到街上有警察拉起的封鎖線，還有好些醫護人員，我從旁邊走了過去，沒有勇氣上前查看。最後，我進到大樓裡，那裡的警察問了我幾個問題，問完我乘電梯上到五十三樓他們住的公寓。蘿莉已經精神錯亂，變得語無倫次。到了這時，我反而變得鎮定而事不關己，我在心底抽離了這一切，變成那種忙著照顧別人的角色。

透過跟警察和醫生交談，我不必進到出事的起居室，也能還原事發經過。那間大起居室有一面是落地玻璃窗，可以用懸臂支撐的方式打開清洗，但窗戶上完全沒有護欄，因為私人公寓大樓並不受建築規範的限制。這天早上，清潔工來清洗玻璃窗，把窗戶暫時打開，此時康納正在公寓裡跑來跑去，和保母玩捉迷藏遊戲，就在工人警告蘿莉這很危險，蘿莉因此分心的時候，康納竟真的跑進起居室，一頭衝出了窗外。他摔下四十九層樓，最後跌落在毗鄰的四層樓建築屋頂。

蘿莉是無論如何不可能去太平間了，我只好獨自一人去認屍。無論他那一摔遭到多大的身體損傷，我看到他的時候，都已經被修復到起碼的正常狀態。我看著他美麗的臉龐彷彿安祥睡去，記得當時心裡這樣想：「這不是我的兒子，看起來有點像，但他已經不在那裡了。」我後來又去殯儀館看了他，向他道別，也為沒有做一個更好的父親道歉。幾天後，我和蘿莉在一群朋友和家人的陪伴下，帶著棺柩飛回英國。我們回到赫特伍德，那些義大利親友全都放聲大哭，公開表達他們的哀慟，我仍然保持抽離，始終處在一種恍惚茫然的狀態。

康納的葬禮在里普利的聖瑪利亞瑪達肋納教堂舉行，那是個陰冷的三月天，再過幾天就是我的四十六歲生日。里普利的鄉親全都來了，儀式很溫馨，但我完全說不出話來，我抬頭看著他的棺木，就是不知道要說什麼。我們把他安葬在教堂牆腳邊的一塊墓地，就在他的棺木下葬之際，他的義大利外婆徹底歇斯底里，想要撲進墓穴裡。我記得看著這一幕，心裡有一點吃驚，我不是個擅長外顯情緒的人，這完全不是我面對喪親之痛的方式。從教堂的墓地走出來，一大群記者和攝影師迎上來，大約有五十個之多，很多人因此被惹惱或覺得受侮辱，認為這樣很不尊重人，說來奇怪，我一點都不覺得這有妨礙到我的悲慟。我完全不在乎，只想要這一切趕快結束。

葬禮結束，蘿莉的家人也都回去之後，赫特伍德靜了下來，只剩下我一個人陷入自己的思緒。這時，我發現康納從米蘭寄來的一封信，他告訴我他有多想念我、多期待在紐約見到我，他寫了「我愛你」三個字。儘管看了令人心碎，我還是以正面的心態看待這封信。我有好幾千封慰問信等著拆閱，這些信從世界各地寄來，來自朋友、陌生人，也有像甘迺迪家族和查爾斯王子這樣的人物，令我十分詫異。我開始拆信，最早拆開的信件之中有一封是來自凱斯・理查，上面只說：「如果有什麼我可以做的，請儘管告訴我。」那份情義我永遠銘記在心。

這個事件確實使我有一段時間失去對神的信念，但十二步驟課程中那些朋友和伙伴們所給予的無條件的愛和理解，最終拯救了我。我去參加聚會，大家安靜地聚集到我身邊，陪伴我、給我買咖啡、聽我娓娓道來。我有時候會主持聚會，有一次，我帶大家做第三步驟，這個步驟是關於把我們的意志託付給上蒼，我說了最後一次在海瑟頓，我跪下來求神幫助戒酒的經過，我告訴大家我對酒精的強烈慾望就在那一刻被撤走了，我個人認為這就是神回應了我的禱告的鐵證。我說，有了那次經驗，我知道這次也會挺過去的。

聚會結束後，一位女士上前來對我說：「你剛剛把我最後一個喝酒的藉口也打消了。」我問她什麼意思，她說：「我心中有一個小角落一直藏著這樣的藉口：假如我的孩子不幸發生什麼事，我就可以理直氣壯地喝得爛醉。你讓我看到這根本不是理由。」突然間，我意識到自己或許已經找到方法，把這可怕的悲劇轉化成正面的力量，我真的有資格說：「你看，我都可以清醒地挺過來，還有誰不行？」那一刻，我明白這就是紀念我兒子最好的方式。

第十四章
The Aftermath
悲劇過後

康納去世後的那幾個月如同一場醒著的噩夢，但因為一直處在驚魂未定的狀態，我反而沒有徹底崩潰。工作上很多事也等著我處理，首先，拉斯・泰特曼正在錄音室裡對著堆積如山的帶子發愁，那都是我二、三月間在皇家亞伯特音樂廳那二十四場演唱會的現場錄音。我完全聽不進那些音樂，人雖然到了錄音室，心卻不在那裡，直到他放了我現場演唱的〈美好的今晚〉。不知為何，聽到這首歌讓我心情平靜下來，我沉沉睡去。我已經好幾個星期沒有好好睡過覺了，所以感覺很療癒，我想是因為這首歌把我帶回到過去那個還算正常和單純的歲月裡吧，那時候我需要擔心的事情，就只是伴侶赴晚宴前的梳裝打扮老是讓我們遲到。

回到現實，我在倫敦買了一棟房子，又準備在安地瓜島蓋一棟別墅。發生這種事之後，我沒辦法再獨自一個人待在赫特伍德，所以我拜託一位老朋友薇薇安・吉普森（Vivien Gibson）每天來幫我收信。薇薇安是我從 1980 年代認識的朋友，一開始是一段婚外情，現在她成了我的全職祕書。她也是少數我這個時候還願意見的人之一，她能理解我的傷痛，而且不怕面對它，有多少所謂的朋友在這樣的悲劇面前就此消失，而她真的很有勇氣，又充滿惻隱之心，是我一輩子的朋友。我也覺得需要徹底換個環境，於是帶著羅傑、開著車子在倫敦兜來兜去看房子，最後在切爾西相中一棟漂亮的平房，鬧中取靜，坐落在一條靜巷裡，位置理想，又有中庭可以停車，圍牆裡還有小庭院。

與此同時，在安地瓜一位地產商里歐・哈格曼（Leo Hageman）和他的建築師朋友柯林

・羅伯森（Colin Robertson）的協助下，我開始在安地瓜島南岸英吉利港大帆船海灘一家小型度假飯店的園區內，著手設計和建造一棟別墅。我到底在做什麼？我在逃跑，而且是同時往多個方向逃。事實上，要不是羅傑憤而制止，我差點又買了另一棟鄉村別墅，還打算一併把赫特伍德賣掉。

倫敦的房子顯然買得有理，大家一致認同我那陣子應該待在人多一點的地方，而赫特伍德有太多回憶了。至於安地瓜，我多年來常去那裡度假，也帶蘿莉和康納去過多次，而英吉利港是個繁榮的社區，聚集了很多古怪的人，感覺很適合我。然而，這一切背後的決定性因素，其實是移動——不停地移動，無論如何都不要停下來感受內心的感覺，那會令我無法承受。

我戒斷酒癮三年，身心康復的程度只夠讓我不再墮落，並沒有實質的經驗或知識足以幫助我面對這巨大的傷痛。很多人可能以為讓我獨自一個人會很危險，我最後一定會忍不住喝酒，但我有戒酒團契，還有吉他，吉他始終是我的救贖。接下來的兩三個月，我在英國和安地瓜自己一個人住，參加十二步驟聚會，還有彈吉他。起初，我只是隨便彈，沒有目的，慢慢地，歌曲開始出現。最早成形的是〈馬戲團走了〉（The Circus Left Town），描述我帶康納去看馬戲表演的那個晚上，也是我們在一起的最後一晚。後來，在安地瓜，我又寫了一首，把康納的離開和我父親謎一般的存在結合起來，歌名叫做〈父親的眼睛〉（My Father's Eyes）。歌中，我描述每當看著兒子的眼睛，彷彿也見到我那素未謀面的父親的眼睛，兩者因為血緣關係而有了連結。

幾年後的一九九八年，一位加拿大記者麥可・沃羅舒克（Michael Woloschuk）擅自追查我生父的下落，但他找到的那位愛德華・弗萊爾，卻早在一九八五年已經過世。我想我是因為羞愧，才開始自己調查起來，至少去查證那位記者的發現是否屬實。我沒有查到什麼，線索太不清楚了，我對於那個人真的就是我父親始終有懷疑，但除了核實記者原先的發現，我也無計可施。我從小到大不時被人問起生父的事，被問得不耐煩了，開始採取「我不想知道」的態度來結束話題，以至於一直抗拒找出真相的衝動，等到我真的去追查真相時，卻似乎為時已晚。

那些新歌當中，最有力量的就是〈淚灑天堂〉（Tears in Heaven）。我一直很喜歡吉米・克里夫（Jimmy Cliff）的一首歌〈Many Rivers to Cross〉，常常想借用這首歌的和弦進行。但基本上，寫這首歌是為了問一個自從外公去世以來，我就一直在問自己的問題：我們真的會再見面嗎？這些歌曲的情感很難深入討論，否則也不會寫成歌了，它們的誕生和發展，支撐我度過人生中最黑暗的時期。每當我把自己帶回那個時候，去回想自己當時的槁木死灰，都會驚恐得只想躲開，我再也不想過那樣的日子了。這些歌曲原本並不打算發行或供大眾消費，寫下來只是為了讓自己不至於發瘋，我一遍又一遍地彈給自己聽，不斷修改、提煉，到最後歌曲已和我融為一體。

住在安地瓜島那段期間的尾聲，我包了一艘船，邀請羅傑和他太太一起展開為期兩週的島嶼巡航。我一直很喜歡大海，雖然從沒想過要當水手，但浩瀚無垠的大海總讓我感到平靜和療癒。不過，航程一開始不大成功，我和羅傑在好些事情上看法仍然嚴重分歧，氣氛很冷。後來，拉斯・泰特曼先加入我們，再來是伊馮・凱利和我六歲的女兒，伊馮給她取名露絲（Ruth），氣氛才熱絡起來，接下來的航程都相當愉快。

在康納出事後我收到的慰問信中，有一封是來自伊馮，為了幫助我從喪子之痛中振作起來，她提議讓我和露絲（Ruth）相認。她願意這麼做，真是太仁慈了，至少在迷霧散去之前給了我一點方向。從這次乘船巡遊開始，接下來還有幾次拜訪，都是為了試水溫，結果我和露絲相處得還不錯。能再一次跟小孩子相處，而且是我自己的孩子，感覺太好了。伊馮願意給我這第二次機會，就像在一片混亂迷惘的汪洋中出現的救生索，我永遠心存感激。接下來的幾年中，我常去蒙特塞拉特探望她們，和女兒相處愈來愈融洽，後來為了讓露絲接受正規教育，同時也能有更多機會見到我，伊馮決定搬回她成長的小鎮：約克郡的頓卡斯特。

一開始，和露絲相處是為了幫助我度過失去康納的痛苦，就只是權宜之計，一直要到我們的相處不再有憐憫的成分，而且開始一起玩得很開心，我才覺得和她之間有了真正的父女關係。這都需要時間，首先，我自己的身心還有很多地方需要修復，在完全康復以前，我和女兒建立親密父女關係的能力十分有限。至於管教孩子，我還有很多要學，也不確定自己可以要求她到什麼程度，但一點一滴地，我們慢慢了解彼此，我從心理治療當中也學會如何在有必要時表達我的不認同。回顧那些年，我明白她對我的整體身心健康有非常深刻的影響，她的出現對我的康復至關重要。因為她，我重新找到一樣活生生而值得關心的事物，這對我重新積極做人非常有幫助。

一九九一年初夏，我特地去紐約看由美國電影製片人理查・扎努克（Richard Zanuck）的妻子莉莉・扎努克（Lili Zanuck）執導的電影《迷途枷鎖》（Rush），這部電影是根據真實事件改編，講述一名女緝毒密探為了臥底辦案染上毒癮的故事。莉莉是我的忠實歌迷，希望我能為這部電影製作配樂。我還沒試過獨挑大梁製作整部電影的配樂，之前做過的電影配樂工作，大部分是由美國作曲家和編曲家麥可・卡門（Michael Kamen）負責監製，我們一起合作過一部英國驚悚電視連續劇《驚爆萬惡城》（Edge of Darkness）的配樂，之後就接下去合作《致命武器》（Lethal Weapon）系列電影。坦白說，根據我到那時為止的觀察，我對電影產業的興趣不大，雖然很愛看電影，是不折不扣的影痴，但一走到幕後，我的熱情就冷掉了。

話雖如此，我還是接了這份工作，主要是因為我很喜歡莉莉。她為人非常風趣，令人絕倒，我也喜歡並認同她的各種觀點，不管是關於電影、音樂，還是人生。夏天快結束的時候，我暫時搬到洛杉磯，著手製作電影配樂。莉莉指派了一位助手給我，名叫蘭迪・柯柏（Randy Kerber），他很厲害，教我一些竅門，還用一些音樂作品混出優美的配樂，讓我可以跟著架構編寫。我們合作得很愉快，希望有朝一日能有機會再跟他合作。我記得在這期間彈了〈淚灑天堂〉給莉莉聽，她一定要我把這首歌放進電影中，我意願不高，畢竟我連要不要公開都還不確定，但她的論點是，這首歌或許能幫到某些人，這個理由最終說服了我。

這首歌以單曲發行，獲得了空前的成功，如果沒有記錯，這應該是我自己寫的歌曲當中唯一的排行榜冠軍。電影票房就沒這麼好，雖然其實拍得很不錯，這個主題太有爭議性，有些畫面又令人目不忍睹，但我認為拍得夠細膩，也很真實。後來，這部電影漸漸成為熱門的小眾電影，我也很為當中的配樂感到自豪。那一年剩下來的時間，我和喬治・哈里森一起到日本巡演，他和妻子奧莉維亞（Olivia）過去幾個月來對我關懷備至，我想藉此表達謝意。

巡演到一半，蘿莉突然毫無預警出現，就住進我們下榻的飯店。她的男友西維奧曾經傳真給我，警告我她會來找我，他們倆分手了，而西維奧很擔心蘿莉的精神狀況。我沒辦法應付，我自己都隨時有可能情緒失控，況且手邊還有很多工作要做。有趣的是，喬治挺身而出，把局面控制住，他帶著蘿莉到處散心，似乎就是有辦法讓她平靜下來。我對於沒辦法安慰蘿莉深感內疚，但我當時正經歷極大的憤怒和悲傷，根本不曉得要如何同時面對兩個人的情緒。

那年聖誕節前，我搬進了倫敦的房子，很高興在睽違二十年後再度回到切爾西。世界盡頭街區還是老樣子，但市政廳以東的國王路幾乎面目全非，一九六〇年代時，整個切爾西基本上只有三、四家服飾精品店，現在斯隆廣場那一頭一整排都是賣衣服的，卻幾乎沒有好貨。無論如何，我很開心回到老地方，開始在心中揣想新一輪黃金單身漢的生活。我還是認為轉移注意力是克服悲傷的好辦法，約會應該可以幫助我把喪子之痛拋在腦後，我天真地以為世事是這樣運作的。

搬到倫敦的其中一個原因，是為了不要再孤立自己，嘗試去交一些新朋友。都說倫敦是一座孤獨的城市，我卻在幾個月內結交了好些新朋友。除了老同學以外，到目前為止我交情最久的朋友，都是住在切爾西這段期間認識的：傑出攝影師傑克・英格利許（Jack English）、目前經營知名康復治療諮詢中心Focus12的奇普・薩默斯（Chip Somers）、優秀吉他手兼諮商師保羅・瓦西夫（Paul Wassif）、目前在高盛工作並擔任十字路口康復中心董事的艾瑪・特納（Emma Turner），以及在倫敦的派爾瑞療養院（Priory Clinic）主持成癮康復科多年的夫妻檔理查和克莉絲・史提爾（Richard / Chris Steele）。接下來十年住在倫敦的日子裡，我的生活裡都是些形形色色、很有意思的人物，其中許多正好也走在身心康復的路上。

我也因為看著怪獸幫我整修新房子，用漂亮的古董裝飾空間，愈看愈興味盎然，受到他的影響，開始購買藝術品裝飾牆面。正好我偶然接觸到桑德羅・齊亞（Sandro Chia）和卡羅・馬里亞・馬里安尼（Carlo Maria Mariani）的作品，於是家中漸漸掛滿他們的畫，這是我生平第一次在藝術品上花大錢，記得我給羅傑看我剛剛從拍賣會上以四萬英鎊買下的李希特（Richter），那幅畫只有從上到下幾筆灰色筆觸，我告訴羅傑花了多少錢，他不敢相信，真希望我當時有把他的表情拍下來。接下來的幾年中，我收藏了不少相當有價值的當代畫家畫作，重新燃起對藝術的熱情。

一九九一年看似很糟糕的一年，卻也播下了一些寶貴的種子。我擺脫酒癮的身心康復過程有了新的意義，保持清醒就是此刻我生命中最重要的事，我曾以為自己失去了方向，其實這就是方向。我也見證了生命的脆弱，不知怎麼，這反而讓我受到鼓舞，好像我的無能為力讓自己鬆了口氣似的。我對音樂的感受也注入了新能量，內心很想要表演關於我兒子的這些新歌，真心相信這些歌不但能幫助我，也會幫助任何痛失親人的人。公開這些歌曲的機會以幫 MTV 頻道做一場《不插電演唱會》（Unplugged）的形式出現，他們來找我做這個電視節目，我當下有點拿捏不定，現在看來確實是理想的平臺。我坐在切爾西的家中規畫演出曲目，演唱會必須要在令人安心的環境下，讓我能夠重溫自己的音樂根源，同時呈現這些新歌。

演唱會的效果很棒，我和安迪・費爾魏瑟・羅以不插電方式演繹了不少羅伯・強生和大比爾・布魯茲的歌曲，也演唱了〈淚灑天堂〉和〈馬戲團走了〉，但我後來把〈馬戲團走了〉否決掉，覺得不夠紮實。我也很開心有機會回頭演奏〈Nobody Knows You When You're Down and Out〉這些老歌，好久好久以前，我的演奏生涯就是這樣從京斯頓的酒吧開始。

拉斯負責製作演唱會的專輯，羅傑像個待產的父親看緊專輯的發行計畫，我則有點不屑一顧，還說應該限量發行就好。我真的不覺得有多了不起，儘管每首歌我都演奏得很開心，卻還是不認為整張專輯聽起來有那麼好。專輯推出後，結果竟是我整個演藝生涯當中最暢銷的，我對市場的了解由此可見一斑。這張專輯也是製作成本最低、最不需要花功夫的，但你如果想知道我在這背後付出了什麼代價，去里普利看看我兒子的墳墓就知道了。我相信這也是專輯會大受歡迎的原因，大家想要表達對我的支持，而沒有其他管道的人就去買了專輯。

然而，專輯發行同年夏天的美國巡演，這個特殊現象卻讓我嘗到苦頭。當時〈淚灑天堂〉正高踞排行榜，我在熱情尖叫的觀眾面前以這首歌開場，結果我連自己腦子裡的聲音都聽不到，更不用說演唱的聲音了。每晚表演結束下臺時，我都因為觀眾沒在聽而又氣又難過，覺得自己沒辦法把這首歌的韻味充分展現出來，又沒有任何舞臺技巧可以輔助，我完全不知道該怎麼辦。你怎可能叫兩萬名熱情的觀眾「控制一下」呢？怎麼看都兩面不討好，但我後來還是找到方法讓觀眾冷靜，我把不插電的曲目移到中間，讓歌迷有機會先安定下來，我才演唱這首大熱門歌曲。

這一年的年底，一項後來成為我的年度盛事的活動誕生了：在沃金休閒中心舉行的除夕無酒舞會。這項活動要從前一年在梅洛舉辦的迪斯可舞會說起，那是我朋友丹尼（Danny）的點子，目的是讓那些除夕夜不想喝酒的人有一個去處。舞會很成功，也是我生平第一次參加沒有酒精的舞會，而在隔天的活動檢討會上，不知哪個聰明的傢伙提出，日後的舞會為什麼不採取現場音樂演奏，我們這個戒酒團契裡多的是人才。從那時起，舞會年年舉行，歷久不衰，我除了臨時有事，每年都會參與演奏，也總是期待它的到來，因為很好玩，氣氛很輕鬆，我想演奏什麼都行。最重要的是，我知道這項活動讓有些人不至於因為節慶的壓力而又再喝酒。

在此期時，我積極展開約會生活，但盡量只注意成癮康復中的女性，理由是至少會比我以前那些女友安全，或者說心智健全，顯然我還不知天高地厚。這當中有一位對我的影響特別深遠，她住在紐約，是個淡定自若的女子，至少不會任由我擺布。這從她對抽菸的意見——至少是對我抽菸有意見就看得出來，首先，她不准我在她的公寓裡抽菸，把我給氣壞了。可是我滿喜歡她，覺得這段戀情可能會有結果，於是在幾個月後一場晚宴上認識一位名叫查理（Charlie）的催眠治療師之後，我下定決心戒菸。從二十一歲的生日派對以來，我一直抽菸抽得很凶，到這時每天至少抽兩包菸，有時甚至三包。

我是在某個星期一的上午，在去排練的路上順道去給查理催眠，心知要是當天到晚上睡前都沒再抽菸，這菸癮就算戒掉了。一開始很不好受，而且第一個月裡不時覺得像嗑了什麼劣質的藥，但整體來說，能戒掉這個噁心的癮頭讓我非常開心。從那以後，我跟幾百個人聊過大家都怎麼戒菸，很驚訝有多少人戒掉後仍然會懷念抽菸的感覺。我個人的情況是，戒菸和戒酒一樣，戒掉後就沒再懷念過，即使是在人生最黑暗的時刻，也從不曾想過要點一根菸，或喝一杯酒。你可能會說，我就是很幸運，但我真的相信這跟借助靈性的力量有關，即使我的求助方式乏善可陳，卻依然有效。

那麼，有沒有可能就是因為體內突然少了尼古丁，我在碰到下一位女性時感情特別脆弱？

根本不必懷疑，再加上她喜歡喝酒嗑藥，個性活潑迷人，我又完全得不到，她大概是我這輩子遇過最危險的女人。但一個巴掌拍不響，我自己也正處於人生中如夢似幻的階段，事業的成就令我飄飄然，對自己充滿了信心，可是光鮮的外表下其實隱藏著一直沒有好好處理的巨大悲傷，這早晚是要出事的。

這位女子名叫法蘭西斯卡（Francesca），是義大利人，長得很標緻，深色頭髮，身材苗條性感，五官有點像蘇菲亞・羅蘭（Sophia Loren）。她的母親幫喬治・亞曼尼工作，而我在過去幾年裡和亞曼尼成了朋友，經常和他見面，去參加他的時裝秀，一起社交。我覺得亞曼尼是很了不起的設計師，他竟然會想要認識我，令我感到又自豪又受寵若驚。當他介紹我認識這位年輕女子，我完全沒想到她會在我生命中變得這麼重要，當下就只是覺得她很有趣，又特別聰明，僅此而已。不到幾個月，我就已經拜倒石榴裙下了。

我們的戀情持續了三年，卻從來沒住在一起過，我認為這點很值得強調，由此可見我們的關係是多麼臨時而不穩定，像一臺老爺車，搖搖晃晃地上路幾天，然後輪子就會掉下來，一切又回到原點。法蘭西斯卡是雙子座，完全無法預料，很容易暴怒，有時候卻又甜得像蜜糖一樣，令人神魂顛倒。問題是，你永遠不知道今天是演哪一齣。我們在那三年間應該分手過九到十次，而整個過程中我都是處於對她上癮的狀態。

儘管過得不開心，朋友也都警告我這段戀情沒有未來，我還是一次又一次地爬回她的身邊。有一天，在安地瓜接待我的夫妻朋友克莉絲和理查・史提爾的時候，我向他們傾訴我的煩惱，還給克莉絲看我寫給法蘭西斯卡的信，想聽聽她的意見。她像看到外星人一樣看著我，問道：「你為什麼要把自己的權力都拱手讓給這個女的？」我完全不知道她在說什麼，但她的說法引起了我的興趣。克莉絲當時在位於羅漢普頓的派爾瑞身心療養院主持戒酒與戒癮康復科，但我聽說她也做一對一的私人諮商服務，我問她願不願意看我這個病人，她同意了。起初，我還不知道自己給自己挖了什麼坑，以為可以請她教我怎麼控制法蘭西斯卡，最後卻發現自己走上了一條完全不同的路。

克莉絲在我們的第一次諮商時間問我的第一個問題是：「說說看你是誰。」你大概會說這個問題太簡單了，我卻只覺得血一下湧上腦門，很想對她叫：「竟敢這樣問我！你不知道我是誰嗎？」事實當然是，我不知道自己是誰，而且羞於承認。我想要看起來像戒斷酒癮已經十年，心智完全成熟，其實我在情感上只有十歲，而且正要從零開始。克莉絲看待這段戀情的態度也很新奇，當每個人都叫我斬斷情絲，說這個女的對我沒有好處，她的看法卻是，我的問題和法蘭西斯卡無關，事實上，她還滿喜歡法蘭西斯卡，並且認為我需要處理的，是我原本進入這段關係是要做什麼。換句話說，她的意見是，我應該待在這段關係裡，直到我覺得夠了，或學到我該學的東西。

我這個階段的人生，基本上就是：我在身心康復上的努力，抵銷了我私生活的混亂，跟法蘭西斯卡之間的關係愈瘋狂，我就愈積極投入康復計畫，特別是做心理治療。透過法蘭西斯卡，我認識了保羅・瓦西夫，開始和他一起到派爾瑞療養院做同儕支持工作，做這項工作必須接受短期培訓，培訓期間，我們在案主開始進行團體治療時有機會列席旁聽。我很喜歡這項工作，它讓我切實感受到自己的責任，而且有時候就像活生生的劇場，你永遠無法預料接下來會發生什麼事，結果可能非常正向，有時甚至就像奇蹟。我也開始接觸一位對約翰・布雷蕭（John Bradshaw）的方法很有研究的治療師，尤其是以回溯家庭史作為引導，藉此克服目前行為偏差的方法。我媽媽和舅舅絕對是適合用於治療的案例，我的過去也充斥著各種奇怪的場景，難怪我會在當下的生活中不斷重演歷史。

在展開自我發現旅程的同時，我也在重新發掘自己的音樂根源。《不插電演唱會》專輯打開了一扇門，從中可以看到我真正的音樂品味，我決定是時候向藍調說感謝，也向一直以來在音樂上給我許多啟發的樂手和歌手致敬，像艾默爾・詹姆斯、穆蒂・華特斯、吉米・羅傑斯（Jimmie Rodgers）和羅伯・強生等人。我帶著所有聲部都要同步錄音的想法進錄音室，選好了歌，決定要演奏得愈接近原始版本愈好，連調子都要一樣。我演奏得非常開心，錄音過程每分每秒都很享受，這就是我一直想做的唱片。遺憾的是，羅傑不贊同，我想他是覺得《不插電演唱會》的成績這麼好，我這樣做等於白白浪費了大好機會。我不知道他認為我應該怎麼做——我只忙著管自己的想法，總之，我們的關係就是從這時候開始慢慢走向終結的。

我對這張藍調專輯的投入，也使我無視於英國音樂界正在發生的天翻地覆改變：英式搖滾、DJ、叢林舞曲、鼓打貝斯……這些都在興起，而我卻一無所知。而且，根據我從很迷這些音樂的法蘭西斯卡那裡聽來，這種文化跟搖頭丸和其他「狡詐家」藥物有很深的關係，我的感覺跟一九八〇年代龐克崛起時很像，害怕而倍感威脅，因為即使我並不認為自己代表「主流體制」，但心中很清楚那些龐克迷就是這樣看我的。

我的新專輯《來自搖籃》（From the Cradle）成績很不錯，在美國登上排行榜榜首，以樸實無華的藍調專輯來說相當難得。我以這張專輯為主力，在世界各地巡迴演唱了將近兩年，曲目就只有藍調，懵然未覺音樂產業正悄悄起了變化。這期間在美國巡演的時候，我接到法蘭西斯卡的電話，說她回到了前男友身邊，我們之間正式結束了。我大受打擊，向所有還願意聽的朋友訴苦，到這時還沒聽膩的朋友已經不多。實際上，這齣歹戲又再拖了一年，但不管是她還是我，心都已經不在了。必須肯定法蘭西斯卡的是，就像幾年前的卡拉一樣，她從一開始就清楚表明，不會把我當成終身伴侶，是我自己不想聽進去而已。

這段關係終於結束的時候，我倫敦的房子正巧因為電線走火發生火災，感覺像某種徵兆似的。我也把它當成洗心革面、心態歸零的機會，於是把房子清空，賣掉裡面全部的東西，重新開始。和法蘭西斯卡分手後，我開始研究起她很融入的那些流行文化，能找到的音樂我都聽了，也因此驚覺街頭時尚的發展。說來奇怪，很多東西跟我在雛鳥樂團時期穿的五、六〇年代街頭打扮很像：Levi's風衣、兜帽和球鞋，不過還是有新的角度。我開始研究塗鴉，也收藏這類藝術品，感覺就像打開了嶄新的世界，只是有一個問題：我在這個世界裡年紀好像太大了。一想到我好像是個努力打扮成街頭時髦小伙子的老頭子，就覺得很不是味道，可是這種文化很吸引我，很有生命力，而且我覺得我能理解它。能怎麼辦呢？我又被迷住了。

我開始做一些設計，心知只要能以設計師的身分被接受，年齡就不再重要。後來認識了兩位前滑板手西蒙（Simon）和威廉（William），他們在國王路上經營一家叫做Fly的另類商品店，我們合作推出Choke這個品牌，由我負責大部分的設計，生產一些很不錯的服飾，這樣做了幾年，直到業務端經營不下去為止。然後，透過西蒙和他的友人麥可・考波曼（Michael Koppelman），我認識了藤原浩，在過去幾年中，我們成了很要好的朋友。藤原浩的身分很多，其中之一是傑出設計師，在現代街頭文化中占有舉足輕重的地位。我剛認識他的時候，他正在經營個人品牌Goodenough，同時準備推出其他新品牌。我也和塗鴉藝術家Crash變成好朋友，買了很多他的作品。所以，和法蘭西斯卡之間儘管紛紛擾擾，她卻間接開啟了我的新生活，並且在很偶然的情況下，也參與了安地瓜十字路口康復中心的創立，以一個我每次見到她都想掐死她的人來說，還算滿厲害的。

第十五章
Crossroads

十字路口中心

一九九四年夏季的某一天，我從愛麗絲的家人口中得知，在法國失蹤一段時間的她又出現在英國，病得很重，住進了舒茲伯利的一家醫院。我並不感到太意外，因為這些年來一直聽說她的生活還是一塌糊塗。既然知道她人在哪裡，而且看來她的狀況已經糟到極點，我覺得是時候拉她一把，想到克莉絲和理查一向很擅長處理這種狀況，就跟他們說了愛麗絲的事，他們很好心，專程去見愛麗絲，說服她跟著他們回到派爾瑞療養院接受治療。

由於我們曾有一段過去，我參加愛麗絲的團體治療會與倫理不合，但期間克莉絲一度叫我過去，告訴我愛麗絲因為我們過去那段情，心中積壓了很多怒氣，這些情緒需要先處理，她才有辦法向前邁進，而結論就是，她如果能跟我當面對質，對她會很有幫助。他們事先已警告我，過程可能會很折磨人，但到時會有一位諮商師在場，我也覺得我應該可以應付。到了那天，她對著我連續咆哮了大約一個小時，鉅細靡遺地搬出我們支離破碎的過去的各種場景。發現自己竟對這可憐的女孩造成這麼大傷害，我感到十分驚駭，但也只能保持沉默，虛心接受一切。整個過程令我羞愧得無地自容，有時簡直不敢相信自己曾經做過她所說的那些事，就好像她是在講別人似的。最令我難過的是，她為了找理由麻醉自己，竟緊緊抱著這些有毒的情緒二十幾年不放。

愛麗絲整個治療過程都住在派爾瑞療養院，有幾次我碰到她，問她情況如何，她都說：「很不錯喔。」我因此感到相當樂觀，雖然知道她出院後還有很長的路要走，而且還必須找到一份工作，或透過某種活動來重建自尊，但單單是她沒有中途跑掉這件事，就已經是了不起的成就。接下來，我聽說她進了波恩茅斯的一間中途之家，我去過那裡一次，記得是很不錯的地方，所以我對她的進展充滿信心，相信她不久就可以踏上全面康復之路。

然後，我去了美國巡演，下一次再見到愛麗絲，是在外婆的葬禮上。儘管蘿絲近年受肺氣腫所苦，最後卻是因為癌症走的，在一九九四年聖誕節前去世，她的死對我是很大的打擊。她是我生命中永遠不變地守在那裡的人，不管我做什麼都鼓勵我，由始至終無條件地愛我。她的家一直是我的避風港，只要我沒有出遠門，週日去她那裡吃美味的午餐已成為慣例。在我的酗酒問題使我們變得很少見面以前，我們在一起的日子過得十分開心，相處中充滿了樂趣。總而言之，她是我生命中截至當時最重要的一個人。

過去幾年裡，我在諮商中受到克莉絲的鼓勵，開始花更多時間跟蘿絲和母親相處，希望能幫助彼此癒合長久以來在這個家庭中普遍存在的集體傷口。尤其母親，因為身體很差，有點依賴處方藥物，也變得很愛嫉妒，連我她也會嫉妒，讓事情變得很複雜。有一陣子，她和蘿絲爭風吃醋，兩人利用我的探訪來刺傷對方，弄得我去探訪她們那天先去誰家得輪流交替：這星期先去母親家，下星期先去外婆家，依此類推。這真的很累，所以蘿絲去世的時候，我在傷心難過和想念她之餘，多少也有一點解脫，因為不必再玩這種累人的遊戲了。

蘿絲去世四個月後，我收到愛麗絲也撒手人寰的消息。她自己搬出波恩茅斯中途之家，住進一間套房公寓，某天給自己注射了大量海洛因，驗屍結果顯示她也在酗酒。她是孤獨死去的，屍體幾天後才被發現。我肝腸寸斷，實在很難接受，原本以為她有機會重生，此時克莉絲告訴過我的一件事浮現腦際，愛麗絲還在派爾瑞療養院的時候，曾告訴克莉絲說無法忍受清醒的痛苦。我只覺得自己是多麼幸運，在酗酒嗑藥的那些年裡，至少還有音樂，這一直是我的救贖，使我還想繼續活下去，即使不是在彈奏，純粹只是聽音樂，就能幫助我度過難關。

此時，我在派爾瑞療養院所做的同儕支持工作，加上和克莉絲的交情，把我帶向人生中最有意義的一個階段。我最近幾次去安地瓜島大帆船海灘的別墅度假，都感到愈來愈失望，因為附近現現許多毒蟲和酒鬼，或許也是我現在比較會注意到這些人。比方說，英吉利港有幾個我喜歡光顧的地方，特別是一位朋友道基（Dougie）開的酒吧，我常去那裡打撞球，有時就只是坐看人來人往，走出來的時候就會被這些人戲弄，這些人看上去都相當可怕，我開始感到很厭煩。

有一次去那裡度完假回到英國，我向克莉絲和理查訴苦，說我在考慮把別墅賣掉，再也不去那裡了，他們異口同聲說：「這樣喔，那你要不要考慮把這個療程帶到安地瓜？」我問這要怎麼做，克莉絲眨了眨眼說：「你有錢，大可以蓋一間戒治中心啊。」她還說我要是有意願，她可以在經營上給我建議。我馬上回她：「妳要是來幫我經營我就蓋。」這個主意並非毫無道理，我知道克莉絲在派爾瑞療養院遇到一些挫折，但她經營康復設施的方式才是我佩服的，我完全認同她運用集體治療和個人治療的理念，而治療重點終究必須回歸到個人問題上，要達到這個目的，治療的排程就必須很有彈性，這不是容易的事，但我希望新的療養院要以這個理想為基礎。

我被介紹給來自美國的派爾瑞集團負責人認識，結果他竟然也是樂迷，我告訴他我的想法，沒想到他很有興趣，態度積極得我隱隱覺得有點可疑，直覺告訴我事情恐怕不是表面看上去的樣子。儘管如此，我還是勇往直前，向他說明我樂意提供大部分經費，並貢獻我在戒治康復上的經驗，但需要有人協助建立基礎架構，而這就需要倚重派爾瑞集團的專長。

療養院的宗旨是蓋在安地瓜，以服務整個加勒比海地區為目的。一開始本地案主不可能多，我們會需要到外地推廣，吸引來自美國和歐洲的案主付費到那裡接受康復治療，藉此提供贊助床位給那些負擔不起的本地人，其實就是個劫富濟貧的概念。接下來，我們必須找一位總醫師，最後請到的是來自加州貝蒂福特療養院（Betty Ford Clinic）的安・萬斯（Anne Vance）。

療養院決定取命「十字路口康復中心」，我愈想就愈興奮，這似乎是化解我在感情生活中累積的有毒情緒的最佳解藥。此外，能做點什麼來回饋安地瓜這片讓我度過許多美好時光、心靈獲得療癒的土地，我當然很高興，這裡真的是少數我能完全忘卻人生煩惱、忘情於天地之間的地方。

不過，我在英吉利港的別墅已經有點變成觀光地標，因此我請里歐幫忙找偏遠一點的地方。他給我看一塊位於法茅斯附近、從海岸邊突出去的土地，環境美極了，我當場就買下來，後來又不斷延伸，直到幾乎買下整座半島，接著就著手在半島的盡頭蓋房子。設立戒治中心的下一步，是合法登記，我們起草了幾百份文件，這時羅傑和美國那邊就開始起齟齬了，有時雙方僵持不下，我常不禁懷疑，大家是不是都基於同樣的初衷在做這件事，但一切還在起步階段，我除了憑直覺走下去，也沒有別人可以給我指引。

當然，我們還得向安地瓜政府推銷這個想法，這時事情才真叫人哭笑不得。當時的內閣邀請我們去說明計畫內容，我也上去簡短介紹了自己酗酒和康復的過程，整個報告結束後，衛生部長問說，將來他可不可以時不時到療養院住一下——當他覺得需要減肥的時候。顯然，他們根本不知道我們剛剛在報告什麼，那一刻，我突然意識到，接下來的每一步我們都得面對類似的反應。加勒比海地區根本沒有所謂戒癮康復的概念，酗酒仍然被當成罪惡或道德敗壞的行為，慣常解決方式就只有坐牢和邊緣化。要在這裡設立戒治中心，我們勢必得教育這個社會，某種程度來說也是解放這個社會。

這時，我開始深自反省：這些問題關我什麼事？我有什麼權利給這個表面看來不想被打擾的社會帶來這樣的改變？每次捫心自問，答案都是一樣的：想要擁有什麼，就必須給出去；想要維持清醒，我就必須幫助別人保持清醒。直到今天，這仍然是我最重要的處事原則，面對當時的狀況，我不得不也搬出這套原則。就算我真的做錯了，或者說天註定我就是不該做這件事，我相信我也很快就會知道，因為整件事就會開始分崩離析。

事實擺在眼前，許多當地人根本不理解我們在做什麼，儘管如此，我們還是決定勇往直前。然後，建築工程進行到差不多三分之一的時候，我從羅傑那裡得到消息，美國那邊的派爾瑞集團負責人決定把他的十字路口股份賣給另一家醫療集團，而那家醫療集團根本無意在安地瓜設立戒癮康復中心，他們要不取消整個計畫，要不把手中的股份全部賣給我。羅傑二話不說，要我趕快抽身，否則我得自己一個人扛下整個計畫，不但得砸一大筆錢，而且可能永遠收不回來。

我知道自己別無選擇，只能硬著頭皮幹下去，但我相信羅傑永遠不會理解我為什麼對這項計畫這麼投入。首先，我說過——即使只是對自己說——我永遠不會半途而廢，假如這時放棄，大概就表示我從此不能再踏上安地瓜一步。而且到了此時，我們已經整好地，在打地基，建築工程已經進行一段時間，消息也傳開了。除此之外，我是真心相信這項計畫，我看過很多表面看來毫無希望的成癮者，最後洗心革面，重新做人，過著幸福的日子。我知道結果一定會是好的，我的邏輯是，就算只有一個人成功戒斷酒癮從那裡出來，並且一直保持下去，這一切也就值得了。

我沒有理會羅傑的勸告，一舉成為一間蓋到一半、除了我沒人要的戒治中心的獨資經營者。工程已經花了不少錢，看來接下來還得再花一大筆，因為我們發現承包商偷工減料，地基沒有打好，房子還沒完全蓋好，牆壁就已經出現裂痕，門框也彎曲變形。我請正在印地安溪幫我蓋私人住宅的里歐過來看，他給了我一份完整的報告，說工程品質很糟糕，但也不是沒救，於是我請他擔任監工，把修復建築結構的任務交給他。

我對羅傑很失望，這也是我倆的關係基本上正在走下坡的徵兆。過去一年來，我們幾乎在每一件事情上都意見不合，這跟我愈來愈需要對自己負責有很大關係。在真正變回一個會思考的人，對自己的能耐有那麼一點點自尊自重以後，我想參與更多自己事業的決策過程，而當這點變得愈清楚，我和羅傑的分歧就愈大。有一個很好的例子，就發生在安地瓜那些問題正如火如荼的時候，當時我接到盧奇亞諾・帕華洛帝（Luciano Pavarotti）直接打到家裡來的電話，問我願不願意在他每年於莫德納舉辦的慈善演唱會上獻唱，為戰火下的兒童募款，我說我很樂意，並感謝他邀請我。

直接和帕華洛帝通話的感覺很好，對我來說也是新奇的事，因為長久以來，我都被隔絕在這類接觸之外。然後，我打電話給羅傑，告訴他我受邀在帕華洛帝的慈善演唱會上獻唱，也已經答應了，我給他帕華洛帝經紀人的電話號碼，問他能不能接手處理後續的安排。這在我看來是很合理的要求，然而我可以感受到電話另一頭的不悅，這不是他樂見的工作模式。

決定把戒治中心的計畫做下去，是我最早自己做的決定之一，感覺很棒，它讓我暫時忘記和法蘭西斯卡之間的傷心事，也因為有了新的事業目標而自我感覺很好。但我已初步寫好一些歌，有待完成，心中明白不先做完這件事，很難完全安下心來。於是，我找西蒙・克萊米（Simon Climie）相助，我們是在奧林匹克錄音室（Olympic Studios）認識的，他主要的身分是詞曲創作人和雙人樂團克萊米費雪（Climie Fisher）的成員，但我知道他也製作現代節奏藍調唱片，因此找他合作是順理成章的事。我們的音樂品味也很接近，事實上，我們的合作關係要算是從我和法蘭西斯卡的戀情拖泥帶水地邁向終結時開始，因為他是少數還願意聽我吐苦水的人之一。我會去他家找他，他總是給我泡茶，再借我一雙同情的耳朵，然後我們會一起玩音樂，都是很帶勁的東西，大多數是在他的電腦上用 Pro Tools 完成，由我加入即興合奏或譜出旋律。

我們說服喬治・亞曼尼，讓我們幫他的一場時裝秀製作音樂，再把現場音樂錄製成專輯《敗家療法》（Retail Therapy），用「完全失能家庭」（T.D.F.）的名義發行，以十二吋單曲黑膠唱片和激進重混的方式把音樂帶到夜店。我們決定完全不公開身分，希望好音樂自己會說話，是不是感覺很耳熟？結果完全沒人注意到這張專輯，直到有人風聞我有分參與，然後整張專輯就變得高不可攀，真的很可惜，因為這真是一張好專輯。而現實中，它只成為我下一張專輯《朝聖者》（Pilgrim）的熱身。

我曾告訴知名鼓手史蒂夫・蓋德（Steve Gadd），我想做一張有史以來最悲傷的專輯，他說他很能認同這種想法。這樣的抱負很危險，但我和法蘭西斯卡分手後黯然神傷，因此自覺可以做到。我們預訂了錄音室，整張專輯就在錄音室中邊寫邊奏邊錄，事先寫好的曲子就只有〈馬戲團走了〉和〈父親的眼睛〉，這兩首歌一直沒有找到合適的表現形式。有將近一年的時間，我們不分晝夜地工作，有時只為了把一小段吉他主奏的動機反覆修改到盡善盡美，或者用西蒙擅長的 Pro Tools 軟體淬鍊、重塑各聲部的音軌，就這樣雕琢出我至今最喜歡的專輯之一，我把我的靈魂全都傾注進去，相信你絕對聽得出來。

羅傑不時會來錄音室探訪我們，我知道他很不滿，他應該不怎麼喜歡那些歌曲，我們的錄音室費用又高得驚人。我能明白他的顧慮，卻也很確定這張專輯就是要這樣才做得出來，我得掏心掏肺，把自己完全掏空，直到再沒什麼好說、好做，花再長時間也在所不惜。

過去兩年來，我和羅傑的關係變得日益緊張，也日益脆弱，兩人之間已經很難找到什麼共識。我對自己的演藝事業該怎麼走愈來愈感興趣，幾乎已不再問羅傑的意見。同時，我不再覺得一定要有上榜歌曲，也不再過分在意觀眾或唱片公司對我的期待。這確實有點傲慢，但我需要展翅高飛，藝術堅持在我心中變得愈來愈重要，儘管有一點變形，但眼前的情況開始愈來愈像我快要離開喬治歐・戈梅爾斯基和雛鳥樂團的日子。

然後有一天，我收到羅傑的一封信，信中說我可能沒意識到，在他代我打理一切期間，我賣出了多少張唱片，賺了多少錢。接著，他詳列我現在自己來而他不認同我的做法的地方，以及這些做法錯在哪裡，洋洋灑灑，大到我出唱片的方式，小到演唱會觀眾席的安排。這真的很侮辱人，我覺得被冒犯，是時候攤牌了。

我收集西藏天珠已有一段時間，這是在西藏地區出土的稀有礦石，當地人相信是由天而降，年代比佛陀還要早，具有強大的能量和功效。我用天珠串成一條項鍊，戴在脖子上T恤下面，去羅傑的辦公室解除我們的合夥關係。既然他一向聲稱合約不代表什麼，我不認為會有什麼嚴重的法律後果，只是完全沒想到他會大受打擊，我已經很小心不對他多作批評，仍看得出來他相當震驚。我只是簡單感謝他多年來為我所做的一切，告訴他我能從他那裡學的東西都已經學會，現在是幼鳥離巢、展翅高飛的時候了。他靜默了好一會，才說：「我料到你會跟我攤牌，但以為你只會叫我不要再插手你的私事，錢和業務的事還是會由我來管。」

接著，他說可以幫我找新的經理人，我告訴他：「羅傑，我如果需要新的經理人，會有能力自己找的。」他看上去有點想笑，向我道了好運，但我並不覺得他是真心這麼希望。記得我走出那間辦公室，一路走回切爾西的路上，全身感覺輕飄飄。我和羅傑的合約在三個月後正式終止，但我的財務義務直到現在仍未完全結束。從那天起，我就再也沒有見過羅傑，想來十分令人傷感，我們相處時的歡笑和樂趣是多麼難得，連在我戒酒後都還能一起找樂子。我們一起走過了美好的旅程，他也成功重啟了我一度萎靡不振的事業，也許有一天我們會再相遇，一起笑看當年，真心希望有這麼一天，那都是珍貴的回憶。

當然，我為這一步做好了應變措施，首先就是讓我的律師麥可・伊頓（Michael Eaton）

知道我打算這麼做，以及我為善後做了哪些準備。但對於和羅傑拆夥的現實狀況，我其實毫無準備，只知道跟著感覺走就對了。於是，我請已經在幫我工作的兩個最親近的人：薇薇安和格雷姆・柯特（Graham Court）再多幫我一些，把業務狀況重新建立起來。格雷姆是在我的製作經理麥克・道柏（Mick Double）推薦下進入我的生活。

那時候，我又被一個瘋女人死纏不放，她一口咬定我的歌都是從她那裡透過以太偷來的，聽來有點可笑，但她可認真得很，我到世界各地巡演，她都如影隨形，有一次甚至出現在赫特伍德的大門外。讓人忍無可忍的是，有一天她又出現在演出現場，被搜身時包包裡竟然搜出一支手槍，我覺得真是夠了，大家也認為我身邊需要有專人保護。從那以後，格雷姆就一直跟在我身邊，他是很優秀的伙伴，有他在身邊讓人完全放心。從現在開始，我希望由這些人來幫我打點大小事務。剛開始的一段時間，大家像一支業餘團隊，在薇薇安的力勸下，我請麥可來擔任我的業務經理，讓公司變得更有組織，他從那時起就一直掌舵至今，他的清晰思路和理性判斷正好是我們迫切需要的。

到我和羅傑分道揚鑣的時候，十字路口康復中心已經開張營業，由安・萬斯掌舵，以十二步驟為基礎的一週康復計畫也已經準備就緒。但當安一提到廣告宣傳，我就變得惶惑不安，眼前出現一個不容易克服的兩難局面：「戒治中心」要存活，就必須讓人知道它的存在，要懂得行銷自己；但十二步驟團契能有效推行，有賴於它的匿名性和保密性，而我們卻不得不做宣傳，還不能有所欺瞞。

我後來在一九九八年聖誕節前參加的一項活動中獲得了靈感，當時慈善家鮑比・施萊弗（Bobby Shriver）邀請我參加白宮舉行的一場演唱會，在克林頓一家面前獻唱，慶祝特殊奧林匹克運動會的三十週年，鮑比的的母親就是特奧會的創辦人尤妮絲・甘迺迪・史瑞佛（Eunice Kennedy Shriver）。這場演唱會由琥碧・戈柏（Whoopi Goldberg）主持，演出藝人包括瑪麗・布萊姬（Mary J. Blige）、雪瑞兒・可洛（Sheryl Crow）、瓊邦喬飛（Jon Bon Jovi）、崔西・查普曼（Tracy Chapman）等，演唱〈聖誕老人進城來〉（Santa Claus Is Coming to Town）和〈寶貝聖誕快樂〉（Merry Christmas Baby）等聖誕歌曲，地點就在白宮草坪上搭起的帳棚裡。記得演唱會進行到一半，我突然尿急，但要找廁所就得經過繁複的安全檢查，進到白宮主樓，我於是決定偷偷溜出去給草坪澆水。我掀開帳棚的門簾，走進一片漆黑之中，才剛拉下拉鍊，就聽到一聲：「不准動！」只見一身全黑迷彩裝的特種部隊人員正舉起 M16 步槍對准我。這場演唱會以發行現場專輯的方式，替特奧會賺了很多錢，我認為這正是我們應該走的路。

這段時期，我的生活既忙碌又精采，和羅傑拆夥後，我到處去跟合作單位接洽，把業務重新整合起來，在紐約待了一陣子，又去洛杉磯跟唱片公司洽商。我在加州的濱海城鎮威尼斯買了一棟房子，過著逍遙自在、無拘無束的日子，重新開始真正享受人生。在洛杉磯，我跟莉莉・扎努克提到白宮演唱會，請教她怎麼推廣十字路口康復中心比較好。她建議我們在好萊塢辦一場演唱會，並想出演唱會結合吉他拍賣會的點子，聽起來確實是個好主意。

三月初，我接到妹妹雪若和海瑟的電話，說母親已不久人世。母親在外婆去世後就搬回加拿大，此時她已經病了一段時間，兩位妹妹一直和我保持聯繫，讓我知道她的病情愈來愈不穩定，所以這個消息並沒有太意外。我飛到多倫多和她們在一起，心中對派翠西亞的感覺還是很複雜，她活著的這最後幾年在我內心激起很多情緒，即使我已經五十好幾，卻好像還是在找可以代替她的對象。我想自欺欺人，說自從佩蒂以後，我交的女友都很不同，都各有各獨特的個性，從表面上看，確實可以把很多人給騙過去。

然而，她們全都有同樣的一兩種特質：總是讓我得不到、性格有時不大穩定、對我戒斷酒癮甚至很不利。這些特質是否就是母親給我的主要感覺？我是不是在下意識裡想要複製這種關係？我想是的。自卑感主宰了我所有的選擇，我總是選擇自己熟悉而感到安心的狀況，結果這些狀況都行不通。我在康復的路上做了很多原生家庭的探索，卻好像永遠也打破不了原來的模式。

母親的臨終讓所有人都不好過，大家陷入進退兩難的窘境，因為家中沒有一個人知道她到底清不清楚自己的狀況——也就是她可能時日不多了。我去找醫院的諮商師，想了解她有沒有被告知過這件事，諮商師說沒有人跟她討論過這方面的話題，但我認為這十分重要。於是，我在諮商師在場的情況下，嘗試跟派翠西亞討論這件事，但她不想知道，不管我們多努力想讓她理解自己的處境，她始終緊抓著自己會好起來的想法不放，我們最後也只好順著她的意思。

一回到飯店，我就接到電話，說她病情再度發作，陷入了昏迷。我們全都趕到醫院，院方說她簽了放棄急救同意書。她走的時候，我們全都圍坐身邊，但整個過程非常折磨人，我想她並不完全了解自己的狀況，到最後一刻拼命抗拒，不願意放手，走得非常痛苦，弄得我也既惱火又沮喪，我猜我的兩個妹妹也是。她臨終前的悲傷和寂寞，至今在我腦海中揮之不去，我真心認為人在臨終階段應該清楚知道自己的情況，這是很重要的事，但我們也必須尊重和接受，不管出於什麼原因，這就是她想要的方式。我飛回美國西岸，整個人陷入一種渾渾噩噩的狀態。

我在驚魂未定的狀態中混了一段時間，直到不得不開始和莉莉一起籌備十字路口募款活動，才回過神來。活動的構想是，我從畢生收藏的吉他中挑一百支捐出，在紐約的佳士得進行拍賣，但拍賣前，其中四十支會在好萊塢的一場晚會上預展，晚會由最擅長籌辦宴會活動的喬治・亞曼尼負責舉辦。六月十二日晚上，晚會在西好萊塢的吉訶德製片廠（Quixote Studios）舉行，寬闊的片廠空間變成了巨大的摩洛哥帳棚，晚會氣氛很棒，菜色都是摩洛哥美食，五百位嘉賓當中有不少電影明星，晚會節目包括一場吉米・范和他的樂團的演唱會，一如往常，我上臺跟他們即興合奏一段。

我帶著兩位女伴去參加晚會，都是風采迷人的西岸女子，但我其實不大熟，心裡感到即疏離又麻木，反正我在大型聚會的場合通常都是這種感覺。突然間，一位漂亮女孩和她的朋友走上前來，問可不可以跟我合照，她說她叫梅莉亞（Melia），她的朋友叫做小月（Satsuki）。她們是帶位的工作人員，這顯然有違規定，因為工作人員是不准跟賓客私下打交道的，但我當下已被梅莉亞打動，我想是因為她的笑容，她笑得那麼坦然、那麼真誠。於是我說，只要她們第二天晚上願意讓我請吃飯，我就跟她們合照。她們咯咯笑著答應了，於是我們約好隔天碰面。我再待了一會，就獨自一個人離開，走出去前回頭在人群中找梅莉亞，很快就看到她，我們四目交接，她臉上再度綻開那副笑容。我可以想到很多次這樣的情景發生在我身上的經驗，但每一次的笑容背後總是有什麼目的：引誘、冷淡高傲、一些小動作、一些不明動機。這次很不一樣，我只感受到真誠，感覺很棒。

第十六章 Melia 梅莉亞

第二天，我到梅莉亞和小月上班的 Emporio Armani 洛杉磯門市，帶她們出去吃午餐。這之後，我們三個人經常一起出去玩，上館子、參加各種首演或首映會，基本上城裡到處都看得到我們三人的影子。這樣過了一個月左右，開始出現各種流言蜚語，這也難怪，畢竟這兩個女孩都只有我一半歲數。不過，我們當時的關係和性無關，只是湊在一起玩得很開心。我也不太在乎別人怎麼想，本來就只不過是一場萍水相逢，更何況我很快就要離開洛杉磯，去紐約參加十字路口慈善演唱會的演出，到時大概也就一拍兩散了吧。

在此期間，我還要想吉他拍賣會的事。我從收藏中挑了一百支吉他，加上幾只音箱和一些凡賽斯的吉他帶，一起捐出拍賣。那些吉他主要是馬丁（Martin）、芬達和吉普森，都是很好的經典老式吉他，不一定是收藏品，只是我個人偏愛使用、在演奏生涯當中選用過的吉他，通常是在舊貨行、當舖或二手店買來的。

佳士得整理出很棒的拍賣目錄，著重呈現出每把吉他的「職業生涯」。這個做法真是聰明，因為這批拍賣品蘊含的內在價值，就在於每把吉他都曾用在相當重要的場合。比方說，我在 ARMS 巡演時使用的一九五八年吉普森 Explorer，拍出十二萬美元；我一九七〇年代主要使用的吉他——一九七四年的「Rodeo Man」馬丁，拍出十五萬五千美元；曾伴我出征無數次巡演、包括《太陽之後》巡演的一九五四年 Sunburst Stratocaster，以十九萬美元拍出；還有被暱稱為「布朗尼」、我用來彈奏〈蕾拉〉的一九五六年芬達「Tobacco Sunburst」，以驚人的四十五萬美元被買走。

可惜的是，我人在洛杉磯彩排，沒辦法到拍賣會現場，只好透過網路直播觀看。「布朗尼」是最後拍賣的吉他，當它被放到旋轉展示臺上，廣播系統開始播放〈蕾拉〉，全場觀眾起立致意。這真是一場不同凡響的活動，為十字路口基金會募到四百四十五萬兩千美元，這是我做夢也想不到的金額。這場拍賣會也讓很多人知道我們在安地瓜推動的事情，此外，美國電視節目《六十分鐘》製作了一部介紹十字路口中心的紀錄片，給了我們更多曝光機會。著名記者艾德・布萊德利（Ed Bradley）來到安地瓜，花了一星期做研究報導，採訪我和中心的工作人員。紀錄片的效果很好，我透露了很多自己一路走來的歷程，但也盡可能保護自己的真實身分，這點有沒有成功，我不敢說，但影片確實拍得非常好，也因此給中心吸引來幾百位案主，如果不是這部影片，這些人絕不可能知道十字路口中心，而其中許多人到現在都沒有再酗過酒。我對這個節目的製作團隊感激不盡，他們間接拯救了很多生命。

一星期後，我帶著梅莉亞和小月一起去紐約，十字路口慈善演唱會在紐約麥迪遜廣場花園舉行，我得主持和演唱。這場演唱會的名稱是「艾力克・克萊普頓及朋友們」，由我、彼得・傑克森和綽號「速克達」的史蒂芬・懷崔伯（Stephen 'Scooter' Weintraub）共同策畫。我在一九八〇年代認識速克達，他當時正幫麥可・傑克森（Michael Jackson）等巨星籌畫商業贊助演出，我們從那時起就一直是朋友，他是超級樂迷，又喜歡藍調，我們一拍即合。演唱會嘉賓陣容有瑪麗・布萊姬、雪瑞兒・可洛和巴布・狄倫，由我的樂團為他們伴奏。當晚的音樂很棒，也錄製成DVD，為中心募更多錢。在那幾天裡，我發現自己漸漸認真喜歡上梅莉亞，她是那麼的自然，人長得漂亮，心地又善良，沒有任何企圖或野心，而且我有一個感覺，她也開始對我認真起來。十字路口演唱會結束後，我回英國休息一陣子，腦子裡卻一直想著她，想到不久後還要回洛杉磯完成一些電影配樂工作，就迫不及待希望見面的日子趕快到來。很不湊巧，幾個月後我終於回到那裡，梅莉亞卻去了俄亥俄州哥倫布探望她的家人，在她回來之前，我只好單獨和小月出去。那時我們還沒有談過要拆散這個三人組，但我知道自己已經等不及了，於是梅莉亞一從俄亥俄州回來，我就問她要不要跟我回英國。她毫不猶豫地答應，但她沒有護照，最後一刻匆匆忙忙趕快去辦了護照，然後我們就一起坐在回英國的飛機上了。

在這之前，我和女性開始交往的一大障礙就是赫特伍德。我很喜歡這棟房子，生命中有很大一部分時間是在這裡度過，所以走進我生命中的女性在這房子裡最好也要感到自在，這很重要。我帶回赫特伍德的女性幾乎都覺得房子太大了，甚至有點嚇人，天曉得是不是房子裡累積了太多回憶，氣氛令人望而生畏？但梅莉亞從一開始就沒有這個問題，她喜歡這棟房子，我們一起住得很開心。剛開始在一起的時候，我對兩人的年齡差距有一點顧慮，擔心別人會怎麼看，因為不管多想裝作不在乎，我私底下其實很在意別人的想法——我從小到大就是會想要取悅別人，不過這點也在改善當中。我很快就不再考慮這麼多，我們對彼此的強大吸引力遠遠勝過了年齡這種枝微末節，更何況，她都不在乎，我為什麼還要在乎？

我們開始同居之後，我突然感覺好像卸下了肩上的重擔，過去那種喜歡跟人競爭、愛比較的心態都消失了。我突然發現自己是和朋友兼情人在一起，這兩種身分原來是可以兼容的，我再也不需要尋尋覓覓。我的年長或她的青春一點都不是問題，因為基本條件對了，我們喜歡跟對方在一起，彼此互相尊重，喜歡的事物非常相似，最重要的是，我們是在愛情和友情中互相吸引。想像一下，我剛剛失去生命中那位永遠難以親近的女性，卻終於找到一位不但可以親近，還總是為我著想的女人。原來的模式終於打破，也許在母親去世的時候就打破了，誰知道呢，重要的是，在五十四歲這年，我這輩子大概是第一次選對了伴侶。

我已經不知多久沒有這麼開心過，不管工作還是家庭，我都沒什麼特別計畫，只想暫時隨心所欲地享受眼前的一切。不過，我感覺梅莉亞想要——或者說需要知道我們的未來，我們會討論這個話題，而我總是有點逃避。我已經很習慣一個人的生活，在身心康復的這些年裡，也學會享受獨處，要在這個時候承諾進入終身關係，勢必要放棄很多空間和時間，而這時的我才剛剛體會時間的寶貴。另一方面，直覺告訴我，不會再有這樣的好事找上門來了，所以選擇並不困難。我前半輩子也算過得充實——如果可以這麼說的話，很高興人生即將進入更圓滿的嶄新階段，之前是一個人努力打拼，現在有機會體會兩個人互相扶持的人生，我如果還放棄這個機會，就真的是瘋了。

我的音樂生涯同樣圓滿，三十幾年前和比比・金在阿哥哥咖啡吧第一次即興合奏，多年來我們一直說要聯手推出專輯，現在終於如願以償，專輯取名《天王競飆》（Riding with the King）。能和比比・金合作就像美夢成真，為此我特別組了一支扛得起這項重任的樂團，還記得多年前在大西洋唱片錄音室幫艾瑞莎伴奏，錄音室裡擠滿了吉他好手，我想試一下這個概念。貝斯手照例是納森・伊斯特，鼓手是史蒂夫・蓋德，鍵盤手有提姆・卡蒙（Tim Carmen）和喬・山波（Joe Sample），吉他手則有杜耶・布雷霍爾（Doyle Bramhall）、安迪・費爾魏瑟・羅和我。其中有一首歌，我們邀請到吉米・范加入演奏，效果非常好，真希望當初每一首歌都邀他加入。

這段期間，我和梅莉亞一起住在洛杉磯，一年前我考慮搬到洛杉磯的時候，在這裡買了一棟房子。那是一棟漂亮的現代建築，由日本建築師磯崎新建造，距離威尼斯海灘的遊憩區一個街區，是很理想的單身住所，我很喜歡。告別單身生活之後，我開始問自己還有什麼理由住那裡，也許梅莉亞是美國人的關係，我還是抱著住在加州的想法，我們開始往北邊找房子，也許可以住聖巴巴拉之類的，可是我知道永遠不可能找到媲美赫特伍德的房子，到最後因為我開始想家，我們就又搬回英國定居。

我在這段期間錄製的第二張專輯是《吉他之神啟示錄》（Reptile），靈感來自亞德里安舅舅的逝世。他走的時候我們正好回英國短暫逗留，在他的葬禮上，梅莉亞第一次有機會接觸我那殘存的瘋狂絕妙家庭。我也驚覺舅舅對我這一生的影響有多大，就只因為他作了我的榜樣，我的許多人生觀都受到他的影響。葬禮過後，和他相處的回憶如潮水湧現：一起看過的電影、他愛聽的音樂，他的種種行事作風在我腦海裡揮之不去好幾天。我也很後悔沒有想辦法解決他的酗酒問題，我的原則一向是，除非別人開口要我幫忙，否則還是少管閒事，現在不禁懷疑舅舅的情況難道不該例外嗎？

我想用比比・金那張專輯的概念製作《吉他之神啟示錄》，再加上兩個主要元素：一個是比利・普瑞斯登，一個是印象合唱團（The Impressions）。我第一次見到比利，是在他幫小理查伴奏的時候，當時我倆都才十幾歲，從此我和他在音樂路上結下不解之緣。他後來和蘋果唱片簽約，我們終於有機會一起演奏，在一九七〇年合作了《鼓勵金句》（Encouraging Words）專輯。現在他手邊沒有工作，我問他願不願意幫我這張專輯伴奏，並加入我的巡迴樂團，他答應了，我很高興，他一直是我最喜歡的鍵盤手，現在終於可以一起演奏。我從年輕時就是已故印象合唱團前吉他手寇帝・梅菲（Curtis Mayfield）的歌迷，很榮幸受邀在他的洛杉磯追悼會上和印象合唱團一起獻唱。我問印象合唱團願不願意來幫我這張專輯和音，他們說「好」的時候，我也高興死了。

在錄製這張專輯期間有一小段空檔，我和梅莉亞飛到溫哥華釣魚。梅莉亞這輩子從沒拿過魚竿，卻一下子就上手，我們此行是要釣粉紅鮭，她竟然釣得比我還要多，真是天生釣手。我們住的地方有點簡陋，但她沒有一句怨言，從這點我就知道我們是天生一對，她一點都不介意，甚至還滿喜歡有時過得簡陋一點，就像我一樣。

二〇〇〇年秋天，我和梅莉亞在安地瓜度假的時候，她告訴我她懷孕了。我聽到的當下心頭一驚，我們之前討論過生孩子的事，我說不確定自己這把年紀了是不是還適合有孩子，這是很大的責任，我不知道自己還有沒有這個精力。但這個消息慢慢在心中沉澱下來之後，我明白這正是我要的，這時才滿心喜悅。隔年，我開始一趟世界巡演，這是在知道梅莉亞懷孕之前就安排好的，情況有一點棘手，但只要我們能在預產期那段時間把行程空出來，讓我可以陪產，其他都還好辦。

巡演的樂團成員有：比利・普瑞斯登、來自幫布魯斯・史普林斯汀（Bruce Springsteen）伴奏的東街樂團（E Street Band）的大衛・桑西奧斯（David Sancious）、安迪・費爾魏瑟・羅、納森・伊斯特和史蒂夫・蓋德，陣容很棒。比利的加入使我們的演出生色不少，他是個天生領導者，所以這趟巡演我感覺像是他的特別嘉賓，整場演唱會非常緊湊、非常有創意。巡迴到美國的時候，梅莉亞已經回到她的哥倫布老家待產，她想提前回去跟當地的醫護人員建立好關係。我這邊則請格雷姆和奈傑爾幫我們安排一個住處，這樣孩子出生後我們就有自己的地方可以暫住，等時間到了再回英國。我內心異常興奮，康納出生的時候我在一旁陪產，那是非常奇妙的體驗，但這次又不一樣，首先，我已經沒有酒癮。

我的巡演經理彼得・傑克森特別安排了那段時間的行程，讓我白天可以在哥倫布陪梅莉亞，晚上再搭機去演出，雖然有點累人，卻不失為不錯的安排，這樣我就可以從旁支持梅莉亞，也一起參加產前諮詢。有一天，我們去產檢確認梅莉亞的住院日期，結果醫生竟然說，她看來應該要馬上住院。我慌了，孩子竟然就要出生，我卻還沒準備好，心裡一陣驚嚇。想來真是可笑，我其實又不能做什麼，只是在一旁陪襯的，但我就是受不了整件事讓人無法預料的狀況。

我們直奔醫院，女兒茱莉（Julie）在當天晚上十點左右出生，那是二〇〇一年的六月十五日。她的到來帶給我們莫大的幸福感，美中不足的是，一開始有一些我們沒有料到的小狀況。我一直以為嬰兒吸母乳是出於本能，不需要任何引導，一生下來就懂得怎麼做。茱莉顯然不是這樣，她似乎搞不清楚是怎麼回事，完全不肯喝奶。我們後來回到英國才弄清楚，原來她剛從子宮出來，頭骨還沒有完全減壓，造成她喝奶的時候吞嚥困難，一喝就吐。這不是什麼大問題，只是頭骨骨縫有一點接合不正，但我們當下不知道是這種情形，所以擔心死了。

聽了一位朋友的建議後，我們趕快帶她去看一位顱薦椎治療師，經過幾次看起來相當恐怖的矯正療程，她終於恢復正常。但剛出生的頭三個月，我們不知道這個問題造成她有嚴重的腹疝痛，她在我或梅莉亞的懷中哭鬧不止，我們卻從沒想過有什麼不對勁。經過治療後，她很快好轉，成為我們生活中最大的樂趣，這時我才懷疑自己怎麼有辦法設想沒有這個神奇小生命的人生。

有了茱莉以後，生活必須圍繞著她安排，我們都毫不懷疑赫特伍德是最適合養育孩子的地方，但還沒想清楚要怎麼解決有時需要人幫忙照顧孩子的問題。梅莉亞開始面試保母，儘管我們希望盡量自己帶，還是會有其中一人生病或我得出門工作的時候，需要有人隨時可以接應。我們不知道原來找保母是這麼麻煩、這麼複雜的事，比方說，我們在一次面試中學到，在緊急情況下，受過正規訓練的保母的責任比父母還要大，這大概是出於保險的要求，即使站在法律的角度可以理解，還是荒謬至極、令人無法接受。我們最後找到一位很棒的保母，名叫安妮（Annie），從那時起就一直幫忙我們至今，偶爾需要額外支援的時候，梅莉亞的姊妹梅勒（Maile）也會幫忙。此外，我們還有一個幫手——莉莉・扎努克送我們的一本好書：《超級嬰兒通》（The Baby Whisperer），作者是英國育兒專家崔西・霍格（Tracy Hogg），這本書非常難能可貴，在各個方面都幫了我們不少忙，尤其對小孩的睡眠形式幫助很大，每一位新手父母都應該要看。

這一年剩下來的時間，我都還得跑巡演行程，有空檔的時候就回哥倫布。有一次到了紐約，我走進一家珠寶店，買了一枚戒指，是羅馬珠寶品牌布契拉提（Buccellati）的現代款式。這完全是隨興的舉動，但背後顯然是潛意識作祟。回到哥倫布，我特地去見梅莉亞的父親，請他把女兒嫁給我，那一幕非常感人，他很仁慈，讓我感覺他這個家很歡迎我。半小時後，我跪在梅莉亞面前，問她願不願意嫁給我。那是我人生最美妙的時刻，我這個憤世嫉俗的老傢伙，真心相信從這刻開始，一切都會變得不同，彷彿雨過天晴，太陽終於出來了。

巡演的最後一站是日本，期間梅莉亞帶著茱莉來跟我會合，我們實在很不願意在這個時候分開，尤其我倆此時對於怎麼當父母有許多的學習和體會。格雷姆一向很幫得上忙，此時也不例外，他對小孩子很有辦法，堅定而充滿愛心，我們家女兒非常喜歡他。一邊演唱一邊當爸爸，讓我感到十分吃力，我知道自己並不想要太常讓孩子跟著我巡演，當然，在這之後我們又這樣做了很多次。也許那時茱莉真的太小，而我們又還是新手父母。

在日本巡演到一半，我們在武道館一連多天的演出期間，我接到喬治・哈里森在十一月二十九日癌症病逝的消息。我那陣子透過我們最要好的共同朋友布萊恩・羅伊蘭斯（Brian Roylance），一直在密切關注他的情況，隨著他的健康狀況愈來愈差，布萊恩也愈來愈常陪在他身邊。我最後一次見到喬治，是在一九九九年底，就在他在修士莊園遭入侵者瘋狂攻擊後沒多久，我和布萊恩坐在他的廚房，聽他憶述當晚的情況，那個瘋子麥可・阿布拉姆（Michael Abram）持刀追殺他，自稱刺殺喬治・哈里森是「上帝交代的任務」。

喬治仍然顯得心煩意亂，不知道自己的人生該何去何從。我只能以自己當年染上酒癮的困境為例，鼓勵他可以利用一些支持系統，然而，或許我們就是他眼中的支持系統。我知道他有布萊恩這個不可多得的好朋友，但要是我能多給他一些支持就好了。我們在一九九一年有一次這樣的機會，當時奧莉維亞和布萊恩希望重燃他對現場表演的興趣，安排他加入我們的演出。我們利用我現成的巡演配備，策畫了一場演唱會，一起到日本巡演。演出很有水準，經過精心排練，演唱的曲目和演奏的水準都沒話說，但我知道他的心不在那裡，他看起來對現場演奏的興趣不大，所以，除了讓他有機會看到不管是他的歌迷還是我們都很愛他之外，那次巡演對他沒有任何幫助。

我和梅莉亞於十二月從日本回到英國家中，就去找里普利的牧師克里斯・艾爾森（Chris Elson），安排茱莉受洗。我們也和他討論婚禮可以怎麼進行，最重要的是盡量保密低調，茱莉的出生已經使我們成了狗仔隊的目標，所以一般婚禮程序——在教堂發布結婚公告什麼的，完全不用考慮。克里斯有一個主意，雖然需要小心規畫，但我們都很喜歡。我們邀請了家人、近親和一小群朋友參加茱莉的洗禮儀式，在二〇〇二年元旦這天，大家聚集在我有許多回憶的里普利聖瑪利亞瑪達肋納教堂，為我們六個月大的女兒施洗。

梅莉亞的父母親、我的舅媽希薇亞（Sylvia），還有茱莉的教父教母都在場。儀式簡單而感人，到最後，克里斯宣布：「到這邊，我們通常會做結束禱告，但孩子的爸媽要我幫他們做另一件事。」然後他說：「各位親朋至友，今天我們齊聚一堂，是為了見證新郎和新娘的神聖婚約。」在那間古老的教堂裡，隨時可以聽見一根針落地的聲音，但此時就像有兩千根針紛紛落地，太美妙了。我環顧四周，看到岳父岳母、家人和朋友們臉上的震驚和詫異，他們根本不知道發生了什麼事，我們真的做到完全保密，這就是最完美、最浪漫的婚禮，不可能再好了，現場看不到一個記者。我們走到教堂外，由我們的好朋友奇普當攝影師，幫我們拍了一些結婚照，就開車回赫特伍德，聽史提夫・旺達唱〈惡水上的大橋〉（Bridge over Troubled Water），展開了我們的新生活。

幾個月前，赫特伍德迎來新的看管人：瑟德里克・潘恩（Cedric Paine）。我們是認識很久的朋友，多年來他替我和好一些樂手打零工，一直是以自由身接工作。後來我聽說他想找正職，幫一個老闆工作就好，趕快把他搶下來。他是個好人，而我們很需要一個靠得住的人來接看管人的工作，原來的看管人羅恩・麥史東（Ron Mapstone）表示想退休，而要找到代替他的人並不容易。羅恩在一九七〇年代接替原來看管赫特伍德的艾格比（Eggby）一家——包括亞瑟（Arthur）、艾莉絲和他們的兒子凱文（Kevin）——從那時起就一直替我工作。在我的整個演藝生涯當中，對我的私生活變態地感興趣的「瘋子」層出不窮，有一位剛毅果斷、又有點威嚴的人來守住大門口，是很重要的事。瑟德里克擔任這個職務再合適不過，他當過警察，我猜他沒有捉過人，但這個身分使他多了一點剛毅之氣。總而言之，他是很不錯的人，有他在我們很放心。

二〇〇二年春天的某一日，布萊恩過來吃晚飯，我們談起喬治，我想知道他在生病期間的情況。布萊恩向我保證，喬治完全了解自己的病情，心情也很平靜安適。我鬥膽說，可惜喬治過世後沒有辦追悼會，至少沒有音樂形式的活動，布萊恩就說：「那要由你來做才會有。」所以我給自己挖了個坑，並欣然跳下去。

這項活動我是完全心甘情願地投入，接下來的幾個月，奧莉維亞、布萊恩和我一起籌畫，討論邀請誰來獻唱、唱什麼歌等等。奧莉維亞是幕後最主要的推手，我只負責音樂節目的搖滾部分，拉維・香卡（Ravi Shankar）和他的女兒安努許卡（Anoushka）為活動專門創作了新曲，最後就決定以這些新曲子開場。我想到固定在除夕夜舞會上演奏的樂團，是很理想的核心演奏成員，包括亨利・斯賓尼提、安迪・費爾魏瑟・羅、戴夫・布朗茲（Dave Bronze）和加里・布魯克，然後，我們可以邀請那些在喬治生命中有特殊意義的人來各獻唱一首歌。一切進展順利，我們甚至訂到皇家亞伯特音樂廳十一月二十九日晚上的場地，當天正好是喬治逝世一週年。唯一的小麻煩出現在該由誰來唱〈Something〉這首歌，奧莉維亞認為應該由我來唱，保羅・麥卡尼一向在他的演唱會中以烏克麗麗演奏這首歌，這次也想這麼做，我則希望保羅唱〈世事隨風〉，這首歌是我心目中整場活動的重點。最後，我們各退一步，我和保羅以二重唱表演〈Something〉，之後他再以充滿感情的歌聲獨唱〈世事隨風〉。當天晚上的氣氛很棒，在現場或看了 DVD 的人都同意，重溫多年來喬治帶給我們的這許多動聽音樂，就是送別我們摯愛的他的最好方式。

這一年中，格雷姆決定回美國和家人團聚，我們必須找人接替他的工作。他幫助我度過了艱難的時期，雖然不再替我工作，我知道我們很快還會再相聚。我住在切爾西的時候，跟當地的賓士經銷商有很多業務往來，漸漸和那裡的業務經理變得很熟，他名叫塞西爾・奧弗利（Cecil Offley），其實我第一次見到他，是他從辦公室跑出來幫我推一輛發不動的法拉利。從這件小事，我就知道他的心地很好，於是在格雷姆的祝福下，我請他來接替工作。從那時起，他就一直幫我到現在，而他也證實是上天派來給我的禮物。

家庭方面，這段時期我和梅莉亞過著安定的家居生活，二女兒艾拉・梅（Ella Mae）於二〇〇三年一月十四日出生，讓我們的日子更添幸福。我下定決心待在家裡，學會怎麼當一個爸爸。我從跟露絲的相處中學到一點經驗，但我們第一次見面的時候，她已經半大不小；至於跟康納之間，也不算有機會，現在我想從頭學起。我真心相信，往日的自己再怎麼樣都不可能當一個像樣的爸爸，根本沒有那種能力，我花了整整二十年毫無中斷的清醒日子，才稍微成熟了一點，能夠享受負起為人父母責任的樂趣。

在跟孩子的日常相處中，我往往必須學會讓梅莉亞做主，即使當下不同意她的處理方式，還是會從旁支持她，因為事後反省都會發現，她通常是對的，還有我對健康家庭生活的經驗實在太少。我老婆對事物的直覺理解，常常令我佩服得五體投地，偶爾當家裡出現一些棘手狀況，我需要做的，有時就只是守在一旁給予精神上的支持，而這樣的角色非常重要。

第十七章
A Family Man
顧家男人

這樣過了一段時間，又該開始著手下一張專輯了，我很想要寫下自己生命中這些美好的事物，寫關於幸福的歌不是容易的事，但我想見證自己的生命起了多大的變化。我先從打地基著手，開始每天去西蒙・克萊米家幾個小時，一起試驗不同的節奏概念，替我要寫的歌打底。那是很費工的事情，我們進展緩慢，而且歌詞就是沒有靈感，但我知道勉強是沒有用的，靈感該來的時候就會來。然而，錄音室已經訂好，我的老班底也等著上陣——安迪・費爾魏瑟・羅、比利・普瑞斯登、史蒂夫・蓋德、杜耶・布雷霍爾和納森・伊斯特。

到了開始錄音那天，大家心裡很清楚，我們沒有足夠的新歌素材可以進行打磨，而以我們這幫樂手的功力，很快就會無事可做。於是我想出一個辦法，每當進度卡住了，與其心煩氣餒，或硬著頭皮勉強錄下去，不如大家開開心心演奏一首羅伯・強生的歌，放鬆一下。我本來沒打算做任何跟羅伯・強生有關的音樂，但他的影響不知怎地又在我的意識裡浮現，我也想看看像比利・普瑞斯登和史蒂夫・蓋德這樣的樂手會怎麼看待和詮釋他的音樂。跟往常一樣，我盡量不帶方向，讓每個人憑自己的感覺演奏。結果好得出乎意料，在兩週之內，我們已經錄完一張向羅伯・強生致敬的專輯《我和藍調先生》（Me and Mr. Johnson），這是事前從沒打算要錄的專輯，它就這樣從無中生有，完全出於內心的需要。

我這輩子一直都想錄這樣一張專輯，但就跟我和孩子的關係一樣，在這之前我還沒有準備好。我認為這是一張很有水準的專輯，每位樂手都表現出色，我也錄得很開心，它不是模仿，而是再現，每首歌都因為演奏的方式有了新的生命，我的唱片公司——華納音樂集團旗下的Reprise——的負責人湯姆・華利（Tom Whalley）也很滿意。我跟華納兄弟合作了很久，多年來他們公司高層換過一個又一個，不是離職就是被解僱，以致我和他們的關係也時斷時續。我在一九七〇年代最早是和莫・奧斯汀（Mo Ostin）簽約，那時的團隊真是一時之選：連尼・瓦倫克、泰德・坦普曼，更不用說還有拉斯・泰特曼，如今人事已非，很多人都跳槽到夢工廠（DreamWorks），包括羅比・羅伯森也在那裡。

至於我和華納之間的合作協議，已經演變成：在唱片計畫和構想上，我主要跟湯姆接洽，另外保留多年來一直充當我在華納的「內線」的里奇・費茲傑羅（Rich Fitzgerald），擔任類似獨立唱片製作人的角色，幫我密切注意唱片公司的日常業務狀況。多年來，我和里奇已經變成好友，在到處是騙子和沒有面孔的大企業的唱片產業中，很難得遇到像他這麼正派可靠、對音樂又充滿熱情而活力充沛的人，他做事非常認真，真希望能有多一些像他這樣的人。

向羅伯・強生致敬專輯大功告成並交出去後，另一張原創專輯只好暫時擱置，讓我有時間寫出更多新歌，從從容容地好好製作一張關於我生命的改變的唱片。我問藤原浩有沒有興趣幫向羅伯・強生致敬的專輯拍一部短片，主要是為了好玩，宣傳倒是其次。他覺得這個主意不錯，但想邀請他在這方面很有經驗的一位朋友加入：史蒂芬・薛柏（Stephen Schible），也就是《愛情，不用翻譯》（Lost in Translation）的協力製作，這是我很喜歡的一部電影。

他們兩位的加入徹底改變了整個計畫，原本只是想拍簡單的短片，很快就成了一部正規的紀錄片。

史蒂芬和藤原浩認為，我們應該深入探討我對羅伯・強生的痴迷，盡可能找出到底是什麼原因使他的音樂始終令我感到歷久彌新，一次又一次地在我生命中占據重要的位置；至於我，則覺得終於找到機會向這位偉大的樂手表達我的感謝。看著這兩個表面看來前衛的傢伙，很快就被強生的音樂迷倒，也同樣對圍繞著他的生死謎團深深著迷，就跟我當年一模一樣，實在是很有趣的事。這進一步證實了我和其他強生迷一直以來的看法，羅伯・強生真是獨一無二的音樂天才。紀錄片《即興飆演》（Sessions for Robert J）以DVD發行，內容有訪談和專輯中部分歌曲的精采現場演唱，加上我個人表演〈十字路口〉和〈徒勞的愛〉（Love in Vain）的畫面。整體來說，我覺得付出的努力很值得，自己對強生也總算有了個交代。

專輯在二〇〇四年三月問世，同年年底，我終於進錄音室完成那張「家庭」專輯。我寫了四首新歌直接描述我的顧家男新角色：〈疲憊〉（So Tired）、〈奔向家門〉（Run Home To Me）、〈一門心思〉（One Track Mind）和〈回家〉（Back Home），並很為這些歌曲感到驕傲。我也想向在七月過世的瑟麗塔・萊特（Syreeta Wright）致敬，翻唱了她的〈向左走〉（I'm Goin' Left），同時以〈Love Comes to Everyone〉向喬治致敬，喬治原唱的版本也是由我演奏吉他。我也唱了兩首杜耶・布雷霍爾的歌：〈失物招領〉（Lost and Found）和〈心之碎片〉（Piece of My Heart），並翻唱我一直很喜歡的編織者合唱團（The Spinners）的〈Love Don't Love Nobody〉。我給專輯取名《回家》（Back Home），主打歌唱的完完全全就是我對自己新人生的感受。專輯感覺很不錯，我迫不及待想趕快上路巡演，對現場演奏這些歌曲充滿了期待。

我一直想做的另一件事，就是舉辦音樂節，也許是為了補償自己在十四歲那年，因為喝醉酒錯過此生參加的第一場音樂節吧。二〇〇四年夏天，我在達拉斯舉辦「十字路口吉他音樂節」（Crossroads Guitar Festival），終於得償所願。在麥可・伊頓、彼得・傑克森、「速克達」懷崔伯，還有我所有員工和巡演工作人員的協助下，我們辦了一連兩天的活動，邀請到的樂手陣容強大，有比比・金、巴弟・蓋、卡洛斯・山塔那（Carlos Santana）、吉米・范和 J. J. 卡爾等，他們也全都慷慨捐獻了自己的樂器，由佳士得在紐約舉行第二次拍賣。

為了減省大家在路上的時間，我們把音樂節當作美國巡演的首站。我想一家人一起參加音樂節應該會很好玩，所以六月初，我們全家飛到達拉斯準備彩排，誰知抵達時卻發現，當地正遭到一連串雷暴的襲擊。接下來整個星期，我們忙著籌備音樂節的同時，外面是鋪天蓋地的狂風暴雨，我這輩子從來沒見過那樣的片狀閃電和暴雨。說來奇怪，在最狂暴的天氣之下，我兩個寶貝女兒每晚反倒睡得很香，我則在一旁嚇得發抖，跪下來禱告風暴趕快過去，放過我們的音樂節一馬。

音樂節開場前一天，雨停了，活動也非常成功。我一整天都在迎接自己最喜歡的樂手，聽他們的演奏，感覺就像進了糖果店的小孩子一樣。活動當中的某個空檔，我問 **J. J.** 卡爾要不要考慮跟我合作推出專輯，其實就是邀請他幫我製作下一張專輯的意思，我一直很喜歡他錄製的聲音，錄音方式很有特色，很希望自己也有機會嘗試。他很好心地答應了，我們約好一年後碰面展開合作。假如音樂節就只有這項收穫，我也已經很滿足了，而實際上整個活動的感覺都很棒，接下來的拍賣會也為十字路口中心募了很多資金。

我就是在這個時候終於揮別「小黑」，還有從雛鳥樂團時代就一直跟著我的櫻桃紅吉普森 **ES-335**，這把吉普森是我的第一把正規吉他。音樂節前一天，我特地去展示間看它們，跟它們說再見，心中依依不捨，它們陪我走過好多路，在我心中的地位永遠無可代替。這兩把吉他拍出的金額令人不敢置信，「小黑」拍出九十五萬九千五百美元，創下吉他拍賣價格的世界紀錄；「櫻桃紅」則以八十四萬七千五百美元拍出，成為有史以來最高價的吉普森。拍賣會總共拍出八十八支吉他，為十字路口中心募得七百四十三萬八千六百二十四美元。

美國巡演結束後，時序進入秋天，我回到英國，一頭栽進一項在接下來幾年中我的痴迷程度等同釣魚的新嗜好。我常去釣魚的泰斯河流域有一位河流看守，名叫菲利普・沃福德（**Phillip Walford**），我和他是朋友，他常說我應該學打獵，最合理的原因就是，每當釣魚季結束的時候，就是打獵季的開始。我總是顧左右而言他，因為直覺告訴我，跟完全可以獨自進行的飛釣比起來，打獵是很需要社交的消遣。我因為職業成了公眾人物，為了平衡活在公眾眼底下的時間，我傾向從事有機會獨處的活動，而飛釣總是能滿足我這種需求。

後來打破這個平衡的，其實是成群飛到我們家屋簷下棲息的鴿子，牠們每天晚上都在咕叫，早上五點就把孩子們給吵醒。我去買了一支獵槍來解決問題，一來二去，我又是個一不做、二不休的人，沒多久已經開始訂購各種工藝精良的英國獵槍，開車到全國各地的曠野打獵，射擊技術漸漸進步，也從中獲得極大的樂趣。

我從來不認為這有什麼倫理問題，道理跟釣魚一樣。我和家人會把我釣到、獵到的東西煮來吃，既新鮮又健康，我們都很愛。我的血液裡有獵人的基因，這沒有什麼不對勁。我也支持鄉間的許多其他消遣活動，理由很簡單，這些活動是我們的文化、我們的傳統，必須受到保護，不能任由那些不了解農村經濟的微妙平衡、又看太多迪士尼電影的人，或因為人口遷徙遭到破壞。

我很快就遇到一樣投入這項嗜好的老朋友，例如險峻海峽合唱團（Dire Straits）的經紀人之一保羅・康明斯（Paul Cummins）。他介紹我認識在多塞特郡管理拉什摩爾獵場的傑米・李（Jamie Lee），傑米號稱是全世界最厲害的獵人，不過這樣說的通常都是他自己。他的獵場屬於一個私人狩獵會，也是我參加過經營得最好的狩獵團體，而且裡面的成員有趣得不得了，只是其中有一兩個肯定是精神病。加里・布魯克、史帝夫・溫伍德、羅傑・華特斯、尼克・梅森（Nick Mason）和馬克・諾弗勒也都常來打獵，所以好像繞了一大圈，我又和一九六〇年代音樂界的老朋友們重聚，只不過是在一個完全不同的場域。

除了打獵之外，其他時間我都在為來年的一個計畫祕密籌備。已經有好一段時間，我一直在考慮辦一次鮮奶油合唱團的重聚演唱會，鮮奶油合唱團的創團已是快四十年前的事，難得我們三個人都還有一起演奏的實力，我認為應該趁還可以的時候向我們這個樂團致敬。我也很清楚在這方面，自己一向是最沒有意願的那一個，所以抱著一顆誠懇的心，小心地徵詢了傑克和金格的意向。

他們的回應相當積極，我們敲定舉行為期一週的演唱會，地點當然就在鮮奶油合唱團當年舉行告別演唱會的皇家亞伯特音樂廳，日期定在二〇〇五年五月，之前一個月開始彩排。心知那一個月的重聚之後，我的身心可能很需要恢復，我也租了一艘豪華遊艇，準備在那之後帶梅莉亞和孩子們巡遊愛琴海。梅莉亞還沒去過希臘，會有這個構想是因為我們在看雅典奧運會的電視轉播時，我把自己當年和腺體樂團一路開車到希臘的冒險奇遇說給她聽。

二〇〇五年二月一日，我的第四個女兒蘇菲來到人間。到這時，我已經放棄生兒子的盼望，事實上，還暗地希望又是個女兒，因為到目前為止，我的每個女兒都是充滿愛心的神奇小人兒，這時如果是個男生來到我們之間，肯定會從此不得安寧，想到就覺得害怕。蘇菲一生下來就有一頭紅髮，她和我跟梅莉亞生的兩個姊姊一樣，小時候經常生病，不是這個病就是那個病，而不管生什麼病，我和兩個姊姊都會被傳染。儘管如此，她還是活力十足，而且可能是老么的關係，她大概是姊妹之中最堅定自信的。我對幾個女兒的愛沒有任何差別，令我驚奇的是，她們的性格是多麼不同，而我在回應她們各自不同的需求和操縱手腕的時候，態度又是多麼迥異。隨著家裡又添新成員，我們很快發現除了安妮以外，我們還需要多一位幫手。我的朋友珍．奧姆斯比—戈爾（即愛麗絲的姊姊）建議讓她的女兒、也是我的教女雷夢娜（Ramona）來幫忙，聽起來是很不錯的主意，於是接下來的一年，她也加入了我們。

這一年是我的六十大壽，為了慶祝，梅莉亞在倫敦白廳街的國宴廳辦了一場盛大派對。我們幾乎邀請了我從小到大認識的每一個人，連腺體樂團的成員也不例外，有些人我已經四十年沒見了。派對氣氛很棒，吉米．范特地飛過來為我演奏，羅伯．藍道夫（Robert Randolph）和史帝夫．溫伍德也上臺獻藝，我開心得不得了。而在我個人眼中，當晚的高潮是聽到我超有勇氣的老婆即席發表對我的感言，說得我感動落淚，有幾個人想湊近麥克風發表意見，都被她擋下來，只有她說了算，我愛死她了。那真是個美好的夜晚，我內心充滿了喜悅和自豪。

鮮奶油合唱團的彩排從四月開始，持續將近一個月。要做的準備工作很多，畢竟我們三人一起演奏已經是那麼久遠以前的事，而且傑克不久前動完大手術引起併發症，還在休養當中，金格也有腰背的問題，只有我到目前為止還老當益壯，因此有點沾沾自喜。剛開始的幾天，我們都在摸索適應，一天只練兩三首歌，沒多久就重新找到彼此的節奏，演奏起來感覺十分不錯。我放下心中大石，但仍不大確定接下來會怎麼發展，心知平靜的表面下仍有一些舊怨隨時等著點燃。還好，除了一開始有一點小衝突之外，我們相處得還不錯，漸漸地三個人還真練出趣味來。感覺真的很棒，好像又回到最初身為鮮奶油合唱團的一員是一件很了不起的事的時候。

好巧不巧，在亞伯特音樂廳首演的前一天，我得了嚴重的流感，前三場演出完全無法進入狀況，沾沾自喜一下變成了洩氣。我開始服用抗生素，謝天謝地，後面幾場已經恢復到可以正常演出。這是一次很棒的體驗，我很高興我們做了這件事，也永遠不會忘記開演走上臺時，全場起立鼓掌，掌聲熱烈不斷，持續了至少有兩三分鐘，現場氣氛十分感人，讓一切都值得了。要是我們就這樣見好就收，該有多好。

我那陣子在法國南部買了一棟房子，演唱會結束後，和好友布萊恩・羅伊蘭斯一路開車下去，他的婚姻正經歷一道難關，需要出來散散心。我們在那兒跟梅莉亞和孩子們、還有我的岳父岳母麥克（Mac）和蘿莉（Laurie）會合，住了幾天之後，才在坎城登上遊艇。我包下那艘遊艇整個六月，其實很冒險，因為根本不知道女兒們會不會喜歡，或會不會暈船，如果真的暈船，我完全沒有替代方案。謝天謝地，大家一看到那艘遊艇就很喜歡，我大大鬆了一口氣，孩子們也只有少數幾次風浪較大時，才有一點不舒服，總個航程可以說非常成功，所以我們此時正要展開一趟美好的假期。

我們的船長尼克・賴恩（Nick Line）安排的行程很有彈性，主要是繞科西嘉島和薩丁尼亞島，再視天氣和航程的發展，可以選擇前往西西里島。一開始，我們還不大確定這趟出海想要的是什麼，可以看的東西太多了，但很快就發現，滿足孩子們最簡單的選擇，就是柔軟的細沙海灘。我個人很喜歡科西嘉島，自然風光和粗獷的建築都非常壯觀，海灘也漂亮，我們停靠的每一座港口都有不同的魅力，這還是我第一次來到科西嘉島，對它簡直一見鍾情。時序是初夏，天氣有點涼，風也很大，在海中游泳還有點太冷，所以我們沒有停留太久，持續航向薩丁尼亞島。薩丁尼亞島的天氣雖然比較暖和，景觀落差卻很大，從海面上看去，島上的建築就像《摩登原始人》裡的房子，是古代建築的卡通版，年代顯然並不久，建材也很處，在我看來只覺得可笑，我迫不及待想回到科西嘉島。

梅莉亞的父母一個星期後就上岸離開，理查和克莉絲・史提爾來接替他們的位子，布萊恩則再多待了幾天。航程中，我只在討論航行計劃的時候才偶爾跟船長交談，但我留意到理查經常待在駕駛臺上，然後不斷走回來告訴我們一些內幕消息。他們上船幾天後，有一次，他一臉興奮地走回來，神祕兮兮地爆料說，這艘遊艇正打算要賣。我說：「不會吧？」他不放棄，不斷去打聽更多消息回來告訴我們。最後，我忍不住好奇，直接向船長詢問。

沒錯，遊艇確實打算要賣，而且價格聽起來很合理。我後來問了很多人的意見，也跟我的業務經理麥可・伊頓商量，他很支持我買遊艇，令我有點意外，因為其他人大多數認為沒必要。說來有趣，平常我最看重他們意見的那些人，幾乎都支持我買遊艇，他們的態度主要是：「生不帶來，死不帶去。」所以，我沒有考慮太久，就毅然決定出價，我對船長和其他不明白我為什麼要這麼做的人的解釋是：我不是有興趣買遊艇，是因為這艘遊艇我才會想買，它就是一件漂亮的工藝品，遠遠勝過我所見過的任何船隻。

這是我生平頭一遭要借錢來買東西，心裡有一點忐忑，因為這輩子到現在，我不管買什麼都是一次付清，有可能是因為受夠了小時候家裡買東西都要分期付款吧，當年我們說這是「沒完沒了的付款方式」。幸好，我很快就要展開一趟巡演，至少可以肯定接下來一段時間內會有償付能力。我們把這趟巡演叫做「打趴所有巡演的巡演」，因為範圍遍及全世界，從二〇〇六年四月開始，直到二〇〇七年四月結束。我在心裡默默地興奮著，因為已經很久沒有進行這種等級的巡演了，而且大概也會是我的最後一次。

遊艇假期快結束的時候，布萊恩又回到船上幾天，看到他放鬆心情和我們一起玩樂，我感到很欣慰。我們在科西嘉島南岸來回航行，深深愛上波尼法休這座港口城市，每隔一天就會上岸去當地的服飾精品店買衣服，買一些對我們來說太年輕的時髦玩　意兒。小艾拉也喜歡上布萊恩，叫他「我的好朋友噗萊恩」，在那段短暫甜蜜的時光裡，兩人非常親密，那是一段對我們每個人來說都很夢幻的時光。我們最終沒有去西西里島，那裡看起來沒有海灘，所以剩下來的時間，我們就在科西嘉島附近航行，直到時間差不多了才駛回坎城的港口。回程途中，我們在愛爾巴島停留，到了晚上，碼頭邊成群的義大利度假客聚集過來，目不轉睛地盯著我們的遊艇看，有時形成厚厚的人牆。我能體會他們的感受，這艘遊艇令人充滿了幻想，不用多久，它就會是我的了。

這一年的夏天，我們開始為薇薇安的退休做準備，這是一項大工程，她跟著我十五年了，一直默默支持我，對我忠心耿耿，是我最親密的朋友之一。薇薇安大概是全世界最了解我的人，即使在我最糟糕的時候，也沒有離我而去。塞西爾推薦他以前的同事妮西（Nici），經過幾次簡短的面談，我知道不可能找到比她更好的人選。接替薇薇安的工作不是簡單的事，經過幾個月的交接，由薇薇安從旁指導尼西她所經手的複雜業務的各種細項，薇薇安終於正式退休，打算移居法國，我會想念她的。

七月的第一週，我飛到冰島釣魚——只要沒有意外，這已是我每年例行的行程——回到家又過了一個星期，就出發前往美國，和J. J. 卡爾約好錄製專輯的時間到了。他事先寄了好些新歌給我審核，剛開始聽有三首特別吸引我，但愈聽愈覺得全部我都很喜歡，而且我知道我們必須全部用他寫的歌，我現在要做的事情這麼多，已經沒有時間自己寫。抵達美國後，梅莉亞和孩子們以哥倫布為基地，我則繼續飛往洛杉磯。一年前，我們在哥倫布梅利亞的父母家附近買了一棟房子，方便我們去探望他們的時候有自己的空間。我也很喜歡那裡，很鄉下的感覺，完全符合我對美國中西部的想像，而且我可以開著改裝車四處兜風，沒有人會多看我一眼，這才是最理想的狀況：寧靜、沒有人認得。我隔年巡演的時候，我們家也會暫時搬到這裡，一方面茱莉要開始上學，一方面我不在的時候，梅莉亞帶著孩子住父母家附近比較有照應，不過我們也計畫好，在那一年中只要有空檔，不是我飛回家團聚，就是她們飛來跟我會合。

在進錄音室之前，我到 J. J. 家住了一個星期，一起複習那些新歌，也多認識彼此。他在艾斯康迪多郊外的山上有一間小房子，我們聽音樂、聊一些陳年舊事，一起消磨時光，相處得很愉快。完成的工作不多，但這不是重點，我們是在醞釀演奏的情緒。他的想法是找很多樂手進來，盡量同步錄音，只在有需要的時候才疊錄。我沒有意見，這也是我喜歡的錄音方式，但我猜在表現他在樣本唱片中用鼓機這類輔助器材演奏的聲音時，可能會不時遇到一些問題，而這種聲音正是他最重要的特色。

我已打定主意來年的巡演要更換部分樂團成員，因此想利用和 J. J. 卡爾錄音的機會熟悉新成員，包括新的節奏組和吉他手德瑞克・崔克（Derek Trucks），德瑞克是歐曼兄弟合唱團的鼓手布奇・崔克（Butch Trucks）的侄子，我邀請他加入我和杜耶，一起擔任主奏吉他。我多年前在知名脫口秀主持人大衛・萊特曼（David Letterman）的節目裡和駐場樂團一起演奏時，認識了他們的鼓手史蒂夫・喬丹（Steve Jordan），我和他也在一九八六年的向查克・

貝瑞致敬演唱會「搖滾萬萬歲」（Hail! Hail! Rock 'n' Roll）中同臺演出過，我很喜歡他，他能用早期藍調和節奏藍調唱片裡才有的打鼓風格打鼓，而且對真正的搖滾音樂史顯然很有研究。此外，他演奏時情感完全發自內心，是不折不扣「憑感覺」的鼓手。我以為我沒見過威利・威克斯（Willie Weeks），但他說我們曾經在某次幫喬治・哈里森錄製專輯的時候見過面，他一定不會搞錯，我那時大概太醉，什麼都不記得了。威利是搖滾界的超級偶像，他幫唐尼・海瑟威（Donny Hathaway）伴奏的歌曲給後來的貝斯手樹立了標竿，聽這些樂手在錄音室裡一起演奏，真是一大樂事。

有德瑞克、杜耶和比利・普瑞斯登這三位，我可以放心巡演時樂團一定沒問題。德瑞克・崔克的演奏令人驚豔，我從來沒有聽過這樣的彈法，他顯然從小聽各式各樣的音樂長大，各種不同的形式就從他的琴聲裡表現出來，簡直沒有底線。其他參與錄音的大多是 J. J. 的老朋友，全都是偉大的樂手——即使其中不少人已經退休，日子過得很悠閒。我這邊的人是杜耶和比利，他們兩位已是我不可或缺的演奏伙伴，不管任何時候我都完全相信他們的音樂直覺。

這張專輯《藍調之旅》（The Road to Escondido）在一個月內就完成錄音，最後出來的東西和原先構想不同，它不再是又一張艾力克・克萊普頓的專輯、由 J. J. 卡爾擔任製作人，而是我們兩人的共同專輯，因為我希望 J. J. 在專輯中的分量更多一些。整體來說，我認為專輯因此變得更好，至少對我個人更有紀念價值。我的朋友西蒙・克萊米也加入擔任協力製作，很高興看到他和我們的錄音工程師艾倫・道格拉斯（Alan Douglas）一起坐在隔音玻璃外面。接下來的混音還要再花六個月，但只要最後是 J. J. 說了算，我很有信心聲音會保持純淨。

九月，我們又回到遊艇上，臨時決定出海去希臘島嶼和土耳其一帶。航程的第一個星期，藤原浩和他女友亞由美（音譯），還有業務伙伴吉田先生加入我們，第二個星期則輪到麥可・伊頓和他太太艾莉（Ally），我想應該讓麥可看看錢都花到哪兒去了，另一方面則迫不及待想向藤原浩炫耀我的新玩意兒。現在遊艇真是我的了，感覺還真變得不一樣，好奇怪，我不太敢相信這是真的，不斷在心裡捏自己一把，好像在做夢一樣。

我真的有資格享有這樣的東西嗎？我這個里普利來的廢柴，既不懂得賺錢，也沒把錢放在眼裡，竟然能乘著一百五十呎的水上宮殿出海遨遊？真叫人不敢相信，我感到飄飄欲仙，必須不停對自己說：「不要懷疑，你值得的。」我們給船長的指示變得很固定：只要有柔軟細沙的海灘，不要觀光行程。我的藉口是孩子們喜歡玩沙，而且也剛開始習慣親水，其實這也是我想要的，我只想坐在沙灘椅上，看著孩子們在淺灘玩耍，偶爾瞥一眼海面上我們美麗的遊艇停泊的地方，真的就像在做夢一樣。

有一天，我們在海灘上的時候，我接到布萊恩的女兒凱西・羅伊蘭斯（Cathy Roylance）打來的電話，通知我她父親心臟病過世了。我感覺肚子上重重挨了一拳，實在太突然了，他一個月前才在遊艇上，而且氣色很久沒有這麼好過，現在竟然說走就走。他是我最要好的朋友，比誰都更用心幫我戒斷酒癮和維持清醒。我又震驚又難過，回想起來，他動心臟繞道手術裝四重支架，已經是十年前的事了。我承認心裡有憤怒和內疚的情緒，不斷想著，也許他最近都沒有好好照顧自己，我如果能多看著他一點就好了，但這其實只是因為自己的失落而產生的自憐。事實上，過去幾年來我由於愈來愈忙於照顧家庭，早已經不清楚布萊恩私底下的生活狀況。世事無常，一切都會隨風而逝，我必須要放下，只是知易行難。我們相知相惜了二十幾年，就這樣結束了。

獵野雞的季節開始了，打獵使我暫時忘記內心的傷痛。我受邀加入傑米的狩獵會，開始每個周末開車去多塞特郡的獵場，這裡是全英國困難度最高的獵場之一，地形、風向、巧妙放飛使野雞飛得更高的手法，都使這座獵場既刺激又有挑戰性。來這裡打獵，我個人覺得很有趣的地方，是周圍的人都不清楚我的樂手身分，我就只是個新人，從底層做起，這使我更努力去贏得尊重，也更懂得謙卑。

十月，我飛去紐約，鮮奶油合唱團答應在麥迪遜廣場花園演唱三場。從很多方面來看，我都希望我們唱完亞伯特音樂廳後見好就收，但邀請我們到紐約演出的條件太吸引人了。開演前一天，我們才進彩排室，用區區兩小時把曲目練完一遍，輕輕鬆鬆，完全不花力氣。當然，我們不是普通樂手，早就超越需要不斷排練的境界。就在短短的時間內，我們的心態完全回到一九六〇年代，狂妄自大，不可一世。

結果，紐約演唱會比起我們在倫敦的表現失色許多，當然，這只是我個人觀點。缺乏彩排是一回事，重要的是，這反映出我們往日的傲慢心態又回來了。此外，麥迪遜廣場花園的場地很大，我們在裡面聲音顯得很小、很微弱。我要再一次強調，我說的只是自己的觀點，但至少我個人是意興闌珊，而且當初的敵意也有一點回到心上，也許是錢的關係，誰知道，我只知道這次真的夠了，我應該不會再做這種事了。值得高興的是，那兩個傢伙手頭會因此寬裕好一陣子，這是令我覺得總算比較值得的地方。

十一月，我聽說比利・普瑞斯登病得很重，已經陷入昏迷。這個消息令我十分震驚，因為就跟布萊恩的情況一樣，我最後一次見到他的時候，他氣色看起來不錯。實際上，過去五年來他有好幾次病得很重，因為腎衰竭每星期得洗腎兩三次，就連巡迴演出期間也不例外。相較之下，他在《藍調之旅》錄音期間，精神看起來比平常好，演奏也很有水準，所以這真是令人意想不到的壞消息，而且情況看來並不樂觀。我打算一過完聖誕節就飛去看他。

我們都很期待過聖誕節，這個秋天發生了好多事，我需要多一點光明、多一點歡笑，而如今有了孩子，聖誕節又回到我小時候的感覺，令人充滿興奮之情。包括露絲在內，我們現在有四個孩子要買禮物和準備節目，太好玩了，聖誕節就該這麼過。我還弄到一套聖誕老人裝，每年平安夜吃過晚飯，我或者某位合適的志願人士會扮成聖誕老人露臉一下，在窗外的院子裡走動，梅莉亞會叫孩子們抬頭看窗外，孩子們看到後就會高興得瘋了，接下來可以談論上好幾天。能為我家人做這些小小的、特別的事情，想到心頭就一陣暖意，覺得自己是一個幸福的人。

聖誕節隔天是節禮日，我飛到亞利桑那州探望比利，他住進一間私人醫療中心，仍在昏迷當中，醫生認為他醒過來的機會渺茫。他的經紀人喬依絲・摩爾（Joyce Moore）在他病倒後一直和我保持聯繫，喬依絲希望朋友的探訪可以把比利從昏迷的深淵中拉回來。然而，我一看到比利，心就往下一沉。他看起來很憔悴，眼睛是睜開的，眼珠子空洞地看往旁邊，完全不是我預期的樣子，我原以為他會看起來就像睡著了一樣，眼前這幅情景讓我受到很大震撼。

我跟他說了很多話，在他耳邊低聲細語，告訴他我愛他、想念他，還有大家都希望他能好起來，回到我們身邊，但我必須承認，內心深處其實覺得他不會回來了。我對這類事情的經驗不多，只是感覺他已經離開了我們。也因為這樣，我在回英國之前去跟他說了再見，這時候說再見也許太早，萬一他最後真的康復，但為了我們兩人相識一場，我必須這麼做，因為我真的不認為自己今生還有機會再見到他。

這一年就在休閒中心舉行的悲傷但清醒的晚會中畫下句點，舞臺上用投影打出布萊恩的照片，他深受基爾福康復社群的愛戴，大家都很懷念他，我們給他辦了盛大的告別晚會。他的孩子凱西和尼克都出席了，他的好朋友派特的致詞令人心酸，我知道自己永遠忘不了他，忘不了他曾經對我們這許多人無私的付出。

第十八章
A Year on the Road
在路上的一年

世界巡演的這一年悄悄地開始了，儘管有許多準備工作要做，我們還是決定登艇出海，在工作完全占據我的時間以前，在加勒比海進行一趟簡短的巡航。安地瓜和周邊島嶼一帶的海浪要比地中海大很多，孩子們有時暈船得厲害，但我很高興有機會帶家人去看我多年以前生活過的地方。露絲和她的男友德瑞克加入我們一個星期，很高興看到露絲回到她的出生地蒙特塞拉特。加勒比海地區的變化不大，除了零星多了些名牌服飾精品店之外，大多數島嶼還是跟三十年前一模一樣。

假期的前半段，我們住在安地瓜島上我蓋的那棟私人住宅裡。這些年來，那一帶多了很多房子，大部分是度假小屋，感覺已經變得像個小村落。我們的房子蓋得很漂亮，整棟以當地石材建造，完全不怕颶風，但因為是在我單身時候設計建造的，現在必須做很多防護措施來確保全家人的安全。首先，房子坐落在一面山壁上，俯瞰印地安溪的視野十分壯闊，但陡降的懸崖看得人膽顫心驚，我跟孩子們在那裡的時候總是有點擔心。我希望能更常去那裡，很確定將來一定有機會，但周圍環境畢竟比較粗獷，得等女兒再長大一些，才能完全放心她們的安全。

四月，我啟程前往法國，開始世界巡演的彩排。新的樂團陣容很令人興奮，充滿新鮮感、實力堅強，從某方面來說很像當年的骨牌合唱團，也許是因為有德瑞克・崔克加入的關係。我們的巡演行程從歐洲開始，演唱曲目盡可能取自《回家》專輯，其中有一段全團會坐下來，以不插電方式演奏。我第一次在演唱會中唱了《蕾拉》專輯中的〈非你莫屬〉（I Am Yours），也許是演唱這首歌喚醒了內心的某個角落，我重新愛上骨牌合唱團時期的老歌，德瑞克和杜耶堅持我們應該再給這些歌一次機會，肯定對我也有影響。

在那一年的巡演過程中，我們的演唱曲目逐漸演變，到最後上半場全是《蕾拉》專輯中的歌曲，下半場分成不同時期的曲目，最後以〈蕾拉〉這首歌作結。整場演唱會感覺很精采，臺下觀眾如果年齡稍大，還記得原來的《蕾拉》專輯，反應會特別熱烈。其實就算觀眾不熟悉這些歌曲也無所謂，反正我們在臺上演奏得很高興。

在歐洲巡演到一半，為了避開世界盃，巡演行程暫停下來。我們在主辦國德國已經見識到賽前緊鑼密鼓的氣氛，知道要在世界盃結束前訂到飯店，或正常進行商業活動幾乎是不可能的事。趁著空檔，我們一家聯同傑米・李、保羅・康明斯以及他們的家人一同出海，在科西嘉島附近巡航了幾個星期。行程中，我們到處找可以看世界盃資格賽的酒吧，看著當地人為球賽吵得不可開交，只覺十分有趣。反正我個人相信賽事都是受幕後操縱，在這類事情上（包括政治），我通常很陰謀論，當中涉及這麼龐大的資金，我不相信諸如媒體大亨梅鐸或小布希這些人，會讓機會來決定一切。你可以說我憤世嫉俗，但確實每隔一陣子就有人被抓包，或出來爆料。

我們在維洛納重啟巡演，好巧不巧，義大利踢進決賽，將和法國對決。決賽就在我們開演前一晚舉行，飯店經理邀請我們到飯店大廳，以大螢幕電視觀賞球賽。整場球賽最搶風頭的，是著名的席丹（Zidane）頭槌對手事件，讓我想起同樣臭名昭著的坎托納（Cantona）飛踹球迷，這真是一種奇怪的現象，令人反感的驚人之舉同時也是球賽最引人入勝的部分。當比賽結束的哨聲響起，我們驚覺自己正好陷入一直想避開的世界盃狂潮中，整個義大利都因為奪冠而為之瘋狂。

雖然冠軍是靠平淡的互射十二碼決勝，義大利人的興奮之情卻沒有因此減損半分。我對眼前的歡騰感到特別疏離，我對國際體育賽事的態度一向有些複雜，通常只支持我認為打法公平、有創意和個性的隊伍，而這些特質在這次賽事中顯然付之闕如。我們繼續上路，回到德國，再一路去到北歐。結束在歐洲的巡演後，我們又休息了更長一段時間，這期間我和家人在法國會合，幾天後再飛到哥倫布。

八月下旬和九月大部分時間都待在哥倫布的家，游泳、躺在太陽下什麼事都不做，這就是我心目中的天堂。茱莉和艾拉已經學會游泳，至少在水中不會害怕，而已經會走路好一陣子的蘇菲應該也快了。我所有努力就是為了這樣的目標，能和家人一起坐在陽光下盡情玩樂，基本上什麼都不做。

暑假因為我需要和 J. J. 一起拍《藍調之旅》專輯的封面照，被切成兩半，我們約好由我過去洛杉磯找 J. J.，因為他不喜歡搭飛機，我們花幾天拍照，再和湯姆・華利碰面，趁我在城裡多向他了解唱片公司那邊的狀況。我很喜歡和 J. J. 在一起，他是很有意思、極富幽默感的人，漸漸認識他之後，我要說大多數人都誤解他了，常常把他當隱士，實際上他很善於交際，個性開朗又充滿魅力，只不過更喜歡獨處而已。據我所知，J. J. 連搖滾名人堂的入圍名單都沒有上過，我反而三度入選，以我的拙見，他是搖滾音樂史上最重要的藝人之一，默默代表著他的國家的最偉大資產，而在歐洲，很多人甚至連聽都沒聽過他。

返回哥倫布的時候，由於買的是單程票，我被當成有可能炸掉飛機的頭號嫌疑犯，飛安人員照例樂得把我裡裡外外搜了一遍，我第一百次默默對自己發誓，我再也不會踏進這個國家一步。當然，現在全世界都是這樣，但美國不知怎地就是特別糟。我們跑巡演行程通常會包小飛機，這是演藝界長久以來一貫的做法，因為太習慣，我常常忘記現在搭飛機是多麼令人討厭的事。我以前很喜歡旅行，一向覺得自己血液裡流著旅行的因子，現在再也受不了，一想到要去機場就怕。這次巡演有意思的地方就在於，心裡默默知道有些我不知去了多少次的地方，這次也許就是最後一次去，而這樣想的時候，心裡只覺得慶幸。

美國巡演一開始，頭幾站都安排在可以從哥倫布通勤的地方，以便我有更多時間陪家人，第一站是聖保羅，再慢慢往東岸前進。這樣過了差不多一星期，就在我快要離家住進飯店的時候，卻重感冒病倒了，後來還演變成胸腔感染，接下來的巡演行程，咳嗽始終沒完全好過，還因此必須取消在底特律的演出。我在整個演唱生涯中只取消過兩三次，也很為此感到自豪，每次沒辦法上場，我都耿耿於懷，覺得自己讓所有人失望了。不過，我的感冒一好，演唱會的動能持續加強，我們很快漸入佳境。這支樂團真的很棒，是我一起巡迴演唱過的樂團中最強之一，而且我知道我們還可以產出很多東西。

回到哥倫布休息一小段時間，聽我的孩子們開始出現的美國口音之後，接下來我又飛到西岸，和 J. J. 一起參加專輯問世的發布會，我們被安排進行三天密集的記者會，之後我就要前往東京展開日本的巡演行程。我不知道這類宣傳活動到底有沒有用，只知道自己一向很抗拒，我有過不止一次這樣的經驗：在配合了一個星期的宣傳活動之後，在街上遇到熟人這樣問我：「那你還在出唱片嗎？」這次宣傳最好玩的地方，是坐在 J. J. 旁邊，看著他一次又一次被問到同樣的蠢問題，感受到他的耐性漸漸被磨光，整個人就要毛起來。

我非常期待去日本，我在那裡有很多朋友，歌迷也特別死忠。抵達東京的第二天早上，藤原浩騎著他新買的 Cinelli 單速車來飯店，要給我他為 Levi's 日本分公司設計的夾克樣品。他是傑出的設計師，擅長在老式經典款或軍裝中添加一兩樣明顯的特徵，變成新穎獨特的東西。他依然是引領街頭文化潮流的人物，從他騎的 Cinelli 就看得出來，在日本，玩滑板已經被騎單速車取代，而藤原浩照例是開路先鋒。他很有感染力，我當然也迷上了，開始買老式公路車，不為了騎，只因為我一向喜歡單車器材，尤其一九六〇年代的單車和配件。多年來，收集癖把我引進各式各樣收藏品的領域：汽車、吉他、衣服、藝術品、手錶，還有最近投入的槍和西部皮帶扣。其中，收藏手錶是最危險的嗜好，我變得很著迷，尤其喜歡稀有的百達翡麗，真不敢相信有些錶款在拍賣會上拍出的天價，我就好像在測試自己有沒有那個膽去買下這些東西似的。有一段時間，我花了大把錢買下可能只有像我這樣的人才會有興趣的手錶，後來，為了買遊艇而賣掉其中一些來償還債務的時候，發現利潤還不到一般宣稱的一半。不過無所謂，我已經把自己培養得知道自己擁有的都是好東西，而且我真的很喜歡這些手錶，每一只都做得好漂亮。

日本的巡演行程特別長，到最後兩個星期大家已經開始疲乏，我們總共演出了十八場，其中十二場都在東京武道館舉行。我很喜歡日本，所以並不介意，只是開始變得好想家，我離開英國的家快七個月了，家人又不在身邊。演唱會的音樂很棒，那裡的歌迷都很了解搖滾音樂史，所以演奏骨牌合唱團時期音樂的反應特別好。每次去日本巡演最令人期待的，就是跟阿木和阿孝，還有他們的老闆清次郎先生（以上皆為音譯）相聚，阿孝通常是我們日本巡迴演唱的製作人，跟彼得・傑克森和麥克・道柏共同分擔管理責任；阿木則負責照顧我，開車載我到處去，幫我打點一切。他們人都很好，多年來我們成了好朋友。

清次郎先生在日本和東亞地區辦演唱會已有五、六十年，我從一九七三年以後在日本做的巡迴演唱，全都是由他包辦。每次抵達東京，我做的第一件事一定是跟他在Hama牛排屋碰面享用和牛，我會先去飯店放行李，然後直衝牛排屋，過去三十四年來從無例外。我喜歡日本料理，在當地的時候，一星期大概會和清次郎先生吃三次飯，都是最上等的料理。簡單說，他就是武士，榮譽感和道德操守是無與倫比的，但同時又有令人絕倒的幽默感，我們在一起的時候常開玩笑，充滿歡樂。我很喜歡他，對他充滿欽佩，他真是獨一無二。

前往大阪和其他幾個城市演出過後，我準備好回家了。我受夠了軟綿綿、頭枕下去像空氣一樣的飯店枕頭，還有沒完沒了要求跟我合照的路人。我覺得筋疲力盡，而且聖誕節就快到了，我已經在錄製聖誕歌曲和聖歌的 CD 合輯，也為梅莉亞和孩子們買了玩具和衣服。我們計畫各自飛回赫特伍德團聚，第一個星期調時差，接下來布置家裡準備迎接聖誕和新年。新年假期結束後，我們又得各奔東西，梅莉亞和孩子們回哥倫布，我繼續前往亞洲和澳洲巡演。但此刻，歸心似箭的我終於要回家了。

感謝老天，現在有了網路，每當我長時間不在家，像這次這樣，我們很常透過網路聯繫，有時只是在孩子該上床時向她們道晚安，但主要也為了知道彼此的最新狀況。老實說，我現在完全無法想像沒有網路的日子，尤其家裡孩子還小，我又經常出門在外。電腦是我受藤原浩影響的另一個興趣，記得我和他剛認識不久，就看到他在玩一臺漂亮的索尼小筆電，我這個老人家雖然從來就對科技浪潮不以為然，當下心裡卻想道：「我也要來買一臺。」從那時起，我慢慢學會電腦的基本操作，雖然到現在還是用一指神功，卻經常上網，也收集了大量音樂，經常轉錄成播放清單和 CD 供開車的時候聽。這幾年來，我變得很依賴電腦，但這趟巡演旅途奔波，電腦就顯得格外珍貴。

在倫敦希斯洛機場步下飛機，感覺就像踏進溫暖的浴缸，很高興終於回到家園，梅莉亞和孩子們已經在赫特伍德，我迫不及待想要見到她們。一旦安安穩穩地回到英國，我就會對它抱怨這抱怨那，其實沒有一個地方比得上家園，更沒有什麼比得上回到家門口、從車子裡出來那一刻，看到一張張喜出望外的小臉蛋，聽到她們興高采烈的尖叫聲。每個孩子都想給我看她們的新玩具，七嘴八舌，完全是一片混亂，我卻愛死了。很高興看到屋子裡裡外外掛起了聖誕裝飾，接下來的十幾天，我將會沐浴在真正回到家中的喜悅，除了陶醉什麼都不必做。

除了重新粉刷外，赫特伍德基本上還是老樣子，不過，屋內的整體風格正經歷一次變化，原本的現代義大利風已經維持了十年，現在我請我的朋友珍・奧姆斯比—戈爾幫忙，把裝潢改成喬治王朝風，她很有品味，我完全相信她的判斷。假期中我們全家人唯一的計畫，是在聖誕節和新年之間去打獵，這次梅莉亞也會參與。她已經上了一陣子的射擊課，是時候正式上場了，不用說，她學得很快，上場沒多久就射得很漂亮。我很高興有一位可以和我一起從事這些嗜好的妻子，不只因為這能增進我們的感情，她也因此能理解我對這些嗜好的熱情。

露絲和德瑞克會在聖誕節前夕來家裡，我幾天前收到德瑞克的電子郵件，說他有重要的事要和我談，看來他和露絲正在考慮訂婚，他想照規矩來，請求我把女兒嫁給他。我有點意外，雖然露絲從很早以前就提過訂婚的事，但我最近才知道她正在認真考慮當歌手，這兩個選擇似乎有一點衝突。天哪！我的人生竟然變得這麼正常，真不敢相信我需要考慮這樣的事情，也很難相信我的人生、大家的人生會這樣發展。

聖誕節的氣氛很棒，理查和克莉絲夫婦、露絲和德瑞克前一晚就來了，晚餐過後，理查賞臉扮聖誕老人。茱莉突然對整件事透露出一點懷疑，她今年才五歲，很可惜聖誕老人的美麗謊言可能很快就會戳破。聖誕節當天，我們過得很愉快，梅莉亞煮了美味的午餐，我們整天都在拆禮物。我今年收到的禮物中，最喜歡的是一把配上金色陽極氧化護板的白色墨西哥廠 **Stratocaster**，梅莉亞之前看過我在附近的樂器行覬覦這把吉他，她在吉他背面寫下溫馨的獻詞，孩子們都親筆簽了名，這是我這輩子收到過最棒的禮物。

聖誕節第二天，我和德瑞克開車出去兜風，我們談了他和露絲兩人將來的打算。他人品真的不錯，和露絲也交往了兩三年，我對他們的婚事沒什麼異議，欣然同意了。我問他需不需要我待會正式向大家宣布，他說他其實還沒有向露絲提，想再找時機求婚，他的慎重令我刮目相看。午飯過後，我們向大家道別，開車前往傑米‧李的獵場，為這次打獵紮營。傑米和他太太莉蒂雅（Lydia）有兩個可愛的女兒潔西卡（Jessica）和喬治雅（Georgia），比我們家女兒稍大一些，女孩們相處得非常融洽。保羅‧康明斯晚一點也會跟他太太珍妮絲（Janice）和兒子傑米一起過來，大家都很興奮，期待接下來幾天的相聚。

我們接連換了三個射擊地點，打的都是很會飛、難度較高的鳥，大家玩得很痛快。梅莉亞的射擊技術很不賴，西倫敦射擊學校有名的教練艾倫・羅斯（Alan Rose）站在她旁邊，不時給她一些提示和鼓勵。有好朋友作伴，天氣又好，獵也打得盡興。我很高興梅莉亞竟然也喜歡打獵，沒有因為射擊活生生的獵物（而不是泥鴿標靶）產生反感。打獵顯然不是人人都能接受的消遣，有些人的反應甚至很強烈。我幾年前也曾有過自我懷疑，當時正在泰斯河邊釣鱒魚，突然停下來想道：「我為什麼要這樣做？」那時已經釣到幾條魚，都弄死後再放進袋子裡，我心裡這樣想：「這好像不太對。」我很困惑，因為我真的很喜歡釣魚，但那一刻要是找不到正當理由來說服自己，我就不能再釣了。也就是從那時起，我決定從此釣上來的東西都要吃掉，這樣一來，也就不再一次釣太多魚。我把這個原則用在打獵上，好倒是好，但要全部吃掉我獵到的野雞和鷓鴣不是件容易的事，無論如此，我們還是盡量做到。

聖誕假期讓我們得以暫停巡演，稍事休息，眼下情況看起來很不錯，世界巡演本來就像一座難以攀登的高山，現在已經跨越一大半，只剩下三個月的行程。假期中唯一傳來的壞消息——跟去年的壞消息一樣令人心碎——是艾哈邁德・厄特根去世了，幾個星期前他參加滾石合唱團的演唱會不小心跌倒，一直陷入昏迷。而不久前，他在大西洋唱片早期的事業伙伴阿里夫・馬丁（Arif Mardin）也走了，音樂界一下折損了兩位了不起的人物。

他們兩位近幾年還是和早年一樣活躍，給音樂界帶來許多靈感，兩人也是朋友兼同事，這麼多年來我跟他們一起合作過很多次，艾哈邁德更是唱片界第一位真正知道、也理解我在做什麼的重量級人物。這個消息太令人震驚了，我有艾哈邁德在紐約的舊電話，懷著一線希望打過去，想看看他太太米卡（Mica）會不會接，沒想到電話很快接通，而且接起來的就是她本人，我們聊了一會。能夠分擔她的傷痛，並告訴她艾哈邁德對我有多麼重要，我感到很欣慰，早年認識的人裡面，還能說這些事的對象已經剩下不多了。我跟她說，如果有需要幫忙的地方，請儘管開口，希望我能暫時減輕她心頭的負擔。

一月的到來，代表巡演進入了最後一次登頂階段，我們將從新加坡開始，再北上經由泰國進入中國。大部分地方都不陌生，只有上海全部人都是第一次去，大家都很興奮。為了讓茱莉開學前有幾天可以調時差，梅莉亞和孩子們先我一步離開，回到哥倫布。跟日本一樣，這趟也是巡演行程中較長的一段，我們得靠電腦來獲得家人精神上的支持。我也帶著我的自傳到目前為止完成的稿子，想趁行程中有空檔的時候做一次徹底的校對。

在亞洲的第一個星期過得恍恍惚惚，隨著年紀漸長，我似乎完全喪失克服時差的能力，性格裡的好奇心也所剩無幾，已經不常走出飯店房間去四處看看。氣候的差異也使身體很難適應，我們從正常的英國冬天突然走進極端的熱帶氣候，熱得我完全提不起勁，像一片軟趴趴的老菜葉。幸好，我們不怎麼需要彩排，演奏一下就進入相當有把握的狀態。

我們每天的行程都有一些不算短的空檔，所以巡演展開後沒多久，我就每天專注修改書稿，愈寫愈入迷，用一只手指像瘋狂啄食的雞一般不停地打字，直到來到中國大陸才稍停歇下來。從小我就喜歡英語文學中的各個領域，對拼寫和文法一直很著迷，唸書時除了美術課，成績最好的就是英文和英語文學課，當然，這並不代表我就有能力寫出一本好看的自傳。

原本對上海期望很高，結果卻令人大失所望。當飛機穿過城市上空的霧霾、越過閃爍著撩亂燈火的成排詭異新摩天大樓，感覺就像進入了電影《銀翼殺手》（Blade Runner）裡的世界，不知為何，我馬上變得警戒起來。接下來幾天，這種感覺都沒有消失過，從入境時跟海關人員怒目相向，到不斷閃避街頭賣各種仿冒品——從盜版DVD到假萬寶龍筆都有——的騙子，無時無刻不感到煩躁不安。還好有藤原浩，透過電子郵件告訴我應該往哪裡去，也介紹了一路上哪裡有「地下」選貨店，讓我在這裡遇到一些有意思的人。湯米鍾（音譯）就是我在上海這樣認識的人，他的店是本地唯一販售我最喜歡的鞋子品牌Visvim的店，很感謝他在上海對我們的熱情款待。無論如何，啟程前往下一站的時候，我還是很慶幸上海巡演終於結束了。

紐西蘭和澳洲給我的感受完全出乎意料，在上海經歷過巨大的惶恐不安之後，我很喜歡這兩個地方，卻沒什麼特別原因。毫無疑問，我對人、地方和事物的印象，總是受到當下心態很大的影響，在墨爾本和「大塊頭」伊恩・博瑟姆見面的感受，再一次證明了這點。在我酗酒的最後一年——一九八七年，有一半時間是跟大塊頭一起喝酒，因此戒酒後，我變得有點怕見到他。我們在我戒酒後見過幾次，雖然表面都還好，但從某方面來說，彼此的交情因為他仍好杯中物而有一定限度。這次卻很不一樣，我們之間感覺非常契合，也許因為我又更成熟了一些，明白他想喝酒是他的選擇，跟我無關，而且我畢竟真的很喜歡這傢伙，他心地非常善良，我們之間又有很多共同點，最重要的是，我們總是能把對方逗得哈哈大笑。經過這次，我很期待未來的日子裡彼此更常相聚。

此時澳洲正是夏天，我曬成一身健康的膚色，而另一頭的俄亥俄州卻處於隆冬，開始下雪了。我們原本計畫好這段巡演結束後在夏威夷會合，那裡是梅莉亞的出生地，但最後還是放棄，因為旅程實在太複雜，等我們到達當地、從各自的時差中恢復過來，差不多就要離開了。所以我會回哥倫布十天，接下來二十四小時，我就要從二十九度的完美天氣，飛到零下二十度的暴風雪中。事實上，飛機降落哥倫布的時候情況相當驚險，天氣實在太糟糕了，降陸後飛機還在滑行時，我看到窗外另一架準備起飛的飛機正在除冰，不禁默默幫機上乘客禱告了一下，同時也暗暗發誓，我不要再這樣漂泊了。

一開始休假，我就病倒了，氣候變化實在太大，而且這是我第一次領教俄亥俄州的冬天，沒想到竟是這麼嚴酷。加上我很怕電熱器，還是喜歡在英國慣用的散熱器，因此心情更加低落，抵抗力也就變差。儘管如此，能再見到三個女兒，和她們相處幾天，就算因為太冷，大部分時間都困在屋子裡，還是很值得高興。她們也很高興見到我，餐桌上常常爭著坐我身邊，我很喜歡這種感覺，也很需要。跑巡演一上路就是好幾個月，途中感受不到另一個活生生的人直接表露的愛意，已經對我的心理造成一些很不好的影響，我常常自己一個人關在飯店房間裡，而空蕩蕩的飯店房間和演唱會現場的人聲鼎沸又形成巨大落差，令人無所適從。不過，那個世界可以暫時等一等，此刻我又回到親人身邊，心裡感覺踏實多了。

下一段巡演行程在達拉斯展開，這是世界巡演的最後一段，我想到就覺得興奮，再一個月，一整年的巡演行程就結束了。並不是說這趟巡演有多糟糕，事實上，不管從哪方面來看，這趟巡演都算非常成功，不管是音樂的效果，還是團隊成員之間的相處，我都很喜歡，但旅程讓我感到的疲憊，卻完全超出我的想像。我和彼得・傑克森在二〇〇五年規畫這趟巡演的時候，本來以為沒什麼，這對我來說根本是稀鬆平常的事，沒想到才在歐洲巡迴了兩個月，就發現自己給自己安排了多麼累人的工作。

從德州我們繼續前往加州，並以洛杉磯為據點往返西岸的多場演出。我一直很期待這段行程，已經計畫好讓梅莉亞和孩子們飛過來幾天，她們很需要曬曬太陽，而且我也有機會去找一些老朋友。奈傑爾・卡羅爾仍在幫我工作，他有兩個已經長大成人的兒子，都很有藝術天分，年輕有為，我知道他很為兩個兒子感到驕傲。我請奈傑爾幫我查史蒂芬・畢夏普（Stephen Bishop）的下落，我們在一九七〇年代曾經很要好，他是非常傑出的創作歌手。我覺得一定要再把他找出來，因為隨著年紀漸長，常常想到那些已經久不見面的老朋友，大家變得這麼疏遠，令我倍感惆悵。史蒂芬算很好找，我們見面的時候，彷彿時間停滯了，彼此還是昨天才剛分手一樣。於是，有大約兩個星期左右，巡演行程進入比較愉悅的階段，家人都來了，身邊圍繞著老朋友，人生真美好。但一離開加州繼續往北邁進，一切又變得不同。

到目前為止，每個階段的巡演行程到最後一星期，大家都會開始感到疲乏，一致認同行程應該縮短一週，而在這最後一段，大家在還剩兩週時就已經感到疲乏。天氣愈來愈冷，飯店噪音愈來愈大，我的體力也快耗盡了。為了確保我晚上有足夠的體力演出，每天的行程安排都得大費周章，到這個階段，我下午一定要午睡一小時，而為了這一個小時，就必須保留三個小時的空檔，說起來好像沒什麼，安排起來卻沒這麼簡單。我們這時也經常在演出當天行進，讓我倍感疲累，總之，行程變得十分吃力。還有一個讓大家都感到更吃力的因素：德瑞克・崔克之前答應過歐曼兄弟合唱團的某項演奏任務，跟這段巡演行程的後半段剛好撞期，不得不中途脫隊。雖然早就知道會有這一天，也明白這是沒辦法的事，但看著他離開還是很難接受。這一年來和他一起演奏的歷程非常美好，他也影響、改變了大家一起演奏的方式。謝天謝地，我們的音樂在少了他之後，並沒有我原先想像的有問題，事實上，我和杜耶都很喜歡彼此更直接地對彈，可是單單就精力來說，我被消耗得非常厲害，可以感覺到自己的步伐變得更沉重了。

在加拿大，我見了同母異父的妹妹雪若一家。我們本來就不常見面，我又不擅長社交，加上當地演出一結束就得上路，所以這次見面相當匆促，前一年在多倫多跟另一位妹妹海瑟見面也是如此。我因此發現，自己體力真的大不如前，以前我會在演出前或演出後特地空出一天去拜訪她們，現在只要有時間，我都必須用來休息。我們在我的生日當天抵達北達科塔州的法哥，這時我已經身心俱疲，快受不了了，不過梅莉亞和孩子們前來探班，使我的精神恢復不少。我們在演出前辦了一場大派對，我收到好些很棒的禮物，都是樂團的伙伴和工作人員送的。看到所有人齊聚一堂，我很感動，想向大家說聲謝謝，竟哽噎得說不出話來。我真的認為這個團隊——從技術人員到管理人員，從布置場地的到監控電腦的——是業界最優秀的，他們都跟了我很久，我卻很少好好嘉許他們。說來有趣，那些禮物當中，我到現在都還記得的，就是一雙恐怖的粉紅色布希鞋，那是蜜雪兒（Michele）和莎朗（Sharon）送的，謝謝妳們兩位給我的美好回憶。

最後那個星期是一場噩夢，我每晚只睡三小時左右，而且在堪薩斯城的三天裡就換了四次飯店。每間飯店都吵得要命，不是外面在施工，就是室內電梯井轟隆作響，再不然就是隔壁房間一直在扔東西，我快不行了。唯一讓我繼續撐下去的，是我們在臺上演奏的音樂，每一場都是那麼出色。即使如此，我還是祈禱這一切趕快結束，已經在心裡倒數計時。不過最後回顧，每一場演出都令人難忘，只有在場地的音響效果比較差的時候，我們的表現才會受到影響，我尤其會感到焦躁不安，但那些地方都是過去式了。幸好，最後一場在哥倫布的演出，效果非常不錯，這場演出也一定要好才行，我在美國的家人全都出席了。

大家簡單地道了別，但我們知道除了史蒂夫・喬丹以外，其他人七月又會在芝加哥舉行的下一屆十字路口吉他音樂節上再聚首。至於喬丹，我會在幾個星期後，在紐約舉行的一場向艾哈邁德・厄特根致敬的晚會上再見到他，他也是這場晚會的音樂總監。哥倫布仍在下雪，我趁機待在屋子裡好好練習準備獻給艾哈邁德的歌曲。他一直很喜歡帕西・梅菲德（Percy Mayfield）的〈請讓我有一個人可以去愛〉（Please Send Me Someone to Love），在過去那段不堪回首的歲月裡，每當我們一起喝得酩酊大醉，他就會露出陶醉的眼神對著我唱開頭幾句：「上天，請讓全人類都能擁有體諒與安心。然後如果不算太過分，請讓我有一個人可以去愛。」我猜在他心目中，這首歌體現了藍調經常蘊含的那種直截了當的反諷意味。他從來沒有給我壓力要我錄這首歌，只是喜歡用他那沙啞滄桑的聲音對著我唱，這就是他留給我的最難忘的回憶。我在晚會上表演的另一首歌〈Drinkin' Wine Spo-Dee-O-Dee〉，則是大西洋唱片公司正式發行的第一張唱片。

在俄亥俄州，時間似乎慢了下來，除了練習獻給艾哈邁德的歌曲，我其他時間都在看電視轉播的板球賽，我的小叔子史蒂夫竟然有辦法在有線電視上找到轉播板球世界盃的頻道，於是接下來兩個星期，我都沉迷在看板球賽之中。這也稍稍緩解了我對家鄉的思念，在正式踏上返鄉旅程之前，給了我一些可以引起共鳴的熟悉事物。我雖然也喜歡哥倫布的房子，在這裡還有很棒的一群家人，但還是很想念英國，而卡在還有一場演出要做，心就一直懸在那裡。我也不敢相信世界巡演就這樣結束了，情緒變得有點低落，每次巡演結束後都會這樣，多年來的經驗讓我早有心理準備，也懂得怎麼去面對。不過，我的家人和朋友一定都很困惑，明明之前期待巡演尾聲已不知期待了多久，現在終於成真，我卻反而很鬱悶。這似乎完全不合邏輯，也很容易造成誤解，但就我的經驗來說，這種情況幾乎不可避免，是必經的過程，也終究會過去，只是我周圍的人都必須要很有耐心和懂得體諒。

向艾哈邁德致敬的晚會在紐約林肯中心爵士樂廳舉行，我 2003 年曾和協助促成這座音樂廳的溫頓・馬沙利斯（Wynton Marsalis）在這裡一起演出過，晚會在此舉辦再合適不過。由於全家都要搬回英國，我們的計畫是配合我參加晚會的日期，全家提前飛到紐約停留，以保留彩排和觀光的時間，晚會過後隔天就啟程飛回英國。從哥倫布到倫敦沒有直航的班機，轉機行李又容易遺失，損耗也高，所以我們已經很習慣把行程拆成兩段，中途在曼哈頓住上一晚，這樣我也有機會找朋友和購物，當然，孩子們也喜歡去中央公園玩耍。可惜的是，天氣變得很糟，紐約不停下著暴雨，就像俄亥俄州的大雪一樣，把我們困在室內。到了這時，我已經受夠飯店房間和惡劣天氣，極度渴望新鮮空氣和戶外活動，但還是得再等上幾天。

艾哈邁德的致敬晚會辦得非常成功，節目很豐富，出席也踴躍。晚會主要的致詞嘉賓有亨利・季辛吉（Henry Kissinger）、奧斯卡・德拉倫塔（Oscar de la Renta）、大衛・葛芬（David Geffen）、米克・傑格等，他們的演說既精采又充滿感情；演唱嘉賓則包括班伊・金（Ben E. King）、菲爾・柯林斯、史蒂薇・尼克斯（Stevie Nicks）、克羅斯比、史提爾斯、納許與尼爾・楊、貝蒂・米勒（Bette Midler）和我。梅莉亞和我一起出席，我很高興她有機會看到這位唱片界泰斗對我們這些人的重大意義。米克的致詞很幽默，講了許多有趣的故事，說艾哈邁德是他的「頑皮叔叔」。然而，儘管晚會娛樂性十足又感動人心，我仍覺得要是艾哈邁德本人在場，一定會說類似這樣的話：「別待在這兒了，大家出去找點真他媽的樂子吧。」

晚會結束後，我和梅莉亞去會後酒會待了一下，在那裡碰到羅比・羅伯森。跟他在一起總是充滿歡樂，當天稍早，我們一起聽了彼此在一九九〇年代開始寫的一些歌，興起把那些歌完成的念頭。我一直想跟羅比合作，他的音感很好，又很會寫歌，我暗自希望這次見面能最終促成彼此更多的合作，結果並沒有如願，但這個就暫且不提。總而言之，我們為了向艾哈邁德致敬聚在一起，成就了這場盛大的晚會，看到他一生中提攜、感動過的這許多人齊聚一堂，真是太了不起了，這確實是向這位了不起的人物的完美送別。

第二天，我們啟程飛回英國的家，大家都很興奮，我早已等不及撲到我們客廳的大沙發上睡個午覺。從電腦上查看天氣的狀況，彷彿世界各地不是下雪、下雨，就是暴風雨的天氣，唯有英國正值溫暖晴朗的春天。不消說，我已經打算回家後的第一個週末就去釣魚，此外就是什麼也不做，至少要努力耍廢，這一整年來我一直盼望的就是這個。一路上很順利，沒發生什麼事，孩子們上飛機後就幾乎一直睡，行李也沒丟失，瑟德里克和塞西爾來接機，一路載我們回家。

每當車子開進薩里，那條通往家的小路總是令我充滿感動，我相信每個人離家日久後，臨近家門都會有這種感覺，但這段路真的很特別。最後一公里多的路穿過薩里美麗的綿延山丘，景色十分壯麗，當山景被拋在腦後，小路兩旁出現高高的杜鵑花叢，不一會，赫特伍德就在眼前了。這幢屋子的建築本身無疑非常有氣勢，但不是令人望而生畏那種，就只是很有自己的個性，即使它是空蕩蕩的，你仍然可以感受到它在歡迎你。那天的感覺就是這樣，我們從門口走進去，肩上的重擔似乎就卸了下來，好像有個聲音在說，從現在開始就是休息時間。沒多久，我們的英國保母安妮開始做午飯，梅莉亞陪孩子們在遊戲室重新發現她們的玩具，我則在樓上打開行李箱急著整理，想要趕快把巡迴演出和一切相關的事務拋在腦後。

我很高興妻兒都跟我一樣喜歡這裡，這棟房子在實質上奠定了我們一起生活的基礎。雖然不論身在何處，我們一定都能找到快樂過日子的方式，但這房子在我們每個人心目中似乎都有特殊的意義，但願這感覺永遠不會改變。我暫時哪兒都不想去，等不及回歸正常的家庭生活，例如去山上走一走、餵餵我們的豬戈登，或者就只是無所事事地閒晃。

我從年輕時就在說想要隱退，經常發誓不要再跑什麼巡演，只想待在家裡。也許有一天，我真會因為某種因素而不得不退休，但現在，我想保持開放的態度，也許這樣反而比較能讓我乖乖待在家裡，這叫反其道而行；但未來的事，誰又說得準呢？我只知道眼前哪裡都不想去，而以一個總是不安於室的人來說，這算是不錯的改變。

後記

過去十年是我人生中最好的時光，充滿了愛和深深的滿足感，不是因為我自覺有所成就，而是跟老天賜給我的東西比較有關。我現在有一個充滿愛的家庭、一段我不再感到羞恥的過去，而可以想見未來也將充滿愛與歡笑。能夠說這樣的話真的非常幸運，我很清楚對多數人來說，邁入老年代表了萬事皆休，身體漸漸衰弱，反應日益遲緩，因為一事無成而充滿悔恨。也許到了生命的最後幾年，我終究也會感受到遲暮的恐慌，但此刻，我過得很幸福，且這種感受時常洋溢在我心中。現在我唯一會不開心的時候，都是在工作中覺得自己能力不足，沒辦法交出有水準的東西，原因通常是生病了或者疲勞過度，那是我的完美主義在作祟，而我一向如此。如果要說對未來有什麼憂慮，那就是擔心我的孩子，想到他們可能很年輕就沒有了爸爸，就不免傷感。

在撰寫本文的此時，我六十二歲，戒酒二十年，比這輩子任何時候都還要忙碌。我剛剛完成一輪大型世界巡迴演出，旅途的奔波有時很折磨人，但我還是很喜歡那種步調。我重聽得很嚴重，但是沒打算戴助聽器，因為我喜歡東西自然發出的聲音，即使幾乎聽不見也沒關係。我很懶惰，根本不運動，所以身體狀態很差。我就像個脾氣乖戾的老頭子，還引以為傲。活到這把年紀，我已經了解自己是什麼樣的人，日子如果過得太閒，我就會去弄點事情來做，不是閒著無聊，而是因為我需要變動，我性子裡有一種節奏感。並不是說我不懂得享清福，我最喜歡無所事事了，只是一段時間之後，我就需要有點變化。

現在是二〇〇七年，今年夏天我會協助舉辦另一屆的十字路口吉他音樂節。我非常期待這個活動，好些傑出的樂手都會參與演出，隨著日子一天天過去，我也愈來愈珍惜聽他們演出的機會。謝天謝地，許多樂手都還很活躍，例如這次巡演中和我一起演出的兩位優秀吉他手：杜耶・布雷霍爾和德瑞克・崔克，他們證明了真材實料的東西永遠不退流行，和他們一起演奏讓我心態保持年輕，也激勵我遠遠超越自己平常的極限。

家人持續在每天的生活中帶給我幸福和快樂，如果不曾酗酒，我一定很樂意說她們是我生命中最優先考慮的事，但我沒辦法這麼說，因為我知道如果不把保持清醒放在第一位，一切都是枉然。我至今仍繼續參加十二步驟會議，也盡量多跟戒酒康復中的同道保持聯繫，維持清醒和幫助別人保持清醒，永遠會是我生命中最重要的命題。

然而，我也必須面對現實。我一輩子都在四處演唱，每結束一輪巡迴演出，就會發誓說是最後一次了，直到現在還是這樣。誠如我的朋友羅比・羅伯森說的：「真他媽不是人過的生活。」而最近這次巡演，儘管音樂很棒，旅途卻非常累人。我變得會認床，感覺飯店跟以前不一樣了，還十分想念家人，身體的毛病也比年輕時多得多，例如腰痠背痛、消化不良等等。種種因素都使我更容易疲倦，而登臺演出卻達不到水準，是我最不願意見到的事。所以，儘管還是很喜歡演奏，我以後應該不會再進行大型的巡迴演出了。只要活著，我就會繼續工作，只是不得不換一種比較不耗費精力的方式。

回頭來看，我的音樂歷程使我有機會親近一些傑出的藍調大師，每一位都大方地向我示範了一些獨門技藝，即使他們自己不知道。這些大師的交往之中讓我受益最多的，或許就是巴弟・蓋。在我認識他的那些年裡，他都沒什麼變，我們一直是好朋友。他可以說是我在音樂上的領路人，我一直以他為楷模。他的演奏融合了狂放不羈和精湛技巧，是非常獨特的結合，搖滾界的樂手也因此找到一個角度，能夠不受限地嘗試藍調。換句話說，他是隨心所欲地自由發揮，完全沒有界限。

我和史提夫・雷・范不算熟，跟他只一起演出過幾次，但也已足以感受出他演奏時的那種投入，跟吉米・罕醉克斯是同一路的。他們都是用全身心去演奏的樂手，一拿起吉他就好像沒有明天似的，兩人對吉他演奏的投入程度毫無二致。重聽史提夫生前最後那一晚的演奏，我幾乎不忍聽下去，只覺得不知還能說什麼，他把一切都道盡了。他的哥哥吉米・范是我很要好的朋友，在我心目中，吉米屬於巴弟那一路，演奏風格既獨特又自由。我和他從一九六〇年代結為好友，就經常合作，除了音樂上是同好之外，還要感謝他帶我進入改裝車的世界。我有三輛改裝車，都是出自行家羅伊・布里奇奧（Roy Brizio）之手，另外還有兩輛正在改裝當中。我很欽佩的另一位朋友是勞伯・克雷，他的歌聲常常讓我想起巴比・布蘭（Bobby Bland），吉他演奏則完全是個人風格，不過你要是熟悉藍調發展史，就能從中聽出諸位名家的味道。我欣賞和模仿的樂手非常多，從約翰・李・胡克到胡弗・桑林，不一而足，但真正的天王是比比・金，他毫無疑問是藍調史上最重要的樂手，也是我遇過最謙虛、最真誠的人。以他所達到的廣度和高度來說，我相信羅伯・強生死後如果投胎轉世，很有可能就是比比・金，也許應該查一查相關的日期，看看是不是有那麼一點可能性。

說到打動我的藍調大師和樂手，小沃爾特一定得排在前面幾位。小沃爾特早期和穆蒂・華特斯搭檔演奏口琴，後來才單飛發展，他的口琴技藝高超，同時也是我聽過最富感情的歌手之一。

我很遺憾始終沒有和雷・查爾斯一起演奏的福氣，他是我心目中有史以來最偉大的歌手，而且又是藍調歌手。藍調是由非洲和歐洲民間文化結合而成的音樂風格，因奴隸制度而生，在密西西比河三角洲茁壯，有自己的音階、自己的規則、自己的傳統和語言。在我心目中，藍調是戰勝逆境的歡唱，充滿幽默和反諷意味，常常語帶雙關，幾乎沒有一首藍調會讓人聽了感到消沉，藍調可以是、也通常是最令人振奮的音樂。雷・查爾斯掌握了這種精神，並灌注到他演奏的各種類型音樂中，從福音到爵士，從節奏藍調到鄉村音樂，無一例外。不管什麼場合，無論表演形式，他都是唱藍調。我很榮幸能在他一張一九八〇年代的專輯中演奏，但我的吉他是疊錄上去的，他本人並不在場，我多希望能跟他一起坐在錄音室裡，聽他邊彈邊唱，體驗一下那種感覺。

到目前為止我都還沒提到穆蒂・華特斯，那是因為在我心目中，他占據了更根本的地位。

正宗的偉大藍調樂手之中，我最早認識並且一起演奏的就是他，他也是第一位對我表示鼓勵和友善的藍調大師。早在我們認識之前，我在唱片上聽過的現代藍調樂手中，最厲害的就是他，力量十足的音樂性格，對當時年輕生澀、靠聽唱片自學的我有非常深遠的影響。後來，他在我生命中一直扮演重要的角色，和我一起巡演，給我提供意見，基本上就是一個父親的形象，一直到他過世那天為止。他和最後一任妻子瑪法（Marva）結婚的時候，我跟羅傑還一起參加了婚禮。

我們最後幾次見面的時候，穆蒂開始認真地跟我說傳承藍調衣缽的事，他說我是他的養子，我向他保證會盡最大努力擔起這個責任。這簡直是重得難以一肩挑起的付託，但我把他的話當真，現在的人很容易把這種事當成說笑，但我很確定他是認真的。我這一生最大的遺憾之一，就是和他經常在一起的那段日子，正好是我酗酒最凶的時期，導致我沒有能力和他建立真正親密的關係，那些年裡擺第一位的永遠是酒精。我在穆蒂去世多年後，讀到他很年輕時接受的一則採訪，也很有啟發性，他在當中指出，早期對他影響最大的藍調樂手，就是雷羅伊・卡爾（Leroy Carr），我對雷羅伊・卡爾一直有相同的感覺，只是從來沒遇過跟我有同感的人。我認為這種相連很合邏輯，也讓我更加肯定自己確實屬於這個珍貴的派別，我想你可以稱之為藍調家族，除了跟孩子們一起待在家裡之外，這個家族就是我最想待的地方。

多年來，我在舞臺上或錄音室裡有幸一起演奏過的樂手多得數不清，無法一一列舉，每一位都有令我難忘的地方。其中許多人私底下也是哲學家，大多數樂手似乎都有一種默契：我們在某種程度上肩負著心靈導師或治療師的義務，儘管履行方式各有不同，但大家都意識得到這一點。就我個人來說，我寫的歌和演奏的方式都盡量不涉及社會或政治議題，頂多是很隱晦地點到為止，原因主要是我不想要有任何糾葛，不希望被牽扯進任何的社會運動，這會干擾我對藍調音樂──或音樂整體──的使命。我始終相信音樂本身就有足夠的力量帶來變化，有時候，言語或者訴求反而是一種阻礙。

放眼當今樂壇，跟我成長時期並沒有太大不同，好壞的比例都差不多：百分之九十五是垃圾，只有百分之五純正。然而，行銷和發行方式正經歷大翻地覆的轉變，我相信再過幾年，現在的唱片公司應該都不在了。我無意對唱片業從業人員不敬，但恕我直言，這不會是什麼損失，因為不管有沒有買賣、政治、宗教，或任何其他狗屁東西附加在上面，音樂總有辦法和我們相遇。音樂永遠不滅，而且就像上帝一樣，音樂無所不在，不需要推動，也不可能受阻撓。音樂始終沒有離開過我，在上帝的祝福和允許之下，這點永遠不會改變。

謝誌

這本書得以完成，我要感謝
克里斯多福・西蒙・賽克斯（Christopher Simon Sykes）和
理查・史提爾在過程中給予的協助，同時
特別多謝妮西謄寫書稿的辛勞。